Matthias SINDELAR

UNA HISTORIA DE FÚTBOL, NAZISMO Y MISTERIOS

CAMILO FRANCKA

Matthias Sindelar: una historia de fútbol, nazismo y misterios / Camilo Franckabudski. -1a ed.- LIBROFUTBOL.com, 2020.

254 páginas; 152,2 x 22,9 cm.

ISBN 978-987-3979-15-6

1. Fútbol. 2. Biografía. I. Título.

CDD 796.33409

MATTHIAS SINDELAR: UNA HISTORIA DE FÚTBOL, NAZISMO Y MISTERIOS.
de Camilo Francka

Fotos del autor: © Miguel Esmoris.
Fotos del interior: Cortesía de Bezirksmuseum Favoriten
Arte de portada: Gonzalo Rodríguez - Instagram: @GonzaRodriguez

LIBROFUTBOL.com
Olga Cossettini 1112 - oficina 8F - Ciudad de Buenos Aires - Argentina
ediciones@librofutbol.com - whatsapp +54 9 11 2215 1982

1ª edición: abril 2020

ISBN: 978-987-3979-15-6

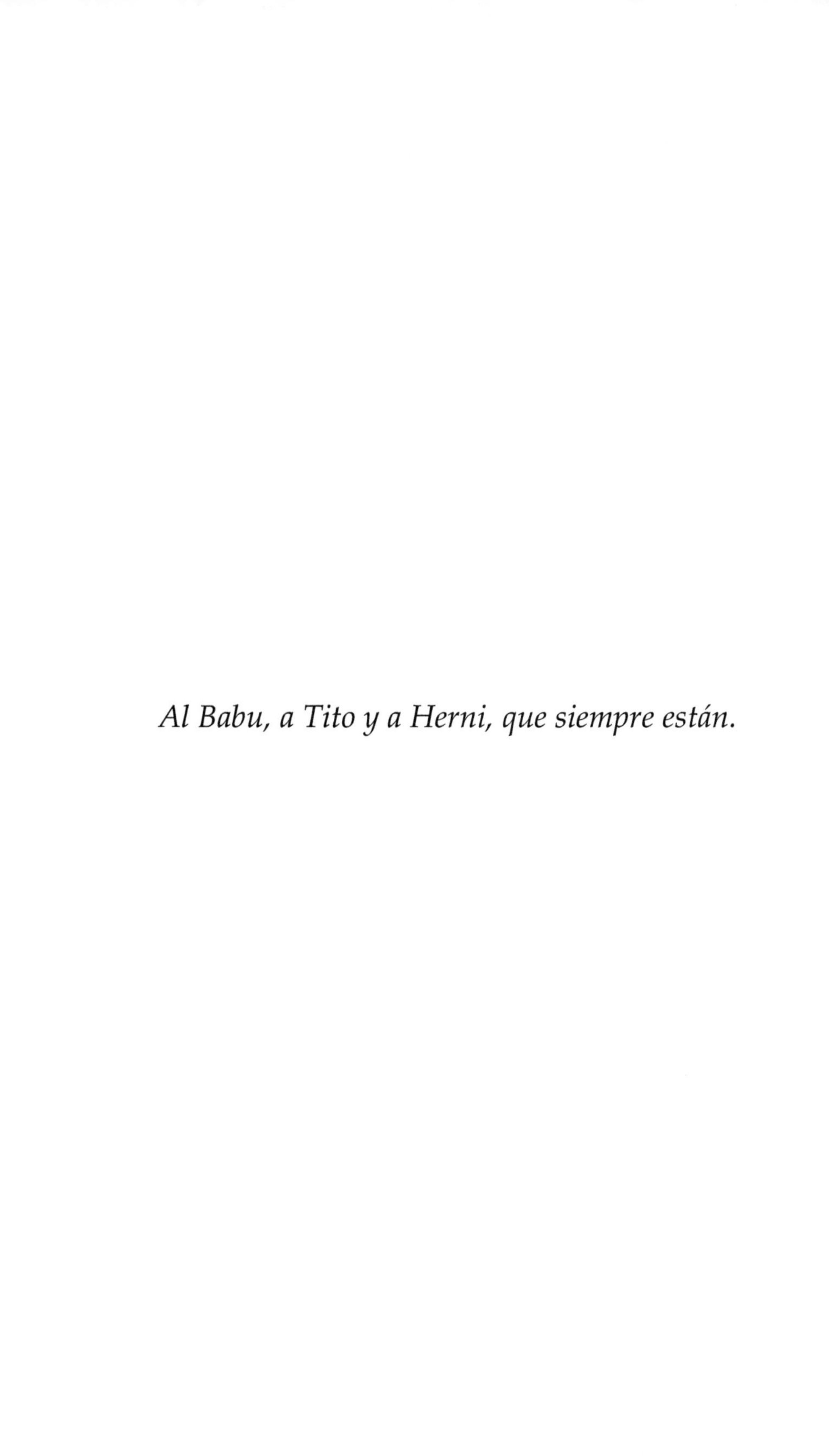

Al Babu, a Tito y a Herni, que siempre están.

ÍNDICE

PRÓLOGO

Como debe sucederle a casi todos los periodistas, siento especial atracción hacia las historias de personajes que marcan la época en la que vivieron. Más aún cuando esas historias llegan a la categoría de mito y la verdad, si existe, se nos hace algo mucho más complejo de investigar. Llegué a Viena en 2007. Días antes había estado en Reikiavik, Islandia. Apenas terminó el Congreso al que había sido invitado, me zambullí hacia mi verdadero objetivo, buscar al excampeón mundial de ajedrez Bobby Fischer, que terminó muriendo en esa ciudad meses después, tras una vida agitada, entre la CIA, la KGB y sus propios demonios, y de final misterioso. El viaje a Viena era de puro placer. No había modo de salir a investigar un tema. Pero tampoco podía ignorar dónde estaba. En el hotel, ubicado a dos cuadras de la casa de Sigmund Freud en Viena, el recepcionista Anton era fana de fútbol. Me preguntó sobre el Mundial 78 y su héroe Mario Kempes, que jugó en Austria en sus últimos años. Sobre Diego Maradona y sobre Leo Messi. Y yo le pregunté sobre Matthias Sindelar. Anton no lo esperaba. Se sorprendió. Pero, más que sorpresa, sintió orgullo. Sindelar era su verdadero héroe.

Recuerdo haber escrito en el diario *La Nación*, a mi vuelta a Buenos Aires, sobre la historia de Sindelar, el mejor centrodelantero del fútbol europeo de la mejor selección austríaca de la historia, el *Wunderteam* de los años 30 que aplastó 6-0 a Alemania, 8-2 a Hungría, 108 goles en 36 partidos. *Der Papierene* (El hombre de papel) bailaba vals cuando entraba al área y marcaba sus 27 goles en 43 partidos de la selección que cayó en semifinales del Mundial de Italia 1934. Pero, ante todo, Sindelar era el héroe de Anton porque fue el futbolista que resistió al nazismo. Porque desafió un partido

de "confraternidad" cuando hizo un gol y bailó celebrando ante los jerarcas nazis en el triunfo 2-0 contra Alemania. Y porque luego, invocando que estaba viejo a sus 35 años, el ídolo de quince temporadas en el Austria Viena, se negó a jugar en la selección unificada Alemania-Austria del Mundial siguiente. Si haberle dicho no a Hitler no era suficiente, allí estaba también su muerte misteriosa, en 1939 en un departamento de Viena, al lado de su pareja, por un supuesto "escape de gas". Suicidio decían algunos, asesinato denunciaban otros. "Nos cuesta creer que nuestros héroes no mueran de modo épico", había escrito el buen amigo y colega inglés Jonathan Wilson, al comentar una nueva investigación que parecía desmitificar parte de la historia.

Escribir columnas semanales, como hago desde hace casi cuatro décadas, nos obliga a sumerginos en un tema, pero enterrarlo luego rapidamente para poder ingresar en otro. Especialistas a los ojos del neófico, pero neófitos a los ojos del especialista, como me dijo alguna vez un viejo profesor. Había abandonado a Sindelar. Hasta que una tarde de hace muchos años vino a verme a la oficina céntrica de la agencia de noticias italiana ANSA, mi puesto de trabajo, un joven colega. Quería saber más sobre Sindelar. Pero él ya sabía más que yo de nuestro héroe austríaco. Luego viajó a Viena. Y preguntó mucho más que yo, que apenas me había limitado a recordar al gran Sindelar en una charla con el recepcionista Anton. El joven colega preguntó buscando que la verdad le ganara al mito. Preguntó sobre los árboles, pero sin olvidar jamás el bosque, porque Sindelar vivió y fue atravesado por el contexto político de su época, nacido en el imperio Austrohúngaro y con su padre muerto combatiendo en la Primera Guerra Mundial. Vivió el Austrofascismo y la Anexión a Alemania. Ese joven periodista, ya no tan joven, se llama Camilo Francka. Y es un placer y un honor que me invite a compartir su libro. A retroceder casi un siglo. Y a enterarnos qué significaba entonces el fútbol en un país tan alejado del nuestro. Y a enterarnos, acaso, cómo era ese mundo. Porque el fútbol, sabemos, suele ayudarnos a comprenderlo mejor.

Ezequiel Fernández Moores

INTRODUCCIÓN

Cuando me enteré de la existencia de Matthias Sindelar, de casualidad, a mediados de 2009, presentí que detrás de la superficialidad se escondían buenas historias. Austria como parte del Imperio Austrohúngaro, luego como nación independiente y finalmente como un apéndice de la Alemania de Adolf Hitler; un futbolista judío asesinado por los nazis que fue líder de una selección austríaca que en la década del treinta cautivó al mundo y fue inmortalizada como el Wunderteam (Equipo maravilla) por el sentido estético de su juego asociado a un andar arrollador. No había información adyacente, pero era suficiente para despertar la curiosidad de saber más.

De a poco comenzó una investigación que duró cinco años y que tuvo distintos propósitos, desde un artículo para mi blog personal hasta llegar a la realización de este libro biográfico, que es el primero que recorre la vida de Sindelar desde antes de su nacimiento hasta después de su muerte.

A principios de 2013, cuando viajé a Austria por un año, tuve el honor de compartir un almuerzo con la única persona que entrevisté y que conoció personalmente a Sindelar: Norbert Lopper[1], de 93 años. De niño, Lopper iba a pedirle autógrafos a Sindelar —por ese entonces ya un reconocido futbolista— a la casa de deportes donde trabajaba y más adelante profundizaron el vínculo cuando fue secretario del Austria Viena, club en el que Sindelar jugó 15 temporadas. Lopper me contó a modo de anticipo: "Todavía recuerdo

[1] Norbert Lopper murió en abril de 2015, a los 95 años.

el tono de voz de Sindelar. Estaba algo deteriorado porque fumaba mucho".

El 12 de febrero de 2013, dos días después del 110º aniversario del nacimiento de Sindelar, el Austria Viena organizó una exposición especial en el museo del club para recordar al excentrodelantero. Llegué tan temprano que Erich Krenslehner, historiador de la institución y uno de los impulsores de ese reconocimiento a la trayectoria de Sindelar, tuvo la amabilidad de abrir el museo para recorrerlo conmigo.

Mientras veíamos el material que había preparado y conversábamos, me dijo sin vacilar: "Sindelar era el Messi de los años treinta". A pesar de que es complejo conectar dos tiempos tan distantes, la frase no carece de sentido: Sindelar disputó 427 partidos y anotó 255 goles en toda su carrera. Aunque los registros fílmicos de sus actuaciones son ínfimos, la elegancia y la calidad de su fútbol fueron reflejadas por las plumas de los periodistas que lo vieron en acción.

Las cualidades futbolísticas de Sindelar nunca estuvieron en discusión, ni siquiera por sus más acérrimos críticos. Precisamente, las controversias, las contradicciones y las libres interpretaciones –en muchos casos erróneas– se generan por sus actos fuera de la cancha, sobre todo en los últimos años de su vida.

¿Por qué se resume a Sindelar como si se tratase de una leyenda? ¿Hasta dónde llegan los mitos? ¿Sindelar era judío? ¿Fue asesinado por los nazis? ¿Fue cómplice de los nazis? ¿Víctima, victimario o ninguna de las dos? ¿Era miembro del Partido Nacionalsocialista Obrero Alemán (NSDAP, por sus siglas en alemán)?

Matthias Sindelar murió en la madrugada del 23 de enero de 1939, a los 35 años, pero su nombre todavía resuena.

El autor

CAPÍTULO 1.

LA FAMILIA ES LO PRIMERO

La familia Sindelar en 1908. De izquierda a derecha: Rosa, Marie, Matthias, Johann y Leopoldine. Falta Theresa, que nació en 1913.
(Archivo Bezirksmuseum Favoriten)

Fue en Kozlov donde comenzó a gestarse una de las historias más importantes del deporte austríaco. Durante el Imperio Austrohúngaro (1867-1919), lo que después de la Primera Guerra Mundial se denominaría Checoslovaquia, eran el Reino de Bohemia, Marca de Moravia y Silesia.

Dentro del área de influencia del Imperio, que abarcaba alrededor de 70 mil km^2 y tenía más de 50 millones de habitantes, estaban las actuales Austria, Hungría, Eslovaquia, Eslovenia, Croacia, Serbia, Montenegro, Rumania, República Checa, Polonia, Ucrania y los territorios italianos de Trieste-Triestino. Luego se agregaron Novi Pazar, en Serbia, y Bosnia-Herzegovina.

Once etnias ocupaban la región. Era una "extraordinaria reunión de pueblos y razas enemigas, de diversas lenguas, de mentalidades contrapuestas, unidos sin amor, sin convicción, sin comunidad alguna de ideales", como lo caracteriza el literato cubano Luis Rodríguez Embil[1]. En Austria-Hungría había un 44, 7% de eslavos, 24,1% de alemanes, 19,7% de magiares;,6,3% de rumanos, y 5,2% de otras etnias[2].

La actual República Checa, instituida el 1 de enero de 1993, cuando se disolvió Checoslovaquia, está compuesta por tres regiones: Bohemia, Moravia y Silesia. A su vez, existen 13 subregiones y una capital (Praga). Una de esas subregiones es Vysočina, situada en el centro del país dentro de los límites de Moravia, que tiene cinco distritos, y uno de ellos es la capital regional: Jihlava. En Jihlava hay un pueblo muy pequeño que se llama Kozlov.

La *Český Statistický Úřad* (Oficina de Estadísticas de la República Checa) da cuenta de lo minúsculo de Kozlov a través del número de habitantes según los años[3]:

AÑO	1869	1880	1890	1900	1910	1921	1930	1950	1961
HABITANTES	472	507	657	731	685	608	580	504	464

1 Luis Rodríguez Embil, *El Imperio mudo: crónicas de la vida en Austria-Hungría durante la Guerra Mundial*, París, Agencia Mundial de Librería, 1928, página 8.

2 Gilberto Aranda Bustamante y Sergio Salinas Cañas, *Conflicto de identidades y política internacional*, Santiago de Chile, RIL, 2005, página 196.

3 Český statistický úřad, *Historický Lexikon Obcí Ceské Republiky 1869-2005 Parte I*, Praga, 2006, página 566.

UN PUEBLITO LLAMADO KOZLOV

En la jornada primaveral del 14 de mayo de 1875, en Kozlov, Franziska Rysavy dio a luz a Johann Sindelar[4]. František Sindelar, el padre de Johann y marido de Franziska, era un humilde herrero que buscaba abrirse paso en una zona en la que la actividad industrial era escasa[5]. Los tres vivieron en la casa número 9 de Kozlov[6]. "En aquella época los domicilios no se señalaban por las calles, sino que se consideraba únicamente la numeración", explica el genealogista vienés Christoph Unger, quien brindó una ayuda fundamental para la interpretación de todos los documentos hallados en checo.

Johann Sindelar provenía de un linaje cuyo apellido checo denominaba la profesión "Schindler" (*Schindelmacher*), que en español puede aplicarse a una persona "abocada a la fabricación y colocación de tejas"[7]. De acuerdo a los fonogramas checos, el término "Schindler" corresponde a la pronunciación *schindelarsch*[8].

En el mismo pueblo moravo pero casi dos años después Rosalía Krcal parió a Marie Svenger[9]. Rosalía convivía con Johann Svenger en la casa 68. Johann era propietario de una casa campestre en la que probablemente realizaba trabajos relacionados a la agricultura[10].

NACE MATTHIAS SINDELAR

Johann Sindelar y Marie Svenger se conocieron en Kozlov. Seguramente nunca imaginaron que el tiempo les daría un sinfín de sorpresas, incluida una que todavía hoy, después de más de un siglo, perdura en la memoria de un país que por entonces no existía.

Johann, que tenía 23 años, y Marie, de 21, se casaron el 30 de enero de 1899 en Vysoké Studnice, la iglesia central de Kozlov. Como

---

4 Registro del Archivo del Estado sobre los libros de la Iglesia. Año 1875, Tomo II, página 164.

5 Ibíd.

6 Ibíd.

7 Walter Sturm, *Matthias Sindelar: Ein kind aus Favoriten*, Viena, Museumverein Favoriten, 2003, página 5

8 Ibíd, página 55.

9 Registro del Archivo del Estado sobre los libros de la Iglesia. Año 1887, Tomo Desconocido, página 169.

10 Ibíd.

Marie era menor de edad, tuvo que recibir un permiso especial para que la ley legitimara el matrimonio. Sin embargo, la situación de Johann, a pesar de superar el mínimo estipulado, resultó similar. "Su hijo recibe el permiso para casarse, él quiere casarse y lo hace delante de los dos testigos", consta al pie del acta oficial con la adhesión de los padres de Johann.

El mismo documento da cuenta que al momento de la boda los padres de Johann estaban vivos y agrega que ambos eran católicos. La antítesis atravesó a Marie: Rosalía Krcal y Johann Svenger ya habían fallecido. También eran católicos[11]. Las informaciones adicionales indican que Johann y Marie trabajaban como "empleados en una fábrica"[12] y que el cura que encabezó la ceremonia se llamaba Antonin Slama.

El 10 de febrero de 1903, Johann y Marie tuvieron su primer hijo: Matthias. Quedó registrado en el tercer tomo, página 137, del libro de nacimientos de ese año en Kozlov. El padre Slama, otra vez, fue quien suscribió este acontecimiento tan importante para los Sindelar.

El 19 de diciembre de 1904, la familia sumó una nueva integrante: Rosa. Matthias, aún inconsciente de su entorno, recibía a quien sería uno de los grandes sostenes de su vida.

RELIGIÓN

Un aspecto que genera confusión en los países de habla hispana es la religión de Matthias Sindelar. Un simple recorrido por los buscadores virtuales alcanza para observar una afirmación unánime: Sindelar era judío. Se insistió tanto que la frase se tomó como una verdad absoluta; como el punto de partida del desenlace de la vida del protagonista. Sin embargo, no existe ningún fundamento que asocie a Sindelar con el judaísmo. Entonces, ¿en qué se basan las conjeturas? En subjetividades carentes de sustento.

Para contextualizar hay que remontarse a los acontecimientos históricos. El 31 de julio de 1627 Bohemia aplicó la Constitución Revisada, cuyo artículo A.23 "proclama la religión católica como la única reconocida en el Estado". Quien entorpeciera esta proclamación recibiría castigos severos, "y se daba la posibilidad de aban-

11 Ibíd.

12 Ibíd.

donar el país a quienes no quisieran abrazar la fe católica”. El 9 de marzo de 1628 se instrumentó la misma Constitución en Moravia[13].

Los principales afectados fueron los protestantes, sobre todo los residentes en Moravia, que desafiaron el ordenamiento y se animaron, en algunos casos, a bloquear el acceso a las iglesias católicas[14]. Otros decidieron emigrar. La firma del Edicto de Tolerancia, el 21 de octubre de 1781, mermó la persecución hacia los protestantes y se les dio un “generoso estatuto”[15].

El Edicto también limitó el campo de acción de los judíos. Solo 8541 familias judías estaban autorizadas a asentarse en Bohemia y 5106 en Moravia. Recién en 1848 se derogaría esta disposición[16]. En 1780, en pleno Imperio austríaco, los judíos representaban el 1% de la población total[17]. Eran, así, la minoría más pequeña. En 1857 en Moravia el 95,02% de los habitantes eran católicos, el 2,76% eran evangelistas y el 2,21% eran judíos[18]. En el siglo XX los judíos representaban el 7% de la población total de Viena[19]. Es cierto que el número de judíos se incrementó progresivamente; lo que también es cierto es que siempre quedaron en enorme inferioridad numérica con respecto a las religiones dominantes.

En el período de la Monarquía Dual (Austria-Hungría) hubo analogías significativas. “Estamos ante un Imperio apoyado tradicionalmente en la Iglesia Católica (...)”[20], escribe el catedrático e investigador español Alejandro Torres Gutiérrez, quien profundiza el concepto: “La mayor parte de la población de Austria, Bohemia y Moravia era católica, pero existían núcleos protestantes”[21]. Ambos conceptos sirven de aproximación inicial a la situación particular de las familias Sindelar y Svenger.

En el restaurant del Wiener Parkclub, un coqueto club de tenis, entrevisté a Norbert Lopper, de 93 años, quien fuera secretario del

---

13 Alfonso Riobó Serván, *El derecho de libertad religiosa en la República Checa y en la República Eslovaca*, Dykinson, Madrid, 2005, página 43.

14 Alejandro Torres Gutiérrez, *El derecho a la libertad de conciencia en Austria*, Dykinson, Madrid, 2006, página 90.

15 Ibíd., página 93.

16 Ibíd., página 102.

17 Alejandro Torres Gutiérrez, *Minorías y Multiculturalidad en Austria*, Dykinson, Madrid, 2007, página 26.

18 Ibíd., página 45.

19 Alejandro Torres Gutiérrez, *op. cit.* supra, nota 14, página 104.

20 Alejandro Torres Gutiérrez, *op. cit.* supra, nota 17, página 42.

21 Ibíd., página 44.

Austria Viena entre 1956 y 1983. Sindelar fue el ídolo de su infancia. "¿Cómo conociste la historia de Sindelar?", era su inquietud. Le conté que en los países de habla hispana está instalada la certeza de que Sindelar era judío. Su respuesta fue contundente: "No, eso no es correcto".

Por otra parte, todos los documentos oficiales que hay de Matthias Sindelar y de sus familiares son categóricos: en su integridad afirman que eran católicos. Christoph Unger sintetiza una idea terminante: "Sindelar no es un apellido judío".

Matthias Sindelar no era judío pero disputó 15 temporadas en el Austria Viena, un club por esa época emparentado con la comunidad judía, que fue oprimida y expulsada de la institución luego de la Anexión de Austria al Reich alemán en 1938. Era católico pero no hay evidencias que comprueben su "fanatismo religioso".

La religión en Sindelar no simbolizó un estandarte. Fue políticamente correcto con el poder de turno y no quiso salirse de los límites establecidos. De las fronteras para afuera, la última imagen histórica de Austria quedó manchada por las atrocidades de Adolf Hitler y su tropa, que hicieron una cultura del antisemitismo, de ahí la necesidad de construir un "héroe judío" que se revelara frente a la impunidad. Sindelar no portó el disfraz de héroe, y si alguien quiso ubicarlo en un sitio equivocado no fue su culpa.

Sindelar, más allá de los documentos que en la actualidad se pueden observar sobre su vida y la de sus familiares más cercanos, y a pesar de su postura desinteresada en términos políticos, fue más manipulado por los nacionalsocialistas que por el Frente Patriótico, un régimen fascista cristiano-católico que irrumpió en Austria entre 1934 y 1938. El Frente Patriótico no apeló al católico Sindelar –figura pública por excelencia– como herramienta propagandística. Probablemente ningún referente de ese partido sabía que Sindelar era católico. Él nunca dijo nada.

ÁRBOL GENEALÓGICO

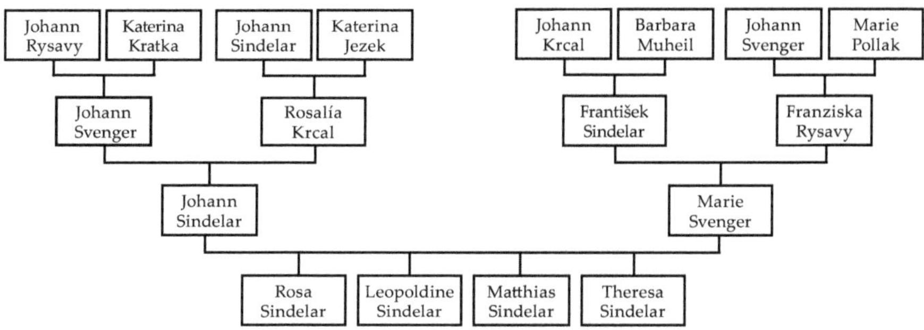

REFERENCIAS:

Johann Rysavy (bisabuelo paterno de Matthias).
Katerina Kratka (bisabuela paterna de Matthias).

Johann Sindelar (bisabuelo paterno de Matthias).
Katerina Jezek (bisabuela paterna de Matthias).

Johann Krcal (bisabuelo materno de Matthias).
Barbara Muheil (bisabuela materna de Matthias).

Johann Svenger (bisabuelo materno de Matthias).
Marie Pollak (bisabuela materna de Matthias).

František Sindelar (abuelo paterno de Matthias).
Franziska Rysavy (abuela paterna de Matthias).

Johann Svenger (abuelo materno de Matthias).
Rosalía Krcal (abuela materna de Matthias).

Johann Sindelar (padre de Matthias).
Marie Svenger (madre de Matthias).

Rosa Sindelar (hermana mayor de Matthias).
Leopoldine Sindelar (hermana del medio de Matthias).
Theresa Sindelar (hermana menor de Matthias).

CAPÍTULO 2.

MOTZL

Rosa, Matthias y Leopoldine, en 1910.
(Archivo Bezirksmuseum Favoriten)

FAVORITEN

En 1905, después de que el anhelo de estabilidad quedara inconcluso, Johann y Marie decidieron abandonar Kozlov para trasladarse a Viena con sus dos pequeños hijos, Matthias y Rosa. El escaso desarrollo estructural del pueblo natal hacía complejo el crecimiento. Para Johann y Marie no fue una decisión sencilla porque se trataba de quebrar la tradición familiar en el enclave moravo. El deseo de un vivir mejor era el objetivo principal.

Viena era, junto con Budapest, la ciudad más importante del Imperio Austrohúngaro. Por un lado, se presentaba como una alternativa potable para romper el cerco del pago chico. Por el otro, como era la zona caliente de la Monarquía, podía convertirse en una misión arriesgada para los que venían de otras latitudes.

El avance poblacional de Viena se valió en gran medida del incremento relacionado, entre otros factores, a las oleadas de inmigrantes que desembarcaron a mediados del siglo 19, como lo demuestra el siguiente gráfico[1]:

AÑO	1790	1860	1880	1890	1900	1916
HABITANTES	200 000	500 000	705 000	1 390 000	1 675 000	2 239 000

Los Sindelar se instalaron en Favoriten, que desde 1874 comenzó a formar parte del décimo distrito de Viena. Alejandro Torres Gutiérrez explica: "Los emigrantes procedentes del centro y del norte de Bohemia y del norte de Moravia eran mayoritariamente varones en edad de trabajar, en su inmensa mayoría solteros, muchos de los cuales eran meros aprendices, trabajadores poco calificados, artesanos y en menor medida obreros industriales"[2].

Los checos llegaron a Viena cada vez en mayor cantidad. Johann Sindelar era uno de esos "trabajadores poco calificados". Durante "el periodo de 1904-1912, Austria experimentó una aceleración en su desarrollo industrial que algunos historiadores interpretan como el despegue"[3]. La mano de obra proveniente de otras ciudades fue fundamental.

---

1 Alejandro Torres Gutiérrez, *Minorías y Multiculturalidad en Austria*, Madrid, Dykinson, 2007, página 97.

2 Ibíd.

3 Bernard Wasserstein, *Barbarism and Civilization*, Barcelona, Editorial Ariel, 2010, páginas 28 y 29.

En el *Denkschrift der Vororte* (Memorándum de la Periferia) de 1884 se dejó constancia de la situación en Favoriten: "Aquí los trabajadores viven más barato y los fabricantes y los comerciantes producen los artículos más baratos que en la cerrada ciudad (...)"[4]. También se resalta que "el distrito 10 de Viena se ha convertido en el refugio de innumerables familias"[5].

Al igual que en Viena, a fines del siglo 19 Favoriten vivió una etapa de transformación. La primera condición necesaria para los trabajadores era el apuro por conseguir un hogar, por lo que se construyeron pequeños bloques de viviendas donde se alojaron muchas familias[6]. El precio de las tierras aumentó considerablemente en las zonas centrales de Viena y, como consecuencia, los alquileres subieron[7]. Por decantación, las clases humildes, que no disponían del dinero para afincarse allí, hallaron opciones viables en los distritos periféricos. Favoriten fue uno de los más poblados[8].

En el diario online de la Universidad de Viena, la jefa de redacción, Bernadette Ralser, apuntó una cita del musicólogo Viktor Velek: "Cuando hablamos de los inmigrantes checos en Viena y, sobre todo cuando se trata de la cultura de club y la identidad nacional, entonces hay que distinguir entre dos grupos: los checos de Viena, una clase media de comerciantes, mercaderes, funcionarios, artesanos ricos, los estudiantes y sus familias; y los bohemios de Viena, el más grande, compuesto por la masa sin rostro integrada por trabajadores migrantes de Bohemia, Moravia y Eslovaquia"[9].

Los checos de Favoriten, que empezaron a trabajar en las fábricas locales, se caracterizaban por su escaso poder adquisitivo. El combo que encontraban en el distrito era atrayente y les permitía combatir la miseria, al menos parcialmente: empleo, ingreso salarial y viviendas a bajo costo. Los apartamentos en Favoriten eran

---

4 Selbstverlage der Gemeinde Vertratungen der Wiener Vororote, *Denkschrift der Vororte Wiens über die Folgen einer Eventuellen Hinausrückung der Verzehrungssteuer-Linie*, Viena, 1884, página 54.

5 Ibíd.

6 Wolfgang Slapansky, *Leben und arbeiten im triesterviertel*, Viena, Museumsverein Favoriten, Favoritner Museumsblätter N° 18, 1993, página 5.

7 Ibíd., página 6.

8 Ibíd.

9 www.dieuniversitaet-online.at/dossiers/beitrag/news/wien-du-fremde-stadt/640.html

de los más baratos que había en Viena[10]. Incluso hubo casas enteras que fueron habitadas solo por checos[11].

Según el censo de 1900, hubo 102 974 habitantes vieneses que tenían el checo como su idioma familiar[12]. Favoriten fue el distrito que tenía la mayor proporción: casi el 25%. Los autores especializados, como es el caso de Christine Klusacek y Kurt Stimmer, aseguran que muchos checos no quisieron reconocer su lenguaje por temor a las desventajas que podían ocasionarles[13]. La población de Favoriten, también en 1900, era de 133 009 habitantes[14], entre los que había 23 437 checos[15].

La colonia checa, en pleno auge, provocó que se fomentara una pequeña industria. Restaurantes, supermercados, bancos y comercios se inauguraron para ofrecerle a los checos una sensación de cercanía con su patria[16]. Sabían que para preservar las costumbres era indispensable formar instituciones que nuclearan la esencia de sus raíces. La tendencia se repitió en otros ámbitos, como el educativo a través de la escuela *Komenský*.

Pero no todo era prosperidad. El ataque a los checos se profundizó por intermedio de Karl Lueger, el creador del Partido Socialcristiano austríaco, quien desde su espacio político intentó frenar la inmigración desde el norte. Lueger, que con los años se convertiría en uno de los principales referentes de Adolf Hitler, pensó en voz alta: "Viena debe seguir siendo alemana y el carácter alemán de la ciudad no debe ser cuestionado". La discriminación, las embestidas y las agresiones hacia los checos fueron frecuentes[17].

---

10 Werner Schubert, *Favoriten*, Viena, Museumsverein Favoriten, Favoritner Museumsblätter N° 12, 1988, página 18.

11 Ibid.

12 Christine Klusacek y Kurt Stimmer, *Favoriten, zwischen gestern und morgen*, Viena, Mohl Verlag, 2004, página 96.

13 Ibid.

14 Ibid

15 Werner Schubert, *op. cit.* supra, nota 10.

16 Wolfgang Slapansky, *op. cit.* supra, nota 6, página 8.

17 Christine Klusacek y Kurt Stimmer, *op. cit.* supra, nota 12, página 97.

ADAPTACIÓN A LO DESCONOCIDO

Johann, Marie, Matthias y Rosa se establecieron en un pequeño apartamento ubicado en Quellengasse 75, en plena zona neurálgica de Favoriten. A partir de 1906, un año después de la llegada de los Sindelar, la calle pasó a denominarse Quellenstrasse[18], como se la conoce hasta la actualidad. La puerta 1 guareció a los nuevos vecinos, que el 15 de noviembre de 1906 agrandaron la familia: ese día nació Leopoldine, quien tendría un rol fundamental durante y después de la vida de su hermano.

Walter Sturm, uno de los máximos referentes del museo de Favoriten, quien elaboró una publicación muy completa sobre Matthias Sindelar, caracterizó el interior de la vivienda: "Su habitación, cocina y el comedor tenían dos ventanas que daban a la Quellenstrasse y dos al patio interno del edificio. A la derecha de la entrada había una tienda de ramos generales y un negocio de productos lácteos. Esta tienda había sido construida durante la fundación del distrito"[19].

El edificio de Quellenstrasse 75 parece impermeable al paso del tiempo. Con solo mirar hacia arriba, refulgen decenas de ventanas con un frente con el cemento a flor de piel. El aspecto es calamitoso. Al lado del edificio, justo en la esquina, hay un comercio todoterreno: venden ropa, artefactos electrónicos, juguetes, zapatillas, mochilas y bolsos, entre otro sinfín de artículos. Puede ser el mismo que cita Walter Sturm. La puerta de entrada al edificio se mantiene igual que en la época que la abría Sindelar. El portero eléctrico está tan gastado que no se distinguen los apellidos de los propietarios e inquilinos. De un golpe de vista parece que no funciona.

Una mujer con una túnica negra empuja la puerta desde la calle y entra sin llave. La facilidad del acceso tiene una razón: la cerradura está rota. La humedad en el pasillo principal desborda por todos lados y las paredes lucen despintadas. A la derecha, dos cestos de basura y una casilla para almacenar la correspondencia. Al final, una puerta que conecta con un patio interno.

---

18 Monika Glettler, *Die Wiener Tschechen um 1900: Strukturanalyse einer nationalen Minderheit in der Großstadt*, Múnich, Oldenbourg Wissenschaftsverlag, 1972, página 55. (En: Ludwig Rossa, *Strassenlexikon von Wien*, Viena, Touristik Verlag, 1945, página 375).

19 Ibid.

Al fondo del pasillo y girando a la izquierda, siempre en la planta baja, está la puerta 1, que fue propiedad de la familia Sindelar. Hacia la derecha, una puerta que va al sótano y una escalera hacia los pisos superiores. El descuido, evidente, hace que la estructura edilicia esté muy decaída.

Johann comenzó a trabajar en una empresa de ladrillos, como tantos otros inmigrantes. Esa industria era una de las que más requería mano de obra, pero también presentaba un ambiente viciado por la explotación y las pésimas condiciones laborales que tenían los operarios, a quienes en un tono despectivo se los conoció como "*Ziegelbehm*"[20] o "*Ziegelböhm*", que podría traducirse como "ladrillos de Bohemia". Un artículo en el diario austríaco *Die Presse* consigna que los obreros debían presentarse los siete días de la semana y cada jornada duraba 15 horas[21]. Incluso hubo casos de menores de edad incluidos en el circuito productivo.

La misma nota hace referencia a una cita de Marie Toth, autora de *Schwere Zeiten: Aus dem Leben einer Ziegelarbeiterin* (Los tiempos difíciles: La vida de un trabajador del ladrillo): "Los trabajadores de ladrillo eran los peores pagados de Viena". "Hay que imaginarse a los trabajadores y a los niños ¡y no había inodoros! Entonces se cavaron hoyos en el suelo para la utilización conjunta y ahí tenían que hacer sus necesidades"[22], complementa Toth.

Victor Adler, bastión de la socialdemocracia austríaca, fundó el 11 de diciembre de 1886 el semanario *Gleichheit* (Igualdad) y desde allí denunció los atropellos que sufrieron los asalariados de la industria. El 1 de diciembre de 1888 redactó un reporte titulado *Die Lage der Ziegelarbeiter* (La situación de los trabajadores del ladrillo) en el que describió la vida catastrófica de los "*Ziegelböhm*" y focalizó un problema radical en el sistema de trueque[23], que consistía en que a los empleados se les pagara con productos básicos o algún sustituto de la moneda estándar.

---

20 Christine Klusacek y Kurt Stimmer, *op. cit.* supra, nota 12, página 96.

21 www.diepresse.com/home/wirtschaft/hobbyoekonom/693694/Wien-um-1900_Ueber-Ziegelbehm-und-Maltaweiber

22 Ibíd.

23 www.dasrotewien.at/gleichheit.html

LA ESCUELA Y EL FÚTBOL

El periodista vienés Peter Menasse es un investigador trascendental en el análisis póstumo relacionado a Matthias Sindelar. Él cuestionó el accionar del futbolista en la compra de una casa de café arianizada en 1938 y abrió un eje de debate hasta entonces desarrollado sin profundidad, o directamente ni desarrollado. En su oficina de la capital austríaca, Menasse cuenta que una de sus convicciones es que Sindelar no tuvo la suficiente preparación intelectual para obrar con criterio al momento de adquirir el café.

A partir de ese disparador surgen incógnitas: ¿Sindelar fue al colegio? ¿Recibió instrucción?

El 15 de junio de 1938, Sindelar presentó la solicitud de compra para obtener la casa de café del judío Leopold Simon Drill. El formulario que llenó fue extenso y uno de los requerimientos era detallar la formación escolar. "Cinco años de *Volksschule* (escuela primaria), tres años de *Bürgerschule* (secundaria) y tres años de *Gewerbeschule* (escuela vocacional)"[24], pormenorizó Matthias.

Hubo una instancia que Sindelar olvidó mencionar: su paso por el *Kindergarten* (jardín de infantes, entre los tres y seis años), según consta en su matrícula escolar[25].

En 1880, en Quellenstrasse 73, contiguo al edificio donde vivían los Sindelar, se construyó un bloque de viviendas de tres pisos con 14 apartamentos[26]. En 1891 el edificio fue alquilado para el posterior emplazamiento de una escuela primaria, que en el primer año lectivo (1891/1892) ya contaba con diez clases de varones y cinco de mujeres[27]. Esta escuela, que volvió a cerrar en 1919[28], fue conocida como *Schwabenschule*.

La matricula escolar indica que el ciclo lectivo 1909/1910 en la *Schwabenschule* fue el primero de Matthias Sindelar en la enseñanza primaria. El día de inicio fue el 16 de septiembre de 1909[29]. Werner Schubert, quien se dedicó a examinar la génesis de la educación en Favoriten, confirma en su libro: "Un detalle interesante: en esta casa

---

24 *Kaufantrag* (Solicitud de Compra) de Matthias Sindelar ante la *Arisierungsstelle* (Oficina de Arianizaciones) por el Café Annahof, 15 de junio de 1938, página 2.

25 *Schul-Matriken* de Matthias Sindelar.

26 Werner Schubert, *op. cit.* supra, nota 10, página 6.

27 Ibíd.

28 Ibíd.

29 *Schul-Matriken, op. cit.* supra, nota 25.

(por la *Schwabenschule*) pasó una parte de su juventud el futbolista del Wunderteam Matthias Sindelar, nacido en Kozlov"[30].

La inserción escolar de Matthias, en idéntica sintonía con la de sus hermanas (Rosa ingresó a la *Schwabenschule* en 1911[31] y Leopoldine en 1913[32]), significó una escisión en el linaje familiar. Los Sindelar, por una cuestión lógica, hablaban checo. En Viena, como en la mayoría del Imperio, el idioma dominante era el alemán, por lo que Matthias, que tenía seis años al momento de comenzar sus estudios, Rosa y Leopoldine se insertaron en su nuevo ámbito con las características propias que regían. En la *Schwabenschule* Matthias perfeccionó el alemán, aunque cuando volvía a su casa hablaba en checo.

Alejandro Torres Gutiérrez lo contextualiza: "La emigración eslava (hacia Viena) deberá pagar como precio de entrada en la nueva sociedad, la renuncia a buena parte de su identidad cultural. Muchos de los hijos y nietos de aquellos emigrantes eslavos se integrarán en la sociedad austríaca mediante el aprendizaje del alemán, y se convertirán con el paso del tiempo en ciudadanos austríacos"[33].

La matricula de Matthias expresa con claridad que cumplió los cinco años de escuela primaria y fija el 16 de septiembre de 1914 como día de cierre de cursada[34].

En el medio del recorrido escolar, en 1913, nació Theresa, la tercera hermana de Matthias. De ella se sabe muy poco, ni siquiera se conoce el día de su nacimiento. Cuando se habla de la familia Sindelar, en general, Theresa casi ni se menciona. Hay una certeza: murió en 1922, cuando apenas tenía nueve años.

La *Schwabenschule* le brindó a Matthias el primer acercamiento a los conceptos formales del fútbol. Karl Weimann fue un maestro de ese colegio que se animó a desafiar la normativa que imperaba en la concepción de las autoridades escolares elitistas. La introducción del fútbol en las escuelas no era tolerada por las autoridades porque se trataba, según su criterio, de un deporte proletario. El concepto, a pesar del tinte despectivo, era correcto. El fútbol pertenecía a las clases bajas, a los que necesitaban un espacio de diversión dentro de una sociedad que los minimizaba.

---

30 Werner Schubert, *op. cit.* supra, nota 10, página 6.

31 *Schul-Matriken* de Rosa Sindelar.

32 *Schul-Matriken* de Leopoldine Sindelar.

33 Alejandro Torres Gutiérrez, *op. cit.* supra, nota 1.

34 *Schul-Matriken op. cit.* supra, nota 25.

Weimann ingresó al establecimiento como maestro provisorio de la segunda clase, pero permaneció allí desde 1909 a 1914[35]. Weimann tenía una estrecha relación con el fútbol: en su juventud jugó en Rudolfshügel, uno de los clubes más importantes de Favoriten, fue dirigente en la misma institución y también incursionó en el arbitraje[36].

Uno de los cursos que le tocó a Weimann estaba integrado por un grupo de jóvenes talentosos. Sindelar fue uno de ellos, pero junto a él compartieron la aventura otros chicos que luego se transformarían en grandes futbolistas. Los más destacados eran Karl Schneider, defensor y mediocampista que jugó en la Selección e hizo una gran carrera en First Vienna y Amateure (actual Austria Viena); Wilhelm Sevcik, quien jugó en Amateure; Rudolf Wszolek, que ya de chico se destacaba por su energía y rudeza; y Franz Solil, un jugador flaco y alto que se convertiría en un brillante defensor que pasó por Hertha y Rapid[37].

Como Weimann no podía hacerlo en el colegio porque su función era otra, creó un taller extracurricular para que los chicos aprendieran los fundamentos del fútbol bajo su tutela. Ideó un plan eficiente. Primero les regaló entradas a los chicos para que ingresaran sin pagar a los partidos de Rudolfshügel, que en general eran durante el fin de semana. Los lunes, Weimann reunía a sus pupilos y juntos analizaban lo observado en el cotejo. La rutina finalizaba en el campito, donde se ponía en práctica la teoría discutida[38].

Los investigadores vieneses Wolfgang Maderthaner y Roman Horak, especializados en la cultura futbolística del país, citaron: "Allí probablemente germinó la comprensión maravillosa de la táctica, que fue la que estableció la brillante técnica de Sindelar"[39]. No es casualidad que un censo realizado en 1937 revelara que más de un tercio de los jugadores profesionales de las ligas mayores de

35 Walter Sturm, *Matthias Sindelar: Ein kind aus Favoriten*, Viena, Museumverein Favoriten, 2003, página 55.

36 Franz Blaha, *Sindelar*, Viena, Österreichischer Presse und Bilderverlag Blaha, 1946, página 14.

37 Ibíd., páginas 8 y 13.

38 Ibíd., página 18.

39 Wolfgang Maderthaner y Roman Horak, *Mehr als ein Spiel*, Viena, Löcker Verlag, 1997, página 68.

Austria hayan nacido en Favoriten y Floridsdorf, dos de los distritos más humildes de Viena[40].

MOTZL Y SU QUERIDA FETZENLABERL

Si Marie necesitaba buscar al pequeño *Motzl*, como apodaban a su hijo por el diminutivo de su nombre, tenía dos opciones: o iba al colegio o salía a la calle, donde su hijo se pasaba horas, horas y horas jugando al fútbol. Matthias hizo del Steinmetzwiese, un gran terreno baldío ubicado enfrente de su casa, su segundo hogar[41].

Como el cuero era demasiado costoso, los niños[42] hacían pelotas con lo que tenían al alcance, que en general eran trapos viejos que servían para armar las famosas *Fetzenlaberl*, que eran balones caseros, carentes de confección refinada. Eran muy populares los partidos de desafío contra los chicos de los potreros aledaños y de otras calles de la zona[43].

El brazo rígido del Imperio no tomaba a bien estas expresiones ligadas al fútbol callejero. Como consecuencia, se puso en marcha un enorme movimiento contracultural. El fútbol en Favoriten creció considerablemente y los clubes de la zona comenzaron a tomar relevancia. A medida que florecieron talentos de los potreros del distrito se multiplicaron los agentes de los clubes que les ofrecían a los jóvenes la inmediata incorporación a las divisiones inferiores y, así, dar sus primeros pasos en el mundo del "fútbol socialmente aceptado". En la primera década del siglo 20 se levantaron canchas más sofisticadas en las áreas vacías que quedaban entre las fábricas y los edificios residenciales[44].

Max Winter fue un periodista austrohúngaro que dedicó gran parte de sus publicaciones a los asuntos sociales de la época. Fue un pilar dentro de la prensa obrera austríaca en el *Arbeiter-Zeitung*, el diario de los trabajadores. En septiembre de 1913, Winter se refirió al arraigo del fútbol en las entrañas del Imperio: "Este juego ha cap-

---

40 Matthias Marschik, *Wiener Austria: Der ersten 90 Jahre*, Viena, Verlag Fun Toy, 2001, página 45.

41 Walter Sturm, *op. cit.* supra, nota 35, página 6.

42 En la jerga vienesa se los llamaba *Gassenbuben*, cuya traducción al español es literalmente "chicos de la calle".

43 Franz Blaha, *op. cit.* supra, nota 36, página 13.

44 Wien Museum, *Wo die Wuchtel fliegt*, Löcker Verlag, Viena, 2008, página 91.

tado completamente a la juventud de Viena. Mires donde mires hay jugadores de fútbol. Niños de 12 a 16 años, y de 18 también, adoran este juego y lo hacen con incansable perseverancia..."[45].

En 1902[46] se fundó el SC Rudolfshügel, que fue el primer club de fútbol de Favoriten. En 1904 se generaron roces entre algunos directivos y el mal clima interno no tardó en estallar. Las diferencias derivaron en una escisión: los que estaban disconformes, entre los que también fueron arrastrados jugadores de las divisiones inferiores, crearon ese mismo año el ASV Hertha Viena[47], que pasó a ser el gran adversario del Rudolfshügel.

Rudolfshügel disfrutó el esplendor de futbolistas que rindieron en gran nivel y que ayudaron al club a instalarse en los puestos principales. Pero el éxito duró poco. En la temporada 1922/23 bajó a Segunda y, si bien regresó a Primera un año después, se salvó porque se suspendieron los descensos. Pelear la permanencia fue el objetivo central de ahí en adelante. En la 1926/27 volvió a caer en desgracia y su existencia se redujo a desajustes e improvisaciones. El transcurrir del tiempo profundizó la crisis.

Rudolfshügel no escapó a la realidad de los clubes suburbanos. La profesionalización del fútbol austríaco, en 1924, complicó a sus directivos y se les hizo imposible solventar los gastos que demandaba la nueva estructura. Las consecuencias de las erogaciones fueron las deudas que se amontonaron en una tesorería asfixiada[48]. En 1934 la institución dejó de existir luego de 32 años de trayectoria y 15 temporadas en Primera.

En 1910 vio la luz otro club en el distrito 10. Conocido en la actualidad como Favoritner AC, comenzó a competir como Favorit Athletic Club[49].

---

45 Walter Sturm, *op. cit.* supra, nota 35, página 9.

46 Ante la imposibilidad de establecer con precisión el año de fundación del SC Rudolfshügel y el ASV Hertha Viena debido a que no hay coincidencia plena en la bibliografía consultada, en este libro se tomará como referencia la información del historiador del fútbol austríaco Ambrosius Kutschera, quien volcó su trabajo en su sitio *www.austriasoccer.at*.

47 Wolfgang Slapansky, *Hertha-Stadion*, Verlag die Werkstatt, Göttingen, 2007, página 86. (En: Andreas Tröscher, Matthias Marschik y Edgar Schütz, *Das große Buch der österreichischen Fussballstadien*).

48 Wolfgang Maderthaner y Roman Horak, *op. cit.* supra, nota 39, página 72.

49 www.austriasoccer.at/data/diesunddas/verstat/favac.html

ADIÓS A LA ESCUELA

Matthias Sindelar continuó su estadía escolar. Finalizada la primaria, en el ciclo lectivo 1914/15 cambió de establecimiento para comenzar la etapa del secundario. El año del inicio no se puede pasar por alto: en 1914 se desató la Primera Guerra Mundial. A todas las complicaciones mencionadas se sumaba la lucha entre la Triple Entente y las Potencias Centrales.

La escuela a la que asistió Matthias, conocida como la Escuela del Aniversario porque fue inaugurada cuando se cumplieron 60 años de la asunción de Francisco José como emperador de Austria, estaba ubicada a metros de su casa.

Las escuelas de Favoriten sufrieron una depresión marcada por la Guerra y los estudiantes fueron rehenes de las decisiones políticas de los directivos, que debían buscar rápidas soluciones para que el sistema educativo se viera afectado en la menor medida posible. Más de la mitad de los colegios del distrito fueron puestos a disposición de las necesidades militares[50]. Las clases se dictaban, improvisadas, en los edificios que quedaban libres. Además de la escasez edilicia se produjo una baja en el personal docente[51].

En el ciclo lectivo 1914/15, Matthias Sindelar repitió el primer año del secundario[52] y lo volvió a hacer en el 1915/16. Al año siguiente promocionó a segundo, en el periodo 1916/17[53].

La firma del director de la Escuela del Aniversario, Franz Gross, atestigua que el último día de *Motzl* en el colegio fue el 10 de febrero de 1917[54], la misma fecha en que cumplió 14 años. El tercer año nunca lo inició.

En términos temporales, la Ley Imperial de Enseñanza Primaria reguló "con carácter general la escolarización obligatoria por un período de ocho años"[55]. Matthias Sindelar solo cursó siete: cinco en el primario y dos en el secundario. Lo que el protagonista admitiría en 1938 en la Oficina de Arianizaciones sobre sus "tres años de

---

50 Werner Schubert, *125 Jahre Schule in Favoriten*, Museumsverein Favoriten, Viena, Favoritner Museumsblätter N° 10, página 12.

51 Ibíd., página 56.

52 *Schul-Matriken op. cit.* supra, nota 25.

53 Ibid.

54 Ibid.

55 Alejandro Torres Gutiérrez, *El derecho a la libertad de conciencia en Austria*, Dykinson, Madrid, 2006, página 123.

Bürgerschule" tiene una trampa. La declaración de Sindelar no es falsa porque sí asistió tres años a la *Bürgerschule*, pero no fueron las tres clases necesarias para diplomarse: cursó dos veces la primera –porque repitió– y después la segunda; lo que le faltó fue la tercera y última clase.

Klemens Dorn, exdirector de una escuela primaria y autor de un libro dedicado a Favoriten, explicó lo que ocurría en el año que Matthias dejó el colegio: "En 1917, desgraciadamente, el salvajismo de los jóvenes de las escuelas fue en progreso. Los padres estaban en la Guerra, las madres habían multiplicado sus preocupaciones domésticas o tenían que continuar con su trabajo, y además faltaban escuelas y maestros. Los pocos parques en el distrito estaban dañados, los robos (sobre todo en el depósito de carbón del ferrocarril) estaban aumentando de manera aterradora"[56].

VIENTOS DE GUERRA

En la mañana del 28 de junio de 1914, un grupo de jóvenes pertenecientes a *Narodna Odbrana* (Defensa del Pueblo), una organización nacionalista y secreta fundada en Serbia, planificó un atentado contra el archiduque de Austria Francisco Fernando, quien realizaría ese día una visita a la capital de Bosnia, Sarajevo. Cuando el Imperio Austrohúngaro anexionó Bosnia y Herzegovina -cuyo linaje guardaba enorme relación con el serbio- en 1908 se abrió una grieta: "Proclamamos que el pueblo de Austria es nuestro primer y más grande enemigo (...)"[57], expresó *Narodna Odbrana* en una misiva.

El grupo estudió el recorrido que Francisco Fernando haría desde la estación de ferrocarril hasta el Ayuntamiento. Hubo 22 conspiradores armados que participaron del operativo. Con el Archiduque a bordo de un Gräf & Stift Double Phaeton, primero se lanzó una granada que impactó en el lateral del automóvil e hirió a los agentes de seguridad que iban a caballo.

El vehículo aceleró y llegó al Ayuntamiento, donde el General Oskar Potiorek le pidió a Francisco Fernando que dejara Sarajevo. "La ciudad es un hervidero de rebelión", le advirtió. Rendido ante

56 Walter Sturm, *op. cit.* supra, nota 35, páginas 12 y 13 (En: Klemens Dorn, *Favoriten*, Viena, 1928).

57 *Narodna Odbrana Izdanje Stredisnog Odbora Narodne Odbrane*, Belgrado, 1911.

las evidencias, el Archiduque ordenó la retirada, que tuvo lugar con una maniobra brusca del conductor. La velocidad del coche se redujo en una curva, y allí apareció un actor decisivo: Gavrilo Princip[58], un joven de 19 años. Cuando el vehículo se aproximó, Princip dio un paso al frente y desenfundó una pistola automática que escondía en su chaqueta. Disparó dos veces. El primer tiro impactó en el abdomen de la archiduquesa Sofía Chotek, esposa de Francisco Fernando, quien falleció en el acto. El segundo alcanzó al Archiduque cerca del corazón: murió casi instantáneamente.

El asesinato de Francisco Fernando y Sofía Chotek tensó aún más la relación entre Austria-Hungría y Serbia. El Imperio encontró en Serbia al principal responsable del atentado. Entre acusaciones cruzadas, amenazas y exigencias no cumplidas, el conflicto llegó a su punto más álgido el 28 de junio de 1914. El ministro de Asuntos Exteriores del Imperio, Leopold von Berchtold, le envió un telegrama a su par serbio M. N. Pashitch, quien también era primer ministro. A las 12.30 del mediodía, Pashitch recibió la información. "[...] Austria-Hungría en consecuencia se considera a sí misma a partir de ahora en estado de guerra con Serbia", especificaba el texto[59], que también fue publicado en *Wiener Zeitung*, el diario oficial del Imperio.

Así, florecía la Primera Guerra Mundial. Los dos grandes grupos que participaron de la contienda fueron el de la Triple Entente, con Francia, Reino Unido de Gran Bretaña e Irlanda del Norte y Rusia como principales exponentes; y la Triple Alianza, conocida como Potencias Centrales, integrada por tres imperios: el alemán, el austrohúngaro y el turco. La Triple Entente tuvo además el refuerzo de otras naciones, entre las que por supuesto estaba Serbia.

Muchos de los llamamientos de los soldados del Imperio fueron imprevistos, carentes de instrucción y sin seguir más conductas que la de reunir combatientes del modo que fuera posible. Sobran los casos de trabajadores que llegaban a sus casas para compartir las últimas horas del día con su familia y de repente, sin rodeos, eran notificados de que debían enrolarse al Ejército.

Uno de estos casos pudo haber sido el de Johann Sindelar, el padre de Matthias. Prácticamente no hay información sobre la par-

58 Gavrilo Princip no pertenecía a *Narodna Odbrana*, sino que formaba parte de *Black Hand* (Mano Negra), otra organización secreta.

59 *Collected Diplomatic Documents Relating to the Outbreak of the European War*, Londres, 1915, página 392.

ticipación de Johann en la Primera Guerra Mundial, pero sí está documentado que formó parte del ejército austrohúngaro. La crueldad de los acontecimientos hizo que entre tantas muertes se hiciera imposible registrar los datos de las víctimas, dónde intervinieron, en qué regimiento y qué funciones tenían a cargo, entre otros datos importantes. Johann se fue a la Guerra y dejó en su casa a su esposa Marie y a sus cuatro hijos.

Johann Sindelar sirvió como soldado en la compañía 12[60] del Regimiento de Infantería N°1 del *Landsturm*[61], en la parte de Cisleitania[62] del Imperio, y fue a la batalla contra Italia, que le declaró la guerra a Austria-Hungría en mayo de 1915.

Si bien los frentes de lucha fueron muchos, hay que posarse en un choque esencial en esta historia: la batalla de Isonzo, que tuvo como protagonistas a Austria-Hungría e Italia. Si bien los italianos en un principio se mantuvieron neutrales, entraron a la Guerra el 26 de abril de 1915, cuando firmaron en secreto el Tratado de Londres con Gran Bretaña, Francia y Rusia a cambio de futuras adquisiciones territoriales[63].

Entre Austria-Hungría e Italia se libraron una serie de 12 batallas entre 1915 y 1918 en el río Isonzo, en la frontera noreste. El ejército austrohúngaro, a pesar de su inferioridad numérica, sufrió menos bajas que el de Italia, que como primer objetivo tenía recuperar tierras italianas que estaban en manos de los austríacos. La dificultad de Italia estaba en que su logística no era adecuada. Tenía pocos vehículos y no le sobraba artillería para atacar. La última batalla, la de Caporetto, es recordada por el abismal triunfo de Austria-Hungría y, por contrapartida, se considera una de las peores derrotas de Italia.

Cuando el combate le daba un respiro, Johann le mandaba cartas a Marie a través del correo militar. En el dorso de una de esas

---

60 Ficha de Johann Sindelar en el *Kriegsarchiv* (Archivo de Guerra de Austria), en *Österreichisches Staatsarchiv* (Archivo del Estado de Austria).

61 El *Landsturm* era una reserva que alistaba varones que no prestaban servicio en el Ejército conjunto con los húngaros, un ejército de defensa austríaco, *Landwehr* y el equivalente húngaro, llamado *Honvéd*, los otros tres cuerpos.

62 "Mientras que la Monarquía Dual era en su conjunto ´Austria-Hungría´ y Hungría era oficialmente Hungría, la ´mitad´ no húngara no era Austria, sino ´las tierras representadas en el *Reichsrat* (Consejo Imperial)´. De manera informal, ese territorio era llamado Austria y, semioficialmente, era conocido como Cisleitania (...) Sólo en 1915 se permitió oficialmente que Cisleitania fuera denominada Austria", explica Steven Beller en su libro *Historia de Austria* (Madrid, Ediciones Akal, 2009, página 159).

63 Bernard Wasserstein, *Barbarism and Civilization*, Editorial Ariel, Barcelona, 2010, página 81.

correspondencias se puede apreciar que el padre de Matthias tenía dificultades para escribir en alemán: puso "Vin" –como suena al pronunciar– en vez de Wien (Viena); "Guelenstrase" en lugar de Quellenstrasse (la calle donde vivía); y "Kompani" en vez de Kompanie.

Diferente, se supone, fue su nivel oral, porque el lenguaje oficial del servicio era el alemán, y los oficiales debían conocer al menos unas setenta palabras técnicas emitidas en alemán, salvo en la sección de influencia húngara (*Honvéd*). Cada regimiento podía tener uno o varios lenguajes. Dependía del distrito de reclutamiento[64].

El 21 de agosto de 1917 fue una día negro en la memoria de los Sindelar. Como consecuencia del fragor del combate, Johann murió en Panowitzer Wald, un bosque cerca de Gorizia, que formó parte del Frente de Isonzo[65]. Ese día correspondió a la undécima batalla de Isonzo, que se desarrolló entre el 17 de agosto y el 12 de septiembre, cuando los italianos ejercieron una leve influencia sobre sus rivales y aseguraron la mayor parte de la meseta de Bainsizza. Los cruces fueron de los más sangrientos que hubo en Isonzo y se calcula que del millón de soldados que tomaron parte murieron o resultaron heridos alrededor de 200 000. Las causas del fallecimiento no quedaron asentadas en el único documento que perduró en el tiempo. El cuerpo de Johann fue enterrado en un cementerio de Aisovizza, en la actual Eslovenia, próximo a Gorizia[66].

La muerte de Johann desestabilizó a la familia. En 1932, Matthias Sindelar contaría lo complejo que fue superar el momento. "La vivencia más dolorosa de mi infancia fue el día en que llegó la noticia de que mi padre cayó en el Frente. Luego vinieron terribles semanas y terribles meses. Para mi madre no fue fácil cuidar de mí..."[67], recordó.

Marie quedó a cargo de sus cuatro hijos. Los gastos se acumularon, las necesidades aumentaron y los recursos para afrontar las obligaciones fueron realmente escasos. La solución que encontró Marie resultó efectiva: improvisó una lavandería en su casa.

Matthias, que ya había dejado la secundaria, tenía 14 años cuando Johann falleció y estaba dando sus primeros pasos en la escue-

---

64 Alejandro Torres Gutiérrez, *op. cit.* supra, nota 1, página 88.

65 Ficha de Johann Sindelar en el *Kriegsarchiv* (Archivo de Guerra de Austria), en *Österreichisches Staatsarchiv* (Archivo del Estado de Austria).

66 Ibid.

67 *Montagpost*, 19 de diciembre de 1932.

la vocacional, que le sirvió para especializarse en cerrajería. Ser el único varón conllevó un compromiso extra: debía aportar dinero para complementar el esfuerzo de su madre. Por aquel tiempo comenzó a gestarse una conexión especial entre *Motzl* y Marie.

La pérdida de Johann hizo que Matthias resaltara aún más la figura materna: "Cuando ahora miro mis logros deportivos estoy en condiciones al menos de pagarle a mi madre todo lo bueno que ha hecho durante toda su vida por mí. Hoy sigo viviendo con ella en mi amado Favoriten, al que le sigo siendo fiel desde que me trasladaron a Viena cuando tenía dos años"[68], valoró en la misma entrevista en 1932.

HUGO MEISL

Hugo Meisl nació el 16 de noviembre de 1881, en Bohemia, en el seno de una familia judía que se trasladó a Viena en la última década del siglo 19. Desde joven manifestó su pasión por el fútbol, a tal punto que, si bien no sobresalió, fue jugador y luego se dedicó al arbitraje. Sus conocimientos y su extraordinaria vocación lo transformaron en una autoridad dentro de la estructura del fútbol austríaco y europeo. Cuando empezaba a dar sus primeros pasos como entrenador y dirigente de la Asociación Austríaca de Fútbol, recibió un llamado que lo obligó a cambiar el rumbo.

El 23 de agosto de 1914, con 32 años, Meisl quedó enrolado al Ejército austrohúngaro. Lo mismo ocurrió con sus hermanos Leopold y Willy. Cuatro días después, Hugo arribó a Ljubljana, Eslovenia, que era una ubicación provisional de su regimiento. Fue asignado en el Batallón N° 29 del *Landsturm*. El 1 de noviembre de 1914 fue nombrado teniente en la campaña del Imperio contra Serbia[69].

Wolfgang Hafer es uno de los nietos de Meisl y vive en Frankfurt, Alemania. Su testimonio confirma una coincidencia singular: "Meisl estuvo en el Frente de Isonzo también, pero no sabemos nada sobre sus misiones. Solo sabemos que resultó herido y fue condecorado"[70]. En el libro que Wolfgang escribió con su hermano

---

68 Ibid.

69 Wolfgang Hafer y Andreas Hafer, *Hugo Meisl, Die Erfindung des modernen Fußballs*, Verlag die Werkstatt Göttingen, 2007, página 69.

70 Entrevista a Wolfgang Hafer realizada el 2 de abril de 2013.

Andreas sobre su abuelo se confirma que Meisl participó en la undécima batalla de Isonzo, la misma que se llevó la vida del padre de Matthias[71].

Meisl estuvo en el campo desde que estalló la Guerra y demostró ser un oficial muy capaz, que en 1918 fue ascendido a capitán. Hizo base en Krn -hoy Eslovenia-, a unos dos mil metros de altura, en la Brigada de Montaña 3, y fue galardonado por salvar a muchos compañeros en una avalancha, entre otras distinciones. Una de ellas fue la *Verwundetenmedaille* (Medalla de Herido), recibida el 29 de enero de 1918. Del grado de la lesión no se supo nada[72].

NECESIDAD DE TRABAJAR

Matthias Sindelar consiguió un puesto de aprendiz de cerrajero en la fábrica de carrocerías *Brüder Schafranek*, ubicada a una cuadra de su casa. En un principio, la empresa funcionó con el nombre *Carrosserie Parisienne Brüder Schafranek* y se dedicó a la "producción fabril de carrocerías, dispositivos para vuelos y elementos de automóviles"[73].

Sindelar comenzó el periodo de aprendizaje el 8 de marzo de 1917 y lo concluyó el 8 de marzo de 1921, según consta en el memorando de la empresa[74], aunque la compañía decidió conservarle el puesto más allá de esa fecha[75]. Sin embargo, el impacto de la depresión económica tras la Primera Guerra Mundial se hizo sentir en los elevados índices de desempleo y en la inflación en los años posteriores. El 16 de junio de 1922, Sindelar fue uno de los tantos afectados por los recortes que se produjeron en el país y *Brüder Schafranek* oficializó su despido a causa "de la falta de trabajo"[76] que azotaba al país.

A fines de 1917, Matthias se incorporó a las divisiones inferiores del Hertha Viena. De a poco, *Motzl* dejó de ser *Motzl* para transformarse definitivamente en Matthias Sindelar.

---

71 Wolfgang Hafer y Andreas Hafer, *op. cit.* supra, nota 69, página 73.

72 Ibíd., página 74.

73 Walter Sturm, *op. cit.* supra, nota 35, páginas 14 y 15.

74 Ibíd., páginas 18 y 57.

75 Walter Sturm, *op. cit.* supra, nota 35, página 19.

76 Memorándum *Brüder Schafranek* del 16 de junio de 1922.

CAPÍTULO 3.

HERTHA VIENA

Sindelar -de izquierda a derecha, el último de la fila de los que están parados-, en uno de los equipos juveniles de Hertha.
(Archivo Bezirksmuseum Favoriten)

LOS INICIOS

En la década del cuarenta, la "versión oficial" decía que Matthias Sindelar fue descubierto por un dirigente del Hertha Viena mientras jugaba en los terrenos baldíos de Favoriten. Con la timidez que siempre lo acompañó –comentaron–, Sindelar no supo qué contestar ante el ofrecimiento para incorporarse a las divisiones inferiores del club. Finalmente aceptó.

Walter Sturm descubrió una cita textual en la que el protagonista cuenta sobre sus inicios: "Mi verdadera carrera deportiva comenzó en 1918. En aquel momento, los chicos de las escuelas de Favoriten tenían permitido jugar dos veces a la semana en la cancha del Hertha. Uno de esos días hubo un pequeño partido, que fue antes de uno de la Reserva del Hertha. En aquella ocasión me vio el ya fallecido Febus, un meritorio exdirigente del Hertha [...] En ese partido, que aún recuerdo como si fuera ayer, ya se veía mi talento para el dribbling. Convertí cinco goles y puede imaginarse el orgullo que me dio. Tenía 15 años en ese momento. Después del partido, Febus se me acercó y me preguntó si quería unirme al equipo juvenil del Hertha. ¡Y yo sí quería!"[1].

Allgemeine Sport-Verein Hertha fue fundado en 1904 después de que un conflicto en las entrañas de Rudolfshügel, el otro club grande de Favoriten, hiciera irreversible la convivencia de dos grupos con ideas antagónicas. Una parte se quedó en Rudolfshügel y la otra, en la que había directivos y jugadores jóvenes, eligieron los colores azul y blanco para darle vida al Hertha.

Los primeros años del Hertha no fueron sencillos. Recién en 1907 fue admitido en Segunda División. Después de participar en las categorías menores, en julio de 1911 se produjo el despegue. Los dirigentes presentaron ante la Asociación de Fútbol una petición para lograr la entrada del club a la Liga superior. Tras conquistar los campeonatos de Tercera y Segunda, Hertha fue admitido en el torneo de Primera en la temporada 1911/12, la primera que hubo en Austria.

---

1 *Montagpost*, 19 de diciembre de 1932.

El primer campo de deportes del Hertha fue utilizado por los militares cuando comenzó la Primera Guerra Mundial. Por esta razón, tuvo que mudarse a la cancha del Rudolfshügel[2].

En 1917, Hertha volvió a tener casa propia cuando construyó el nuevo estadio en Quellenstrasse, muy cerca de la vivienda de la familia Sindelar. Además de las localidades de pie había butacas para dos mil personas. "Entre el campo de juego y el sector de espectadores se ha dejado libre un espacio de aproximadamente cinco metros donde en la próxima primavera se va a agregar una pista de carreras"[3], informó *Sporttagblatt,* el diario deportivo austríaco por excelencia en aquella época.

Hubo refacciones en el campo de juego y en la sede social, que estaba junto a la secretaría. Se levantó un complejo de apartamentos, tres vestuarios, un gimnasio, una lavandería y una utilería.

A pesar de que en lo deportivo las temporadas pasaban sin éxito, la dirigencia enfocó sus energías en embellecer el estadio. La intención era agrandarlo y sumarle comodidades. El problema que tenía Hertha era el mismo que los otros clubes suburbanos: la economía endeble. Los encargados de tomar decisiones no repararon en las consecuencias que podían ocasionar los gastos desmedidos y en el verano de 1920 continuaron las obras. "El campo de juego se ha nivelado, sembrado y ahora cuenta con un césped impecable. Las gradas se expandieron, por lo que ahora más de 15 000 personas pueden seguir los acontecimientos en el campo desde cualquier lugar. También se proporciona la capacidad para 2 500 personas con sus respectivos asientos (...)", contó *Sporttagblatt.*

Sindelar quedó registrado como jugador del Hertha el 26 de mayo de 1918[4]. Cuando arribó al club la situación futbolística era crítica. Excepto en 1915, cuando quedó en la quinta colocación, en las temporadas siguientes Hertha había terminado una vez en la novena posición y cuatro en la décima, siempre de diez equipos que conformaban la Liga.

El club de Favoriten se mantuvo en Primera aunque tocó fondo más de una vez. En la 1912/13 se revisaron cuatro partidos del Hertha –ganó tres y empató uno– porque un jugador, Oskar

---

2 Andreas Tröscher, Matthias Marschik y Edgar Schütz, *Das große Buch der österreichischen Fussballstadien,* Verlag die Werkstatt, Göttingen, 2007, página 86. Artículo escrito por Wolfgang Slapansky.

3 *Sporttagblatt,* 2 de noviembre de 1917, página 4.

4 Walter Sturm, *Matthias Sindelar: Ein kind aus Favoriten,* Museumverein Favoriten, Viena, 2003, página 16.

Fischer-Lustig, fue anotado con otro apellido. Hertha fue declarado culpable y se le dieron por perdidos los cuatro cotejos[5]. Con el descuento de puntos quedó último y tuvo que vencer a Wacker, campeón de Segunda, para esquivar el descenso. En las campañas de 1915/16, 1916/17 y 1917/18 se salvó porque se suspendieron los ascensos y descensos por la Guerra.

Cansados de tantas adversidades, los dirigentes decidieron reestructurar las divisiones inferiores para abastecer al equipo principal con futbolistas genuinos. Sabían que en las escuelas del distrito había buenos proyectos, por eso se puede inferir que la posibilidad de que jueguen dos veces por semana en la cancha del club era para observar nuevos talentos. Si ese fue uno de los propósitos, la maniobra resultó exitosa. La renovación profunda trajo, además de Sindelar, a Karl Schneider, Wilhelm Sevcik, Rudolf Wszolek y Max Reiterer, entre otros. Todos fueron alumnos del maestro Karl Weimann.

Los años de Sindelar en las categorías menores del Hertha generaron gran expectativa. Era un centrodelantero con una técnica distinguida. El exdefensor del club Ludwig Jetzinger se quedó en Hertha tras su retiro y ocupó un cargo dirigencial a partir de 1919. "Junto con algunos muchachos vi a Sindelar en el *Steinmetzwiese* cuando tenía 15 años y pensé que tenía que jugar para nosotros. Después lo vi jugar en nuestro equipo de jóvenes y predije que iba a convertirse en uno de los mejores jugadores de Austria"[6], sintetizó.

En uno de los equipos juveniles que integró Sindelar se lo ve acompañado por Franz Hlousek, Holy, Wilhelm Sevcik, Franz Listopad, Richard Krenn y Karl Schneider, entre otros jugadores que llegaron a desempeñarse en el primer equipo del Hertha. Después de tanto perseverar, *Motzl* pudo alcanzar el sueño que persiguió desde que pateaba la improvisada *fetzenlaberl*: debutar en Primera.

---

5 Información recuperada de: www.austriasoccer.at/data/nat/1910_19/o1__1_klasse__no_fussballverband_1912_13.htm

6 Werner Schubert, *Favoriten*, Museumsverein Favoriten, Viena, 1988, Favoritner Museumsblätter N° 12, página 87.

LA TEMPORADA DEL DEBUT

Lejos de las penurias, Hertha logró estabilizar sus resultados deportivos. Las campañas fueron alentadoras, sobre todo en la temporada 1920/21, en la que terminó quinto. Esa producción fue la mejor de toda su historia, solo igualada por la de 1915.

Para la 1921/22, Hertha mantuvo la base de futbolistas que le había dado grandes resultados durante la última temporada y apuntó a que otros jugadores que integraban la plantilla sumaran más minutos. También había que hacerles lugar a algunos chicos que venían de la Reserva.

El 8 de octubre de 1921, cuando el Hertha visitaba al Wacker por la sexta fecha, Matthias Sindelar, a los 18 años, debutó en la Primera del club de Favoriten. Luego de probar –sin éxito– a otros delanteros, el entrenador de Hertha, Rudolf Klika, confió en *Motzl*, la joven promesa.

Klika dispuso la siguiente alineación: Karl Ostricek; Karl Schneider, Wilhelm Sevcik; Raimund Nowak, Karl Kantner, Johann Listopad; Alois Picha, Josef Sylvester, Franz Widhalm, Matthias Sindelar y Johann Richter.

Una tormenta eléctrica provocó la interrupción definitiva del partido a los 30 minutos, cuando estaban 1-1. El 21 de enero de 1922, casi cuatro meses después, se completó el tiempo restante. Adolf Thimmler jugó en lugar de Sindelar, en lo que fue uno de los cuatro cambios del Hertha con respecto a la formación de octubre. Los de Klika se impusieron 3-2. En esa época se le daban dos puntos al equipo ganador y uno en el caso de empate.

Sindelar no fue convocado para los dos partidos siguientes. Volvió a la titularidad en la novena fecha, en la cancha del Hertha, cuando su equipo venció 2-1 a Floridsdorfer AC. Aquella tarde invernal Sindelar compartió la cancha con su inseparable amigo Max Reiterer.

El calendario de Hertha en 1921 se completó con cuatro partidos. Sindelar no jugó ninguno pero el equipo hizo una gran campaña.

En el inicio de la segunda ronda, Sindelar fue titular en los tres partidos que su equipo perdió en marzo de 1922. Cumplió con creces, pero el rendimiento colectivo decayó considerablemente. En el medio de la seguidilla adversa, sin Sindelar en la formación, Hertha quedó eliminado de la Copa de Austria en dieciseisavos de final.

Hertha terminó la Liga en la sexta posición, con 23 puntos. Ganó nueve partidos, empató cinco y perdió diez. La campaña, más allá

de la merma en la segunda rueda, fue muy positiva. El gran déficit fue la poca variedad en los goles convertidos: de los 34 tantos, 15 fueron de Josef Sylvester[7].

La primera temporada de Sindelar fue provechosa desde todo punto de vista. Aunque en sus ocho partidos no marcó ningún gol, demostró parte de sus condiciones y reafirmó el mote de "promesa". Además, compartió el plantel con los amigos y compañeros que lo vieron crecer en los potreros del distrito. La escuela de Karl Weimann había echado raíces en el Hertha. Sindelar, Schneider, Wszolek y Reiterer escribieron el capítulo más fuerte de su historia. Todos debutaron en Primera durante esta temporada.

EL PRIMER GOL

Era común en esa época que los clubes utilizaran las famosas casas de café vienesas para reunir a los fanáticos, directivos y jugadores. Allí se juntaban para pasar gratos momentos, debatir las cuestiones relacionadas a la vida de la institución e incluso dialogar sobre temas que excedían el deporte. Hertha nucleaba a su gente en el Café Walloch. Otro lugar habitual era Rosensäle, un restaurante en el que todos los años, a partir de 1921, se celebraba un festival organizado por el Hertha. En el recuerdo quedó una de esas veladas, en febrero de 1923, cuando "Sindelar y Solil, dos estrellas del Hertha", asistieron al evento y fueron aplaudidos a rabiar por el público presente[8].

La temporada 1922/23 se inició en septiembre de 1922. El plantel de Hertha había sufrido una reducción considerable. En la zona ofensiva ya no estaban Adolf Thimmler, Otto Fischer, Johann Richter[9], que pasó al multicampeón Rapid, Franz Feinböck y Schmidek. La sangría tenía por objetivo darle más participación a Sindelar y a

---

7 www.austriasoccer.at/data/nat/statsn/1920_1929/o1__1_klasse__no_fussballverband_1921_2205.htm

8 Hubert Pramhas y Wolfgang Slapansky, *Rote Teufel leben länger*, Edición Privada, Viena, 1993.

9 Johann Richter fue un futbolista histórico del Hertha. Su primer partido lo jugó en la temporada 1917/18 y permaneció en el club durante los siguientes seis años. Hasta ser transferido, el mediocampista disputó 75 partidos y convirtió 13 goles. La palabra "histórico" no es sólo por antigüedad, sino porque su pariente Josef defendió los colores del club desde la 1911/12. En Rapid, donde ganó una Liga y una Copa de Austria, Johann jugó 133 cotejos (16 goles). También representó a la Selección austríaca en diez encuentros.

Holy en el ataque. Además, volvía a la consideración el goleador Josef Kumba, recuperado de la lesión que lo había marginado de la última campaña.

Otra vez se mantuvo la columna vertebral del equipo, compuesta por el arquero Karl Ostricek, Franz Solil, Wilhelm Malousik, Johann Listopad, Josef Sylvester y Neuhold. Karl Fink sustituyó a Rudolf Klika en la dirección técnica.

Para complementar la preparación, Hertha viajó al exterior para mediarse con equipos de mayor fuste. Jugó partidos en Croacia, Alemania y Checoslovaquia, con una muy buena presencia goleadora de Sindelar.

El primer partido del campeonato se disputó el 3 de septiembre de 1922, ante Simmeringer SC. Sindelar jugó de interior derecho[10]. Los de Favoriten doblegaron a un rival que no opuso resistencia y se llevaron un triunfo 2-0.

Una semana después, Hertha jugó ante Admira, que ganaba 2-0 hasta que descontó Anton Kabada y antes de que terminara el primer tiempo apareció Sindelar para sellar la igualdad y marcar, así, su primer gol en Primera. Una curiosidad: del debut goleador no se registraron detalles porque las redacciones de los diarios de Austria estaban en huelga y no hubo periódicos en circulación.

Sindelar, con 19 años, se iba consolidando en la formación titular. La campaña del Hertha estuvo signada por la irregularidad. Empató muchos partidos y le costó afianzarse. Lo más destacable de 1922 fue que el equipo venció 1-0 a Rudolfshügel en el clásico de Favoriten.

La suerte no cambió en 1923. Hertha no consiguió resultados que le permitieran aspirar alto pero sí sumó lo necesario para no preocuparse por el descenso. En una derrota 4-3 ante el poderoso Rapid, Sindelar convirtió su segundo gol de la temporada. Más allá de la caída, fue la figura del Hertha y el diario *Sporttagblatt* lo definió como un jugador talentoso[11].

Sindelar volvió a marcar en la derrota 3-1 frente a Simmeringer SC. La conquista tuvo un significado especial: fue el último gol que Matthias convirtió en Hertha. Después de una igualdad 1-1 ante el Wacker, Sindelar se despidió hasta la próxima temporada.

---

10 En la línea de cinco delanteros que se utilizaba en esa época, era el jugador que estaba al lado del centroatacante, sin llegar a ser extremo.

11 *Sporttagblatt*, 19 de febrero de 1923, página 1.

Transcurridas 17 fechas, el delantero firmaba asistencia perfecta y Hertha, con 17 puntos, marchaba cómodo en las colocaciones.

EN JAQUE

Sindelar siempre sintió devoción por el fútbol, pero la natación era uno de sus pasatiempos favoritos. "Era un excelente nadador"[12], enfatizó el autor Bruno Prohaska. A cuatro cuadras de la casa de Sindelar, una pileta comunitaria propiciaba la relajación y el esparcimiento de la joven esperanza del Hertha.

Una mañana primaveral de la segunda quincena de mayo de 1923, Sindelar fue a la pileta para compartir con sus amigos una jornada saturada de sol. Cuando tenía todo listo para meterse al agua, tropezó y en la caída chocó contra una baranda[13]. Enseguida advirtió que el accidente revestía gravedad. Quienes observaron la situación lo auxiliaron de inmediato. Sindelar no podía levantarse por sus propios medios.

El delantero fue sometido a estudios exhaustivos. Los resultados mostraron que Sindelar tenía rotos los meniscos de la rodilla derecha. A partir de ese momento se originaron una serie de situaciones angustiantes. La carrera futbolística de Sindelar corría peligro. Una lesión semejante para un deportista de alto rendimiento, en una articulación fundamental como la rodilla, presumía un obstáculo gigantesco. Hay que considerar que la medicina no estaba desarrollada como en estos tiempos, por lo que una intervención quirúrgica no garantizaba una recuperación adecuada.

Despedido de *Brüder Schafranek*, la situación de Sindelar se complejizó todavía más. El fútbol austríaco aún no era profesional. Los jugadores no percibían un sueldo blanqueado, pero ilegalmente existía el *Scheinamateurismus* (amateurismo aparente), que constaba de pagos en efectivo, bonos para cambiar por alimentos o canjes para cenar en restaurantes. Sindelar, lesionado, tendría que resignar todo tipo de ganancia.

Después de la muerte de su padre, Sindelar colaboró con Marie para cubrir los gastos de la casa. Una parte del dinero que le sobraba lo utilizaba para adquirir entradas que luego repartiría a los chicos pobres de Favoriten para que pudieran ingresar a los parti-

---

12 Bruno Prohaska, *Matthias Sindelar*, Viena, 1940, página 10.

13 Ibíd.

dos del Hertha. Forzado por la realidad, debió suspender los gestos caritativos, y la imposibilidad de ayudar, como en su niñez Karl Weimann lo ayudó a él, le generó un enorme vacío.

Cuando la consolidación en Hertha era un hecho, el percance lo hizo retroceder casilleros. Fink no logró suplir a Sindelar como le hubiera gustado. Intentó con Kerzner, Rosendorfer e incluso adelantó a Wilhelm Sevcik y Johann Listopad, dos mediocampistas naturales, pero ninguno convenció.

Hertha terminó en el octavo puesto -de 13 participantes- y sumó 24 puntos. Ganó siete partidos, empató diez y perdió siete. Las estadísticas de Sindelar: 17 partidos y 3 goles en el campeonato; un cotejo y ningún gol en la Copa.

Los buenos resultados hundieron a los dirigentes del Hertha, con el presidente Ratzl a la cabeza, en un mundo fantasioso. Inconscientes de las limitaciones, volvieron a refaccionar el estadio, que después de las últimas obras tenía capacidad para albergar a 15 000 personas. El sitio *austriasoccer.at*, dirigido por el historiador Ambrosius Kutschera, entrega datos elocuentes. La asistencia promedio a los partidos del Hertha en la temporada 1920/21 fue de 7770 espectadores; en la 1921/22 el número se redujo notablemente a 4708; en la 1922/23 recuperó caudal y alcanzó 7775.

¿Qué necesidad había para agrandar lo que era excesivamente grande? La idea, que llegaría a aplicarse, era explotar el estadio a través de organización de eventos y festivales, pero ninguna de estas iniciativas amortizó los gastos.

Como la mayoría de los clubes chicos de Viena, la economía del Hertha no era holgada. Los directivos estaban convencidos de que el proyecto del estadio potenciaría la imagen del club y serviría para captar nuevos aficionados. Se estima, de acuerdo a la información de los diarios de la época, que Hertha gastó alrededor de 900 millones de coronas[14], una cifra que excedía cualquier lógica. La *Wiener Fußball Verband* (WFV, Asociación de Fútbol de Viena) colaboró con 50 millones[15].

De a poco comenzó una caída que tendría pésimas consecuencias. Hertha tenía ahora un estadio moderno y lujoso en el que podían entrar 30 000 fanáticos, y también una deuda exorbitante que

---

14 La corona fue la moneda en Austria después de la disolución del Imperio Austrohúngaro, en 1918. Tuvo vigencia hasta 1925, cuando fue reemplazada por el chelín.

15 Andreas Tröscher, Matthias Marschik y Edgar Schütz, *op. cit.* supra, nota 2.

se multiplicaba día a día. El descontrol caló tan hondo que desde los periódicos pidieron donaciones para el club.

"Hertha tiene que pagar un montón de deudas. Si los acreedores ceden tal vez será posible poner al club sobre una base firme y así resarcir el error cometido por la cúpula del club que si bien tuvo las mejores intenciones, fue demasiado optimista con la construcción de una tribuna gigante, costosa y poco rentable"[16], reflexionó el diario *Der Neue Sport*, el 17 de junio de 1925.

NI UNA BUENA

A pesar de la asfixia económica, los dirigentes tenían que abocarse a preparar la temporada 1923/24. Sin resto monetario para jerarquizar el plantel, se apuntó a encontrar nuevos talentos en las divisiones inferiores. La prensa deportiva austríaca, sobre todo desde *Sporttagblatt*, asumía que el Hertha tenía la mejor cantera de Viena. En la dirección técnica continuó Karl Fink.

De las inferiores surgió un joven defensor que daría que hablar: Roman Schramseis. Tras permanecer dos temporadas tuvo que irse, como tantos otros, debido a las turbulencias que rondaban Quellenstrasse. Pasó al Rapid, donde realizó una gran carrera. Schramseis formó parte del legendario Wunderteam y allí se reencontró con Matthias Sindelar.

A la base ya conocida se sumaron algunos futbolistas que resultaron positivos. Los casos resonantes fueron los del húngaro Ferenc Kalisch y Franz Listopad, quien alargó la relación entre su apellido y el club. Era el tercero de la dinastía, después de sus familiares directos Leopold y Johann –todavía integraba el plantel y era habitual titular–. Kalisch, quien ocupó el lugar de Sindelar, todavía lesionado, fue el primer extranjero que representó al Hertha.

Hertha tenía buenos jugadores y un entrenador capaz, pero las dudas institucionales eran un rompecabezas sin solución. La atmósfera negativa no tardó en repercutir en lo futbolístico. El debut en el campeonato, el 26 de agosto de 1923, nubló el horizonte: Hertha perdió 4-3 frente al Rapid. En la segunda jornada, un durísimo cachetazo del Admira, que se tradujo en un 4-1, ahondó el pesimismo.

---

16 Ibíd., página 87.

Mientras tanto, Sindelar observaba desde afuera. Hertha hizo una primera ronda tan mala que terminó en zona de descenso. Tenía que dar un vuelco drástico. Los dirigentes decidieron remover al técnico Karl Fink y en su lugar nombraron a Franz Feinböck, un hombre de la casa que conocía a casi todos los jugadores porque había sido miembro del plantel hasta 1922.

En el primer semestre de 1924 Sindelar encontró trabajo como cerrajero en la fábrica de autos *Österreichischen Werke G. A.* (ÖWA), en la *Wiener Arsenal*. La empresa, que había sido la que mayor caudal de armas fabricó para el Imperio Austrohúngaro, ahora estaba en manos socialdemócratas. La ÖWA confeccionaba una amplia gama de productos que iban desde maquinaria agrícola y productos de madera para la construcción de complejos residenciales hasta elementos para la recolección y eliminación de basura. En ÖWA también produjeron la pistola ÖWA-Repetierpistolen, que era utilizada por la milicia paramilitar socialdemócrata *Schutzbund* (Liga de Defensa Republicana) y el Österreichischen Amilcar-Automobil AG, un coche pequeño inspirado en el modelo francés[17].

En agosto de 1924, la crisis económica volvió a golpear y el directorio despidió a alrededor de 300 operarios[18], entre los que estaba Sindelar.

"La junta directiva del Hertha atraviesa muy malos tiempos. La expansión del estadio se ha devorado grandes sumas de dinero, que naturalmente fueron facilitadas vía crédito. La temporada de otoño, a la que se había ido con grandes esperanzas, hasta el momento ha defraudado las expectativas, en lo deportivo y por supuesto en un sentido material (...)"[19], escribió *Sporttagblatt*.

Al combo hubo que adjuntarle un hecho que enlutó a la institución: el fallecimiento del presidente Ratzl. En su reemplazo fue designado Isidor Singer[20], que tuvo un paso fugaz por el club cuando fue futbolista.

Para la reanudación de la Liga, Feinböck podía contar con Sindelar, recuperado de la lesión en la rodilla derecha. Después de una inactividad de más de nueve meses, Sindelar fue titular el 24 de febrero de 1924, en la derrota del Hertha 2-0 ante Wiener Sportklub.

---

17 Walter Sturm, *op. cit.* supra, nota 4, página 21.

18 Ibíd., página 22.

19 *Sporttagblatt*, 20 de octubre de 1923, página 12.

20 Walter Sturm, *op. cit.* supra, nota 18.

El conjunto de Favoriten redondeaba una campaña pésima pero todavía mantenía posibilidades de eludir el descenso, que condenaría a los tres peores equipos de la Liga.

Todo parecía indicar que la última plaza del descenso quedaría para Hertha (14 puntos), Wacker (16) o Slovan (16), que tenía 20 partido jugados, uno más que los otros dos rivales directos. FC Ostmark y WAF, anteúltimo y último, respectivamente, ya estaban en Segunda. El 21 de junio, Hertha recibió a Slovan, en lo que era un duelo trascendental. Una victoria de Slovan dejaba a Hertha casi sin chances de alcanzarlo y, así, los de Feinböck definirían con Wacker.

Con un Sindelar inspirado y un trabajo colectivo inteligente y práctico, el local se impuso 2-0 y se quedó con un triunfo clave.

Las posiciones quedaron al rojo vivo. Como Wacker había perdido, los tres rivales alcanzaron los 16 puntos, siempre Slovan con un partido más. El 29 de junio los partidos centrales eran Hertha contra el líder Amateure, y Wacker frente a Hakoah, que estaba en mitad de tabla y jugaba solo para cumplir. Amateure precisaba un triunfo o un empate para acercarse al título.

El potencial del Amateure era considerablemente superior al del Hertha y quedó demostrado: ganó 3-1. Hertha dejó escapar la posibilidad de encaminar la permanencia. Wacker venció por el mismo resultado a Hakoah y llegó a 18 puntos. Hertha y Slovan seguían con 16 unidades. Los tres equipos tenían 21 partidos jugados.

El 2 de julio, Wacker le ganó 3-1 a First Vienna, perseguidor inmediato del Amateure, y aseguró su plaza en Primera. El resultado consagró campeón a Amateure por primera vez en su historia. Un día después, Slovan superó 4-2 a Hakoah y le trasladó la presión a Hertha, que debía ganar sí o sí.

El 5 de julio Hertha y First Vienna empataron 2-2. A pesar de todos los esfuerzos, Hertha descendió a Segunda por primera vez en su historia, tras 12 temporadas consecutivas en Primera.

"Hertha tuvo un año fatídico. Después de una relativamente buena campaña en la temporada 1922/23, y en vista del constante aumento de la multitud del público, la especulación creció en torno a las expectativas del club. Pero ha fallado. La ampliación del estadio y la construcción de una tribuna enorme costaron casi mil millones y, aunque el dinero fue prestado, no puede ser devuelto. El período más difícil fue la muerte del presidente Ratzl. El club se quedó sin un liderazgo activo. Incluso el equipo amenaza con desmoronarse, Solil definitivamente ha emigrado y se espera que una gran cantidad de jugadores haga lo mismo debido al descenso

y las necesidades financieras. Por lo tanto, no se puede estar seguro de lo que va a pasar con el Hertha en los próximos años"[21], resumió *Sporttagblatt*.

No fue la mejor temporada para Sindelar, quien totalizó ocho partidos en la Liga y uno en la Copa, sin goles. "Sindelar íntimamente no está bien. Siempre hay que pensar en su lesión, que por supuesto afecta su rendimiento deportivo", afirmó un cronista de *Sporttagblatt* el 5 de abril de 1924.

Por otro lado, hubo quienes objetaron su estilo de juego. "El exceso de confianza en sí mismo le ha hecho mucho daño", advirtió un periodista en abril de 1923, y añadió en mayo: "Sindelar juega demasiado para las cámaras de fotos"[22].

UNA SALIDA IRREMEDIABLE

La dirigencia no encontró soluciones ante el descalabro económico. En julio de 1924, cuando se concretó la caída a Segunda, la deuda del Hertha superaba las mil millones de coronas. El presidente Isidor Singer entendió que una forma adecuada para achicar el presupuesto era transferir a los jugadores más cotizados del plantel. En una tendencia que crecía, los clubes chicos empezaban a abastecer a los colosos de la Liga.

Karl Schneider, Max Reiterer y Matthias Sindelar se fueron al Amateure; Franz Solil pasó al Rapid; Johann y Franz Listopad llegaron a Rudolfshügel, que había retornado a Primera; Karl Ostricek al First Vienna; y Anton Kabada al Wacker.

A pesar de las bajas, Hertha ascendió a Primera en la temporada 1924/25 luego de coronar una campaña excelente. En la 1925/26 descendió y así empezó un camino de idas y vueltas permanentes.

Se entablaron negociaciones para fusionar al Hertha con Rudolfshügel, Simmeringer SC o Slovan pero ninguna prosperó. Como si a esta historia le faltara un capítulo, en diciembre de 1927 concluyó el contrato de arrendamiento del estadio que Hertha tenía con el ayuntamiento de Viena y no se pudo renovar. Finalmente, el estadio fue demolido y en esas tierras municipales se levantó un complejo de viviendas.

---

21 *Sporttagblatt*, 9 de agosto de 1924, páginas 4 y 5.

22 Hubert Pramhas y Wolfgang Slapansky, *op. cit.* supra, nota 8, página 43.

La temporada 1929/30 fue la última del Hertha en la máxima categoría. En el verano de 1931, los de Favoriten, a voluntad propia, abandonaron la Segunda División[23].

Las siguientes son las estadísticas individuales de Matthias Sindelar en el Hertha:

- Liga: 33 partidos y 3 goles
- Copa de Austria: 2 partidos y ningún gol
- Total: 35 partidos y 3 goles

23 Andreas Tröscher, Matthias Marschik y Edgar Schütz, *op. cit.* supra, nota 2, página 88.

CAPÍTULO 4.

AMATEURE / AUSTRIA VIENA

Imagen emblemática en la carrera de Sindelar. Un defensor del Slavia Praga, víctima de la habilidad del delantero.

(Leo Schidrowitz, *Geschichte des Fussballsports in Österreich,* Viena, 1951, página 105)

COMIENZA EL ROMANCE

Wiener Amateur Sportverein, el último campeón de la Liga, tenía por delante la defensa del título, el primero de su corta historia, como objetivo primordial. Dos de los primeros jugadores en mencionarse para llegar al club fueron del Hertha: Max Reiterer y Karl Schneider, valores jóvenes pero con roce en Primera División. Las negociaciones, auspiciadas por la crisis económica de la institución de Favoriten, no resultaron un impedimento para que ambos futbolistas desembarcaran en Amateure. En el transcurso de la gestión hubo un diálogo que Reiterer y Schneider mantuvieron con una autoridad del Amateure[1]:

—Claro que nos gustaría ir al Amateure, pero tenemos un amigo que no queremos dejar. Nuestra voluntad es que venga con nosotros.

—Bueno, ¿quién es su amigo?

—Sindelar.

La dirigencia del Amateure no desechó el pedido. Había que reemplazar al goleador húngaro Kalman Konrad, quien tenía decidido buscar nuevos horizontes junto a su hermano Jenö. La juventud de Sindelar y su proyección sedujeron de inmediato. En un principio se especuló con que la amistad con Reiterer y Schneider facilitaría la llegada del delantero, incluso sin costo. Hertha, por supuesto, no quería y no podía regalar al jugador más promisorio del plantel.

El entrenador del Amateure era Gustav Lanzer, que en su época de futbolista jugó 56 partidos y señaló 6 goles en el Hertha. Por una temporada no llegó a compartir plantel con Sindelar pero lo conocía muy bien.

Convencidos de las cualidades futbolísticas de Sindelar, la única incógnita que paralizaba el avance del Amateure era el estado físico del jugador. La recuperación de la lesión en la rodilla derecha no fue buena; los vaivenes quedaron expuestos cuando Sindelar volvió a jugar en la segunda parte de la temporada 1923/24. Emanuel *Michl* Schwarz, vicepresidente del club y médico de profesión, respaldó la incorporación de Sindelar, pero pretendía que lo hiciera en óptimas condiciones.

El manager, Max Seemann, y otro dirigente apellidado Popovich, representaron al Amateure en las conversaciones con el presidente

1 Walter Sturm, *Matthias Sindelar: Ein kind aus Favoriten*, Museumverein Favoriten, Viena, 2003, página 23.

del Hertha, Isidor Singer. Para transferir a Sindelar, Singer solicitó tres mil chelines[2], pero la cifra era demasiado elevada para el Amateure. Seemann y Popovich, enterados de las necesidades imperiosas del Hertha, aprovecharon la desesperación y cerraron un trato muy beneficioso: por el mismo dinero que Singer pidió por Sindelar, también contrataron a Reiterer y Schneider[3].

Wolfgang Hafer, nieto de Hugo Meisl, asegura: "Meisl fue quien arregló la contratación de Sindelar al Amateure cuando tenía 21 años. Esta decisión fue criticada por algunos periodistas porque Sindelar parecía demasiado débil físicamente". Hafer no vacila: "Meisl fue consciente de la existencia de Sindelar desde los primeros tiempos"[4].

Schwarz, que era el médico del primer equipo del Amateure, derivó el caso de Sindelar a su colega Hans Spitzy, una eminencia en la medicina austríaca. "Spitzy estaba a cargo de todas las operaciones de los futbolistas del club"[5], agrega Norbert Lopper, que fue secretario del Austria Viena entre 1956 y 1983.

En septiembre de 1924, Spitzy operó a Sindelar de los meniscos de la rodilla derecha. Fue la primera cirugía de ese tipo que se le realizó a un deportista de alto rendimiento. Tras la intervención quirúrgica, Sindelar comenzó a jugar con un vendaje en la articulación operada, como se puede observar en todas las fotografías que lo retratan dentro de la cancha.

El sábado 27 de septiembre de 1924 se hizo pública la salida de Sindelar del Hertha en el popular periódico *Sporttagblatt*. Sin embargo, según quedó cotejado con Walter Sturm, el 13 de ese mes fue la fecha en que el delantero fue registrado como nuevo jugador del Amateure[6].

---

2 El chelín fue la moneda que circuló en Austria desde 1924 hasta 2002 (en 1938, con la Anexión a Alemania se vio interrumpida hasta el final de la Segunda Guerra Mundial), cuando comenzó a regir el euro. El chelín reemplazó a las coronas, con una tasa de cambio de 1 chelín = 10 000 coronas.

3 www.austria-archiv.at/betreuer.php?Betreuer_ID=118

4 Entrevista a Wolfgang Hafer realizada el 2 de abril de 2013.

5 Entrevista a Norbert Lopper realizada el 22 de mayo de 2013.

6 Walter Sturm, *op. cit.* supra, nota 1, página 57.

¿A DÓNDE LLEGÓ SINDELAR?

En 1894 quedó constituido el Vienna Cricket and Football Club, más conocido como Cricketer, que involuntariamente comenzó a erigir los cimientos de lo que sería el Amateure.

El 29 de octubre de 1910, discrepancias internas en la conducción del Cricketer hicieron que gran parte de los dirigentes y jugadores del equipo principal formaran un nuevo club: Wiener Cricketer, que se diferenció del Vienna Cricket, entre otras cosas, por los colores. Este detalle no es menor, porque el azul y negro del Vienna Cricket mutó al violeta y blanco del Wiener Cricketer que mantienen, aún hoy, la esencia del Austria Viena.

Como el nombre Wiener Cricketer no logró consenso popular, las autoridades de la flamante institución decidieron modificar la denominación entre finales de noviembre y principios de diciembre de 1910. Así nació Wiener Amateur Sportverein, que se resumió en Amateure. El 15 de marzo de 1911, Amateure fue incluido en la Asociación Austríaca de Fútbol.

A los 14 años, Hugo Meisl se convirtió en miembro del Vienna Cricket, donde llegó a jugar en Primera. Como no tuvo una carrera destacada, al poco tiempo dejó la actividad para dedicarse al arbitraje y al rol de dirigente. Meisl comenzó como secretario del Vienna Cricket, hasta que llegó a ser integrante de la primera Comisión Directiva del Amateure que encabezó el famoso periodista deportivo Erwin Müller.

Amateure era un club con supremacía burguesa, sobre todo a nivel dirigencial, y la mayoría de los miembros eran judíos. En los primeros años de profesionalismo –se instauró en 1924– quedó en evidencia el poder económico de la institución. Amateure y Hakoah, el club sionista por excelencia, disponían de un presupuesto superior al de los otros equipos. En el ambiente del fútbol no cayó bien que Amateure contratara a Alfred Schaffer y a los hermanos Jenö y Kalman Konrad presuntamente asistido por capital privado asociado a empresarios judíos.

Las casas de café tuvieron un papel interesante en la discusión. Miles de personas se reunían todos los días para leer los diarios, conversar, debatir y jugar a las cartas o al ajedrez, entre otras actividades. Funcionaban como centro de cultivo del arte, la música y las especulaciones filosóficas, en general fomentadas por la burguesía. El fútbol también estaba presente a través de hinchas, futbolistas y dirigentes que concurrían a conversar sobre lo que ocurría

en los clubes. Sindelar era fanático de esos lugares. En muchos casos las cafeterías funcionaban como sedes sociales. Según informó *Sporttagblatt* en 1919, los dirigentes del Amateure se juntaban en uno de los cafés de Ringstrasse, una avenida de circunvalación que rodea el centro de Viena, y "tiraban billetes de cien sobre la mesa para apostar en juegos de azar"[7].

En contraposición, Rapid, el eterno rival del Amateure, embanderaba al proletariado. Cuando se fundó la institución, los estatutos sentaron que el propósito del club era "introducir el fútbol y el deporte a los queridos camaradas de la clase trabajadora, que se han convertido en muy populares en Viena"[8]. El nombre original de la institución de Hütteldorf, cuando se fundó en el otoño de 1898, era Ersten Wiener Arbeiter Fussballklub (Primer Club de Fútbol de los Trabajadores de Viena). Sin embargo, el 8 de enero de 1899 cambió la denominación a Sportklub Rapid, como se lo conoce en la actualidad.

La oposición entre ambos clubes era tal que quedó personificada en Sindelar y Josef Uridil, centrodelantero emblema del Rapid, a quien apodaban Tanque. Uridil era considerado el portador del espíritu del Rapid por su fuerza, empuje, garra y coraje, siendo estas supuestas características de la clase obrera. A su contextura física le agregó un poder goleador asombroso. Sindelar, a quien conocían como *Der Papierene* (El Hombre de Papel), simbolizaba la delicadeza, el costado más estético del fútbol y la elegancia, argumentos del ideario burgués que atravesaba al Amateure.

Curiosamente, a pesar de su potencial económico, Amateure no tenía estadio propio. Como dice la revista *Ballesterer*, "durante décadas no fue local en ninguna parte"[9]. En los años de esplendor de Sindelar, la institución utilizó las instalaciones que tenía en Ober St. Veit, una zona con impronta burguesa en el decimotercer distrito de Viena, Hietzing. Pero los cambios fueron moneda corriente.

Dos meses después de la inauguración de Ober St. Veit –17 de mayo de 1914– estalló la Primera Guerra Mundial y lo que parecía el inicio de una etapa esperanzadora se transformó en un retroceso permanente. El estadio sufrió las consecuencias y así lo plas-

---

7 Domenico Jacono, Edgar Schütz y Matthias Marschik, *Alles Derby! 100 Jahre Rapid gegen Austria*, Verlag Die Werkstatt, Göttingen, 2011, página 24.

8 Roman Horak y Wolfgang Maderthaner, *A Culture of Urban Cosmopolitanism: Uridil and Sindelar as Viennese Coffee-House Heroes* (En: The International Journal of the History of Sport Volumen, 13 Edición 1, 1996, página 145).

9 Revista *Ballesterer*, número 16, página 40.

mó un artículo del *Sporttagblatt* tras una inspección realizada en mayo de 1921: "El césped está descuidado y en malas condiciones. Los accesos al estadio y los caminos de ingreso a los vestuarios están tapados por la maleza. Las vallas están dañadas, hay cables rotos y tablones carcomidos. Aquí se observa la triste imagen de la decadencia"[10].

"En los años siguientes a la Primera Guerra Mundial por supuesto que varios partidos se jugaron en esa cancha. Pero debido a que el dinero era menor por los efectos de la guerra, el campo se fue deteriorando más y más y el Amateure tuvo que hacer de local durante varios partidos en otras canchas", precisa Ambrosius Kutschera, director del sitio *austriasoccer.at*.

En diciembre de 1931, la empresa constructora dueña del terreno en el que Amateure había construido su estadio quiso elevar el costo del alquiler, pero el club se negó. Después de un acuerdo temporal que duró poco, Ober St. Veit pasó a ser un recuerdo en la historia del Amateure y del Austria Viena.

El historiador del club y director del proyecto del museo, Erich Krenslehner, dijo a la revista *Ballesterer* que sus cálculos muestran que el Amateure y el Austria, en el curso de su historia, pasaron por no menos de 15 estadios en los que ejercieron la localía, antes de que en agosto de 1982 naciera el Estadio Franz Horr[11].

SUFRIR PARA SABER GOZAR

Los resultados del Amateure fueron adversos. En la temporada 1911/12, evitó una tortuosa definición para mantener la categoría. En las campañas posteriores supo instalarse como uno de los equipos más irregulares de Primera. Recién en la 1919/20 se vio un cambio rotundo: compartió el primer puesto con Rapid, pero los de Hütteldorf ganaron el certamen por tener más cantidad de victorias y diferencia de goles. El subcampeonato se repitió en las temporadas 1920/21 y 1922/23.

Entre 1911 y 1923, Rapid se transformó en el verdadero gigante de la Liga. Conquistó ocho títulos de los doce que se disputaron y

---

10 Andreas Tröscher, Matthias Marschik y Edgar Schütz, *Das große Buch der österreichischen Fussballstadien*, Verlag die Werkstatt, Göttingen, 2007, página 36. Artículo escrito por Edgar Schütz.

11 Revista *Ballesterer*, *op. cit.* supra, nota 8, página 41.

construyó, así, una base que hasta el día de hoy lo sostiene como el club que más torneos locales ganó en el país. Ni siquiera los seis títulos que logró Admira en las décadas del veinte y del treinta, que coincidió con los años menos frondosos del Rapid, hizo que la brecha se acortara.

La inflexión que representó la temporada 1919/20 fue una causalidad motivada por la incorporación de los hermanos húngaros Jenö y Kalman Konrad. Hugo Meisl los había observado cuando jugaban en el MTK Budapest, un club en el que la mayoría era de predominancia judía, y empeñó todo su esfuerzo para que ambos pudieran anclar en Amateure. Jenö era defensor o mediocampista, mientras que Kalman era un delantero letal que en su primer campeonato en Amateure marcó 18 goles en 22 partidos. "Estos son los mejores futbolistas de Europa, América y el resto del mundo. Kalman Konrad es un hombre con veinte piernas y siete sentidos", sentenció un periódico escandinavo.

Para la 1922/23, Amateure volvió a demostrar el poder económico con otras dos contrataciones rutilantes: Gustav Wieser y el húngaro Alfred Schaffer, ambos delanteros. En torno al fichaje de Schaffer, que también llegó del MTK Budapest, se generó una gran controversia. Además de sus cualidades como futbolista, Schaffer era un hábil negociante al momento de plantarse ante los clubes que lo querían, incluso antes de que se instaurara el profesionalismo. Tenía fama de jugar solo por dinero y en el marco de un deporte todavía amateur no era bien visto. Amateure tuvo que desembolsar 25 millones de coronas para contratarlo y acordó un salario mensual de cinco millones. Un año más tarde se lo duplicaron[12]. Según Walter Sturm, Schaffer era "el hombre más odiado por la prensa deportiva burguesa"[13].

El excanciller austríaco Bruno Kreisky lo caracterizó: "Schaffer era brillante. Sé que muchos consideran a Sindelar como el portador de la esencia del jugador de fútbol clásico, y probablemente tengan razón. Pero para mí Schaffer fue un ejemplo a seguir. Mantenía la pelota hasta encontrar a un compañero bien colocado para cederle el balón. Uno no solamente tiene que pensar en su propia necesi-

12 Ibíd., página 38.

13 Walter Sturm, *op.cit.* supra, nota 1, página 26.

dad, sino que también hay que estar preparado para el éxito del otro"[14].

Wieser había marcado 67 goles en 91 partidos en Rapid y provenía del Würzburger Kickers alemán. Amateure no escatimó dinero para sumarlo a sus filas. El tiempo testificó la capacidad de Wieser, que dejó su huella en las memorias del club a fuerza de goles.

El equipo del Amateure que marcó la historia y obtuvo la Liga y la Copa de Viena en la temporada 1923/24 ostentó un potencial abrumador para los rivales. La formación titular estándar estaba compuesta por Theodor Lohrmann; Alexander Popovich, Johann Tandler; Karl Geyer, Jenö Konrad, Alois Hiltl; Viktor Hierländer, Kalman Konrad, Alfred Schaffer, Gustav Wieser y Wilhelm Morocutti. Los componentes de la delantera eran excelsos. Lanzer se transformó en el primer entrenador en la historia del club en ganar el campeonato y la Copa en la misma temporada.

Durante esa temporada debutó Walter Nausch, un volante central de 16 años surgido de las divisiones inferiores que se convertiría en uno de los futbolistas más emblemáticos de la historia del club.

TEMPORADA 1924/25: INICIO CON ALTIBAJOS

Antes del comienzo de la temporada 1924/25, Amateure sufrió la baja de tres hombres importantes: Jenö y Kalman Konrad pasaron al First Vienna y Ferdinand Swatosch –segundo máximo goleador del equipo en la campaña anterior– se fue a Alemania para jugar en el Kölner BC. El resto de la base del plantel se mantuvo, por lo que el club no contrató demasiados refuerzos.

Sindelar llegó a una estructura bien ensamblada. Sin embargo, otra vez la rodilla se transformó en el principal enemigo. La recuperación fue tediosa y los tiempos se extendieron más de lo previsto. Preocupados, los dirigentes decidieron enviarlo a Semmering, una localidad situada en la Baja Austria, para que descanse. Al poco tiempo, Amateure se fue de gira al exterior y la Comisión Directiva lo incluyó en la delegación junto a Reiterer y Schneider. "Ellos solo podían comer, pero no jugar. Es lo que necesitaban para recuperar las fuerzas. Se acordó esto para que pudieran ser utilizados

---

14 Helmut Heiman, *Tarzan, Puskás, Hansi Müller - Stelldichein Donauschwäbischer Spitzensportler*, Oswald Hartmann Verlag, Sersheim, 2001.

en el otoño (a partir de septiembre)", contó el mediocampista Karl Geyer[15].

En la tercera jornada, el 5 de octubre de 1924, ante First Vienna, Sindelar debutó oficialmente en el Amateure. La formación inicial estuvo conformada por Theodor Lohrmann; Alexander Popovich, Johann Tandler; Karl Geyer, Max Reiterer, Alois Hiltl; Wilhelm Morocutti, Viktor Hierländer, Matthias Sindelar, Johann Neumann y Gustav Wieser. Unos 18 000 espectadores coparon el estadio en Ober St. Veit.

Amateure no se pudo asentar en el comienzo y el implacable Friedrich Gschweidl, con quien Sindelar mantendría una puja por el centro de la delantera de la Selección, adelantó a su equipo. No obstante, dos goles de Neumann, el gran protagonista de la tarde, sentenciaron el 2-1 definitivo. La crónica del *Sporttagblatt* destacó la voluntad de Sindelar para imponer su técnica por encima de la lucha, elogió una "maravillosa" combinación con Morocutti y enalteció un remate de media distancia que desvió el arquero Karl Ostricek, el mismo que la temporada pasada era su compañero en Hertha[16].

El 19 de octubre, ante Hakoah, a los 24 minutos, Amateure encontró el camino del triunfo gracias a una combinación brillante entre Sindelar, Schaffer y Neumann, que culminó con una definición certera de Sindelar, que marcó un gol que significó el primero en su nuevo club.

Amateure finalizó la primera ronda con 11 puntos, pero con un encuentro menos. Hakoah, con 13 unidades, lideró la tabla en el receso invernal. Las estadísticas reflejaron la confianza que Lanzer tuvo en el joven Sindelar: de los nueve partidos que disputó el equipo, fue titular en siete y marcó dos goles.

Amateure marchaba a paso firme. Sindelar hizo un gol en el triunfo ante Slovan y otro frente a Simmeringer. Después de perder ante Rapid, Amateure cosechó un invicto de siete partidos –cuatro victorias y tres empates–. El equipo de Lanzer estaba primero con 22 puntos y Hakoah, que tenía dos partidos pendientes, lo escoltaba con 20, aunque ganó uno de los cotejos adeudados y pasó a depender de sí mismo para quedarse con el liderazgo.

En el momento menos oportuno, cuando quedaban dos fechas, el costo de la ineficacia fue muy alto. Wiener AC se hizo fuerte en

15 Walter Sturm, *op. cit.* supra, nota 1, páginas 24 y 25.

16 *Sporttagblatt*, 6 de octubre de 1924, página 1.

su cancha y con un triunfo 2-1 dejó sin chances de campeonato al Amateure, que tenía que ganar para llegar a la última fecha con posibilidades de alcanzar la cima. De este modo, Hakoah, antes de jugar, se coronó campeón del primer certamen profesional de Austria. Gustav Wieser fue el máximo goleador, con 19 tantos.

Si para el Amateure la derrota ante Wiener AC tuvo un costo muy alto, para Sindelar fue aún peor. A los 67 minutos, una lesión severa volvió a sacarlo del campo de juego. Después de una temporada plena, en la que jugó 17 de los 20 partidos e hizo 4 goles, se perdió la última jornada de la Liga y toda la campaña del Amateure en la Copa de Viena. El equipo de Ober St. Veit salió campeón y logró retener el título.

TEMPORADA 1925/26: LAS PRIMERAS ESTRELLAS

Alfred Schaffer, después de convertir pocos goles en la campaña pasada, dejó el club. Para reemplazarlo volvió Kalman Konrad, que había tenido un rendimiento irregular en el First Vienna. El regreso generó mucha expectativa en una afición que lo tenía como uno de sus hijos adoptivos. Si bien el Amateure consiguió el subcampeonato en la temporada 1924/25 tuvo un déficit marcado: con 36 goles a favor, fue uno de los equipos que menos convirtió. Con la excepción de Gustav Wieser, los otros delanteros no fueron efectivos.

Sindelar, aún lesionado, no iba a poder entrar en la consideración de Gustav Lanzer en los primeros meses de la temporada. La base ofensiva iba a estar integrada por Morocutti, Hierländer, Konrad y Wieser, más un quinto elemento que podía ser Josef Milnarik, un refuerzo que había llegado de Rudolfshügel o, en menor medida, el checo Josef Rohlicek.

Amateure empezó la Liga a paso firme. De los partidos jugados en 1925 solo perdió ante Floridsdorfer AC y empató frente a Rudolfshügel y Hakoah. El resto fue un festival de goles que valieron siete triunfos. El rendimiento del equipo prácticamente no exhibía fisuras y la opinión pública lo colocaba como el principal candidato al título.

De todos modos, el buen presente deportivo no estaba en sintonía con la situación económica del club. Las deudas eran exorbitantes, por eso los directivos programaron una gira por el exterior para recaudar fondos. Entre el 13 de diciembre de 1925 y el 17 de enero de 1926, Amateure jugó cinco partidos en Francia, tres en Suiza y dos en Bélgica.

La crisis del Amateure no era ajena a la del fútbol austríaco en general. La profesionalización presentaba un envase atractivo y elegante, pero carecía de rentabilidad. El profesionalismo no solo era pagar sueldos, sino que también incluía costos para mantener los estadios, materiales deportivos (botines, camisetas, pelotas), cenas protocolares e inversiones publicitarias, entre otras cosas. El *Neue Wiener Journal*, en un artículo titulado "Balance del fútbol de Viena", clarificó el panorama: "Lanzado con gran prisa, el nuevo orden ha sufrido un fracaso financiero miserable en su primer año y trajo un gran número de clubes al borde del colapso"[17].

El costo del mantenimiento mensual de todo el personal del Amateure era 9000 chelines, de los cuales 7000 correspondían a los salarios de los futbolistas. La totalidad del presupuesto mensual ascendió a 31000 chelines, que fueron demasiado frente a los 28000 que ingresaban[18].

Si algo positivo pudo rescatar Amateure fue que los obstáculos económicos no influyeron en el andar devorador del equipo. En el retorno de la actividad oficial, tras superar la lesión que lo dejó afuera por más de siete meses, Sindelar recibió una asistencia precisa de Hierländer e hizo el primer gol de su equipo en el triunfo 4-0 ante First Vienna. Sin embargo, su buen rendimiento no alcanzó para que recuperara la titularidad. Amateure iba primero y los delanteros atravesaban un presente auspicioso.

En Pfarrwiese, la casa del Rapid, Amateure ganó 5-0 y con cuatro fechas por jugar confirmó el liderazgo. Además, extendió a seis puntos la diferencia con el segundo, Slovan. Dos triunfos, un empate y una derrota en las últimas fechas aseguraron la conquista de la segunda Liga en la historia del Amateure

Los problemas ofensivos comentados al principio quedaron enterrados: Wieser, con 25 goles en 21 partidos, fue el máximo anotador del campeonato por tercer año consecutivo; Hierländer contribuyó con 22 goles y Konrad con 10. Amateure fue el equipo más goleador y el menos goleado.

---

17 Wolfgang Maderthaner y Roman Horak, *Mehr als ein Spiel*, Löcker Verlag, Viena, 1997, página 135.

18 Wolfgang Hafer y Andreas Hafer, *Hugo Meisl, Die Erfindung des modernen Fußballs*, Verlag die Werkstatt Göttingen, 2007, página 124.

Tan grande fue el rastro que dejó aquel Amateure que Viktor Hierländer, uno de los artífices dorados de los primeros logros de la institución, reconstruyó años más tarde: "El Violeta fue el primer equipo que desplegó el fútbol que más tarde se conoció como la Escuela de Viena: el juego plano y preciso, con un encanto muy particular"[19].

En la Copa de Viena, Sindelar hizo un gol en el contundente triunfo 8-0 ante Frem Wien, de Tercera. En la fase siguiente, otra conquista de Sindelar aportó al 3-1 frente a Brigittenauer. Amateure estaba en cuartos de final. La marcha ganadora en la Copa continuó con un 11-0 sobre Vienna Cricket. Los delanteros abrazaron la excelencia: cuatro de Wieser, dos de Sindelar, tres de Morocutti, uno de Konrad y el restante en contra.

Aunque empezó perdiendo contra Simmeringer, el resultado final fue un 4-2 a favor. Amateure volvía a una final por tercera temporada consecutiva. Al día siguiente del triunfo, los diarios ponderaron "la técnica brillante" de Sindelar y su capacidad para conectar con los otros delanteros.

El 15 de mayo de 1926 fue el momento de definir la Copa ante First Vienna. En un partido de dominio cambiante, y tras un gol sorpresivo del rival, empató Hierländer, quien más tarde aprovechó un polémico penal y le dio aire a su equipo. El cronista de *Sporttagblatt* consideró "bochornoso" el accionar del árbitro y dejó entrever que el presidente de la Asociación, testigo presencial de los hechos, debía tomar medidas severas[20].

En el segundo tiempo, Amateure amplió la diferencia y a pesar que First Vienna se puso a tiro de la igualdad, el cotejo terminó 4-3. Amateure obtuvo el tricampeonato en la Copa de Viena, un logro que recién pudo igualar Rapid en las temporadas 1982/83, 1983/84 y 1984/85. Tan satisfactoria fue la participación de Sindelar que un crítico afirmó que como jugador era mejor que Kalman Konrad[21].

Para Sindelar se iba una temporada con vaivenes de todo tipo. En la conquista de la Liga no fue protagonista porque la lesión lo dejó afuera de la mayoría de los compromisos del equipo, por lo que apenas jugó siete partidos y marcó dos goles. La Copa tuvo otro significado para él. Lanzer lo utilizó en los cinco cotejos y logró convertir cuatro goles. A los 23 años, el futbolista de Favoriten iba

---

19 Jo Huber, *Das grosse Austria buch*, Verlag Kurt Mohl, Viena, 1975, página 25.

20 *Sporttagblatt*, 17 de mayo de 1926, página 2.

21 Jo Huber, *op. cit.* supra, nota 18.

camino a abandonar el sitio de promesa para convertirse en una realidad.

TEMPORADA 1926/27: PRIMERA EXPLOSIÓN

Antes del inicio de la temporada, Kalman Konrad partió a Brooklyn Wanderers, de Estados Unidos, y Walter Nausch buscó continuidad en Wiener AC. Más allá de estas bajas, la base del plantel se mantuvo. Como refuerzos llegaron el defensor Emil Regnard, que tenía experiencia en la Selección, y Johann Mock, un mediocampista de 19 años que provenía del SC Nicholson, uno de los protagonistas del torneo de Segunda. Mock era un diamante en bruto.

Con Sindelar recuperado, Amateure puso primera en la Liga y chocó con Rapid, que le ganó 4-1. Este partido, además de la importancia de ser el clásico, marcó el hecho más insólito en la carrera deportiva de Sindelar. En Pfarrwiese, Morocutti adelantó al visitante pero Rapid reaccionó y lo dio vuelta 3-1. A los 68 minutos, el arquero Lohrmann sufrió una lesión que le impidió continuar en la cancha. El reglamento de la época no permitía sustituciones. Entonces, ¿quién iba a ocupar el arco? Sindelar se calzó el buzo y defendió la valla hasta completar el tiempo que faltaba. Josef Uridil le hizo el cuarto gol.

Transcurridas seis fechas, Amateure había cosechado cinco derrotas y un triunfo. Sin embargo, guiado por sus atacantes, encontró una serie de triunfos que llevaron tranquilidad. De hecho, el equipo no volvió a perder en 1926. Sindelar tuvo mucho que ver en la levantada: hizo siete goles en los seis partidos que completaron el calendario. Amateure cerró el año en la mitad de la tabla.

A mediados de noviembre había estallado un rumor que aseguraba que Rapid quería contratar a Sindelar. Incluso se dijo que lo habían tentado con 35 millones de chelines en mano para que firmara. El presidente del Rapid, el ingeniero Hans Fischer, molesto por los trascendidos, negó todo tipo de acercamiento: "Los rumores carecen de fundamento". El delantero siguió en Amateure.

¿Cómo podía un club llamarse "Amateure" en épocas de profesionalismo? Era una contradicción. Emanuel Schwarz, quien además de su influencia en el fútbol era el director general de natación, se remitió al *Schwimmklub Austria* (Club de Natación Austria), una sección que comenzó a funcionar en 1920. Schwarz propuso denominar al fútbol del club de la misma manera que la natación y logró

rápido consenso popular. El 28 de noviembre de 1926, en una asamblea celebrada en el Dom-Café, se aprobó la idea de Schwarz[22]. De este modo, Wiener Amateur Sportverein pasó a ser Fussballklub Austria, como se lo conoce hasta la actualidad. El presidente en ese momento era Curt Hahn.

Ese mismo día, el Austria visitó a Floridsdorfer AC y ganó con un contundente 6-1 que remató una jornada histórica. Sindelar convirtió tres goles –uno de penal– y acaparó todas las miradas: "Fue un verdadero maestro como director de orquesta, y la esencia de todas sus acciones se llevaron a cabo con un estilo maravilloso", escribió *Sporttagblatt* tras el encuentro[23].

El 25 y 26 de diciembre el Austria disputó dos amistosos ante Athletic, en Bilbao. Los austriacos ganaron en ambas presentaciones y Sindelar fue figura excluyente con cuatro goles. El 1 de enero de 1927, frente a Barcelona, el delantero anotó dos veces y la prensa española se rindió a sus pies: "[…] Y solo al indiscutible acierto de Sindelar, notabilísimo delantero centro del Amateure (sic), iniciando uno de los pocos avances hechos en el segundo tiempo por los jugadores austríacos y rematándolo hábilmente […] El once vencedor, como todos los de igual procedencia, forma un conjunto armónico, caracterizado por el buen acuerdo de sus componentes (aun sin ser perfecto), por la mayor utilización de los exteriores que antaño y por la excelente clase de los jugadores de quienes algunos sobresalieron por su destreza, por ejemplo Sindelar y Morocutti […]"[24].

En la revancha, al día siguiente, Barcelona ganó 5-0. "Si el hombre más realizador de la delantera como es Sindelar en el Amateure (sic) se ve cercado estrecha y afortunadamente como lo fue por Walter [defensor local], las posibilidades de la línea delantera bajan mucho, quedando reducidas a lo que puedan hacer las alas y en especial los extremos, que el domingo no tuvieron gran fortuna […]"[25], analizó un cronista.

Para combatir los tiempos turbulentos que se vivían, Hugo Meisl creó un certamen internacional a nivel de clubes para fomentar la competencia y empujar hacia la superficie los ingresos económicos de los participantes. Le dio el nombre de Copa Mitropa[26], un acró-

---

22 Ibíd.

23 *Sporttagblatt*, 29 de noviembre de 1926, página 1.

24 La Vanguardia, 2 de enero de 1927, página 17.

25 La Vanguardia, 3 de enero de 1927, página 17.

26 La Copa Mitropa se convirtió en la precursora de la actual Liga de Campeones.

nimo de *Mitteleuropa* (Europa Central, en alemán). En junio de 1927, se desarrolló un congreso en Venecia, Italia, al que concurrieron delegaciones de cinco países: Austria, Hungría y Checoslovaquia, las tres potencias de Europa Central, Italia (sus equipos se incorporaron recién en 1929) y Yugoslavia. En un principio este torneo no fue homologado por la FIFA, por lo que se llevó a cabo sobre la base de un acuerdo privado concertado entre las asociaciones participantes[27].

El Austria continuó por la senda irregular en la Liga y terminó la temporada en el séptimo lugar, muy lejos de Admira, el campeón. En la Copa de Viena la situación fue diferente. Los de Lanzer llegaron a la final tras superar con claridad a Polizei SV, SC Nicholson, Rudolfshügel y Wiener AC –Sindelar aportó tres goles–, pero en el duelo decisivo un inapelable Rapid se quedó con el título después de imponerse 3-0 y obtuvo un lugar en la primera Mitropa.

En lo personal, Sindelar, con 24 años, redondeó la mejor temporada desde que debutó en Hertha: 18 goles en 23 partidos de Liga (fue el máximo anotador del Austria), 3 en 5 por la Copa y 21 en 14 en amistosos. En total, 42 goles en igual cantidad de cotejos. Además, por primera vez en su carrera logró reputación internacional después de las presentaciones en España.

Vale mencionar que Sindelar ya había disputado cinco partidos y marcado cuatro goles con la Selección.

TEMPORADA 1927/28: EL HOMBRE DE PAPEL

Por esos años Matthias Sindelar fue apodado *Der Papierene* (el Hombre de Papel). Medía 1,75 metros y pesaba 74 kilos. Su contextura delgada y el vendaje que usó en la rodilla derecha después de la operación hacían de él un jugador con aparente aspecto débil, que por su fragilidad no tenía capacidad para ir al choque con sus adversarios. Hay dos versiones sobre el origen del sobrenombre. Una indica que el mentor fue un hincha del Austria llamado Felix, que lo etiquetó en tono burlón después de verlo frecuentemente tendido en el césped. La otra atribuye la autoría a Hugo Meisl, que lo bautizó de ese modo por el juego incorpóreo que tenía el delantero[28].

27 Matthias Marschik, *MITROPA: Representations of Central Europe in Football* (En International Review For The Sociology of Sport, SAGE, 2001), página 10.

28 Walter Sturm, *op. cit.* supra, nota 1, página 28.

Las dificultades económicas volvieron a golpear al Austria en la antesala de la temporada. Una deuda incontrolable de más de 100 000 chelines provocó que la dirigencia tuviera que reducir los sueldos a 250 chelines, una cifra inferior a los 300 que imponía la Asociación como máximo[29]. El colapso se generó, entre otros factores, porque el tope salarial no se respetó. Mantener un plantel con estrellas era demasiado costoso, y ninguno de los mejores jugadores del equipo ganaba 300 chelines por mes.

Las bajas se hicieron sentir. El arquero Theodor Lohrmann, que había perdido el puesto a manos de Heinrich Lebensaft, se marchó a Wiener AC y Friedrich Briza, habitual titular en el mediocampo, también dejó la institución. La partida más sensible que el ataque sufrió fue la de Gustav Wieser, quien en cinco temporadas había anotado 67 goles en 85 partidos de Liga y fue clave en la obtención de dos campeonatos y dos Copas. De la "vieja ofensiva" solo quedó Wilhelm Morocutti.

Dos meses antes que comenzara el nuevo torneo, Gustav Lanzer dejó de ser el director técnico del primer equipo del Austria. En un certificado con fecha del 1 de julio, el club lo despidió así: "El señor Gustav Lanzer se desempeñó en el cargo de entrenador en el periodo comprendido entre el 15 de febrero de 1922 al 30 de junio de 1927 con el mejor de los éxitos. Durante su mandato de cinco años, el señor Lanzer cumplió una extraordinaria experiencia y demostró ser un conocedor de la Escuela de Viena. Los éxitos más grandes conseguidos por nuestro equipo fueron bajo la gestión de Lanzer (campeón de la Liga austríaca en 1924 y 1926 y de la Copa en 1924, 1925 y 1926). El señor Lanzer fue puesto en libertad por petición propia"[30].

El cargo vacante fue tomado por Robert Lang, quien había sido jugador del club. Después de la ocupación alemana en 1938, Lang, que tenía raíces judías, huyó a Yugoslavia pero fue capturado y posteriormente asesinado por los nazis el 14 de noviembre de 1941.

En el inicio del campeonato, los de Lang sumaron tres triunfos consecutivos con presencia goleadora de Sindelar en dos de ellos, aunque sintieron el contrapeso con tres caídas consecutivas en las fechas sucesivas. Las primeras jornadas de la temporada fueron premonitorias, sobre todo por la irregularidad. Al término de la

29Matthias Marschik, *Wiener Austria: Der ersten 90 Jahre*, Verlag Fun Toy, Viena, 2001, página 48.

30 *Zeugnis* (Certificado) disponible en el Archivo Online del Austria Viena.

primera ronda, el Austria tenía 14 puntos, es decir, 7 menos que Admira, el líder.

En el receso, el Austria sumó a Karl Gall, un futbolista de baja estatura y dueño de una técnica refinada. El volante ofensivo de 23 años fue de esos grandes descubrimientos que hizo el Austria en su afán de reconstruir un plantel que había quedado diezmado, a tal punto que se transformó en uno de los jugadores más desequilibrantes del equipo en la década del treinta.

En esta temporada Sindelar disputó por primera vez en su carrera un partido oficial ante Hertha, la institución que lo formó. A pesar de que su fama creció después de la transferencia al Amateure, nunca olvidó sus raíces. Favoriten era su lugar en el mundo. Los vecinos del distrito y los amigos de la infancia sabían que *Motzl* no había cambiado. Seguía viviendo en Quellenstrasse 75 con su madre, sus hermanas y Rudolf Wszolek, su ladero inseparable, que permaneció allí hasta que se fue a jugar a Suiza.

El conjunto de Lang terminó la Liga en el octavo puesto –a nueve unidades de Admira, el campeón–, sin una identidad de juego y muy criticado por sus hinchas. Tan mediocre fue la campaña del Austria que finalizó cuatro puntos por encima de la línea del Hakoah, el dueño del segundo descenso. Precisamente Hakoah lo dejó afuera de la Copa de Viena en octavos de final, en lo que fue la segunda peor participación de la historia del club hasta ese momento, solo superada por la eliminación en dieciseisavos en la 1922/23.

Para Sindelar no fue una temporada negativa. Convirtió 8 goles en 19 partidos de Liga y uno por la Copa. Fue, por segunda vez consecutiva, el máximo anotador de su equipo. Después de dos años en los que fue utilizado con frecuencia (solo se perdió un partido de Liga en la 1926/27 y cinco en la 1927/28), brotó su condición de líder futbolístico. No obstante, para el club se venían tiempos complicados.

TEMPORADA 1928/29: TRANSICIÓN

Del equipo ganador comandado por Gustav Lanzer quedaban pocos rastros, sostenidos únicamente en la experiencia de Schneider, Geyer, Morocutti y Sindelar. El Austria vivía un momento de transición entre lo que fue un plantel colmado de figuras y otro que sin el brillo de antaño quería reencontrar el camino del éxito. Dentro del cúmulo de errores que habían cometido, los diri-

gentes acertaron con algunas contrataciones que, si bien no dieron frutos inmediatos, sirvieron a largo plazo. Karl Gall y Johann Mock fueron dos ejemplos.

Para afrontar la temporada, el Austria perdió a Karl Geyer, un histórico. Llegó del Wiener AC en 1920 y en las ocho temporadas que estuvo en el club defendió la camiseta en 161 encuentros de Liga y convirtió dos goles. Su salida se debió a una lesión de rodilla que sufrió en un cotejo ante First Vienna tras un choque con Friedrich Gschweidl. Geyer, a los 29 años, no pudo recuperarse y optó por el retiro.

Para reforzar el ataque llegó Rudolf Viertl, quien sería uno de los mejores delanteros que tuvo el Austria en la década del treinta. Era un extremo veloz que se destacaba más por su remate potente que por su técnica. Pronto demostró que además podía aportar una cuota goleadora de buena factura.

En el Austria se produjo un cambio en la indumentaria: por primera vez se usó la tan famosa camiseta violeta con el anillo blanco en el cuello[31].

La Liga empezó con cuatro triunfos consecutivos. Cuando el panorama parecía alentador en todos los sentidos, el equipo bajó su nivel y volvió a sufrir. De los últimos cinco partidos de 1928 perdió tres e igualó dos. La zona baja de la tabla acechaba. La presencia de Sindelar fue muy importante para escalar posiciones. Con el delantero en gran nivel, el Austria logró un colchón de puntos que le permitió salir del fondo y apostarse en la mitad de la tabla.

El conjunto de Robert Lang terminó la Liga nuevamente en el octavo puesto, a 13 unidades del Rapid, el campeón. El rendimiento saliente del equipo fue el de Viertl, que se erigió como el máximo anotador, con 10 goles.

En la Copa de Viena la historia concluyó en cuartos de final, después de perder 2-1 contra Wiener AC.

Sindelar, además de los 6 goles en 21 partidos de Liga, hizo uno en tres encuentros de Copa. Su temporada no fue la mejor, a pesar de que apareció en momentos importantes y físicamente no tuvo complicaciones. Lo positivo fue que se consolidó como el centrodelantero del Austria.

31 Matthias Marschik, *op. cit.* supra, nota 28, página 49.

TEMPORADA 1929/30: GERMINA UN LÍDER

El Austria repatrió a Walter Nausch. El paso por el Wiener AC le dio el fogueo necesario para transformarse en un refuerzo significativo. Si bien sabía desenvolverse en la zona ofensiva, había agregado capacidad para recuperar el balón y, sobre todo, un despliegue físico que lo hacía un futbolista completo.

Para reforzar el ataque regresó el delantero Josef Molzer, quien tuvo una primera etapa en la temporada 1926/27 y como no entró bien en el andamiaje del equipo se fue a Favoritner AC.

El Austria se comprometió a pagarle a Alfred Schaffer el triple de lo que establecía el salario máximo[32] para que volviera a Ober St. Veit. El húngaro, artífice de los primeros títulos que conquistó la institución, tenía 36 años. Cuando todo parecía resuelto, el estado físico de Schaffer fue evaluado y no conformó. El presidente Curt Hahn retrocedió y canceló la operación.

Al mal presente deportivo y económico del club hubo que sumarle una historia trágica. Al histórico mediocampista Karl Kurz[33] le detectaron una enfermedad que en un principio no pudieron diagnosticar. En la última temporada jugó 12 partidos y debió parar. Más adelante, le hicieron estudios exhaustivos que confirmaron que padecía leucemia y tras un regreso fugaz tuvo que poner fin a su carrera. Al año siguiente fue director técnico del Austria y luego se fue a vivir a Suiza, donde entrenó al FC Basel. La afección no pudo ser controlada y murió el 26 de noviembre de 1933, cinco días después de su cumpleaños 35. A modo de homenaje, *Sporttagblatt* publicó un dibujo de su rostro en la portada del día siguiente.

Al cabo de la primera ronda, el conjunto de Robert Lang estaba a cinco puntos de los líderes, Rapid y Admira. Sindelar tomó notoriedad después de un triunfo 5-1 contra SC Nicholson en el que hizo dos goles.

El 12 de febrero de 2013, dos días después del 110 aniversario del nacimiento de Sindelar, el Austria preparó una exposición especial en el museo que se encuentra al lado del estadio actual, que ahora está afincado en Favoriten. A través de fotos, recortes de diarios e infografías, entre otros documentos, se configuró un recorrido por

---

32 Matthias Marschik, *Wiener Austria: Der ersten 90 Jahre*, Verlag Fun Toy, Viena, 2001, página 51.

33 Karl Kurz jugó ocho temporadas en el Amateure, desde la 1915/16 hasta la 1922/23, y tuvo un segundo ciclo que empezó en la 1927/28.

la vida del emblemático jugador. Asistí a la muestra y conocí a los organizadores: el curador del museo, Gerhard Kaltenbeck, y el historiador del club, Erich Krenslehner.

Cuando el museo aún estaba cerrado, Krenslehner, un gran estudioso de los pasos de Sindelar, tuvo la deferencia de abrirme las puertas del salón para mostrarme el material que iba a exhibir en breve. En el medio de nuestra conversación sobre Sindelar, Krenslehner fue contundente: "Sindelar era el Messi de los años treinta".

Norbert Lopper opina sobre la afirmación de Krenslehner: "Sindelar era tan popular como Messi es ahora, pero tenían estilos de juego diferentes. Messi hace más goles y es más veloz; Sindelar era un jugador más habilidoso y pensante". Y agrega: "Antes los jugadores tenían más tiempo para parar la pelota, mirar a su alrededor o maniobrar. Hoy hay menos espacios, las marcas son más férreas"[34].

La Liga se reanudó en 1930 con una goleada histórica en el clásico ante Rapid, en condición de visitante. Los de Hütteldorf ganaban 3-0 en los primeros 18 minutos, pero una ráfaga del Austria posibilitó que el primer tiempo terminara con el marcador empatado. Sindelar, mientras sus oponentes se turnaban para golpearlo, anotó el tercer gol. En el complemento, Rapid volvió a adelantarse pero la respuesta del Austria fue aún más certera: Viertl, Nausch, Molzer y Sindelar (2) cerraron la cuenta. "Tres minutos antes del final llegó el octavo gol, con la marca original de Sindelar. Una vez más enfrentó con éxito a sus rivales y ni por un momento salió perdiendo (...)"[35], relató *Sporttagblatt*.

Sindelar continuó por la buena senda. El 9 de marzo fue, quizás, uno de los días más especiales en su carrera: el Austria le ganaba 1-0 a un Hertha que deambulaba en el fondo de la tabla, inmerso en una profunda crisis económica y al borde de la desaparición. Dos minutos antes de que termine el primer tiempo, Sindelar capitalizó un error del defensor Friedrich Müller y amplió la diferencia. El cotejo terminó 3-1. Fue el único gol que Sindelar le convirtió al club que lo vio nacer.

Por tercera temporada consecutiva el Austria quedó con veinte puntos, esta vez en la quinta posición, y a diez unidades del Rapid, que selló el bicampeonato. Con respecto a las dos campañas ante-

34 Entrevista a Norbert Lopper realizada el 22 de mayo de 2013.

35 *Sporttagblatt*, 3 de marzo de 1930, página 2.

riores el equipo levantó la efectividad. La estadística se sostuvo en tres pilares: Viertl (16 goles), Sindelar (15) y Nausch (8).

En la Copa de Viena, el Austria no tuvo inconvenientes para eliminar al Transvaal en dieciseisavos de final y así continuar a paso firme hasta la final. En el camino quedaron Admira, Wiener Sportklub (en el segundo partido, después del empate inicial, una definición de Sindelar valió la clasificación) y Wiener AC. Aunque Sindelar rindió en gran nivel durante el primer tiempo, el Austria no marcó diferencia y en el complemento Gschweidl le dio el bicampeonato a First Vienna.

Tras una temporada en la que tuvo rendimientos espléndidos, Sindelar convirtió 15 goles en 18 partidos de Liga y 1 en 6 por la Copa. La Selección fue, una vez más, su cuenta pendiente.

TEMPORADA 1930/31: UN JUGADOR DIFERENTE

Wilhelm Morocutti, como podía preverse después de sus bajos rendimientos en los años postreros, dejó el club y fichó en Wiener AC. Con él se fue el último futbolista histórico que quedaba de los primeros títulos del club. Entre Amateure y el Austria, Morocutti disputó 13 temporadas, que se tradujeron en 221 partidos de Liga y 57 goles. Ganó dos Ligas y cuatro Copas. Para reemplazarlo llegó Viktor Spechtl, que tenía 24 años y solo había jugado en Helios XX y en Rasensportfreunde, dos equipos amateurs. Este hallazgo del Austria daría grandes beneficios.

Karl Kurz asumió la dirección técnica del plantel en reemplazo de Robert Lang, quien dejó el cargo después de tres temporadas.

La campaña del Austria en la Liga volvió a padecer una irregularidad galopante, pero Sindelar conservó un nivel superlativo, aunque su techo aún estaba lejos. A fuerza de goles y una técnica refinada, el delantero, en ocho jornadas, aportó nueve goles. Terminada la actividad del campeonato en 1930, el Austria quedó lejos de la cima y todo parecía indicar que su destino volvería a ser naufragar por la mitad de la tabla.

Igual que en 1927, el Austria partió a España para disputar dos amistosos frente al Barcelona. La prensa, en sus informes previos, destacó la calidad del equipo centroeuropeo e hizo foco en el mejor jugador: "En las filas del Austria figuran algunos de sus primitivos jugadores, insustituibles aún por su clase excepcional. Entre estos conviene mencionar con toda preferencia el nombre de su delantero

centro, Sindelar, actualmente digno de ser conceptuado a la misma altura del famoso húngaro Kalman Konrad y del inglés David Jack [figura del Arsenal de Inglaterra], con los cuales comparte la hegemonía mundial en el puesto que ocupan en el centro de sus respectivos equipos. Para no desentonar con la clase de Sindelar le ha sido preciso al Austria adquirir nuevos elementos, habiendo logrado reunir un cuadro notable"[36].

En Navidad, Barcelona ganó 6-3 y Sindelar, con una gran jugada personal, anotó el segundo del Austria. "(...) Sindelar, dentro de una actuación sobria, hizo algunas jugadas magistrales y el interior izquierdo, Nausch, demostró ser un digno discípulo del maestro del centro"[37], subrayó *Mundo Deportivo.* A continuación, un fragmento del testimonio de Arnau, jugador del Barcelona, que recogió el diario catalán: "Los jugadores del Austria, no lo parece pero juegan algo duro. Castigan con los codos y saben dar en los tobillos. A Ramón (jugador español que salió lastimado a los 12') lo castigaron ya al empezar y tendrá lesión para unos días. Es un buen equipo el Austria. Lo más notable es su centrodelantero Sindelar. Los guardametas (Billich y Kovar, que atajaron un tiempo cada uno) me parecieron malos"[38].

El árbitro Guillermo Comorera también opinó sobre el equipo visitante: "No es nada malo y en terreno suyo podría invertir los papeles. El delantero centro (por Sindelar) es una maravilla".

El desquite también lo ganó el Barcelona, esta vez 4-2. Sindelar, con un tiro libre de 25 metros, señaló el primer gol de su equipo: "El tiro fue una cosa magna"[39].

Mientras el equipo paseaba por Europa, los dirigentes no encontraban solución a los problemas económicos. Las deudas hicieron que muchas veces los organismos financieros estatales incautaran las recaudaciones de los partidos. La mediación de Hugo Meisl resultó fundamental para que algunos presidentes de clubes del exterior no reclamaran viejas deudas.

¿La venta de Sindelar era una de las soluciones posibles? Hubo directivos que creyeron que sí. Slavia Praga, coloso del fútbol checoslovaco, pensó en Sindelar para reemplazar al goleador František Svoboda, quien estaba en negociaciones con Sparta, el otro grande

36 La Vanguardia, 24 de diciembre de 1930, página 12.

37 Mundo Deportivo, 26 de diciembre de 1930, página 1.

38 Ibíd., página 2.

39 Mundo Deportivo, 27 de diciembre de 1930, página 2.

del país[40]. En noviembre de 1930, Slavia tenía listo un contrato frondoso para ofrecerle a Sindelar. Finalmente, el delantero austríaco rechazó cualquier tipo de acercamiento porque no quería alejarse de su familia.

Con la reanudación de la Liga regresaron los viejos fantasmas. Sindelar fue parejo en cuanto a su nivel –y a goles– pero el desempeño del equipo estuvo envuelto en grises. Finalmente, el Austria, que sumó 19 puntos y quedó muy lejos del líder, terminó cuarto. Hay una estadística que surge de las últimas cinco temporadas (1926/27-1930/31), después de ser campeón en la 1925/26, que confirma que el Austria no encontró "puntos medios": en 108 partidos de Liga, ganó 44, empató 15 y perdió 49. Al comparar estos números con los de Rapid y Admira, los equipos más fuertes de aquella época, se justifican las diferencias. Los de Hütteldorf se impusieron 73 veces, igualaron 10 y cayeron 25, mientras que Admira ganó 72, empató 17 y perdió 19.

En esta temporada, la Copa de Viena pasó a denominarse Copa de Invierno, que tuvo como novedad una modalidad que nunca se había implementado y que nunca se volvió a usar: un sistema igual al del campeonato, con tabla y no eliminación directa. Participaron los diez clubes de Primera, a una sola ronda, y todos los partidos se jugaron en cancha neutral. Lo que no cambió fue el premio para el campeón: la clasificación a la Mitropa. El experimento salió mal. Las inclemencias del tiempo, en una época de frío, nieve y lluvia, obligaron a posponer y suspender partidos, algo que provocó que el certamen se extendiera más de lo previsto.

El Austria emprendió el camino en la Copa con una derrota 3-2 ante Wiener AC –Sindelar hizo un gol–. Ninguno de los dos equipos sabía que ese partido, en el final del certamen, marcaría una diferencia determinante. De los ocho encuentros restantes, el Austria ganó siete y empató uno. Pero la campaña del Wiener AC tampoco tuvo fisuras y en mayo de 1931 se coronó campeón por primera vez en su historia. Aquel triunfo ante el Austria definió la diferencia entre uno y otro, que fue de un punto.

Fue un año en el que Sindelar logró la contundencia que su equipo no consiguió: en la Liga hizo 14 goles en 17 partidos y fue, por tercera vez desde que llegó al Austria, el máximo anotador del equipo. En la Copa convirtió 8 en 9.

40 *Reichspost*, 20 de noviembre de 1930, página 11.

TEMPORADA 1931/32: POR EL CAMINO CORRECTO

El Austria estaba prácticamente en bancarrota. El presidente Curt Hahn, un hombre ligado a la economía, poco pudo hacer para controlar la situación. Después de cuatro años de gestión dejó la presidencia y el cargo quedó acéfalo hasta 1932. Los problemas internos del club se mimetizaron con la crisis económica mundial que se generó a partir de la Gran Depresión. A nivel nacional, Austria, en una constante en el periodo de entreguerras, padeció las altas tasas de desempleo e inflación. En este contexto adverso se puso en marcha la ingeniería de la nueva temporada.

Karl Kurz, que fue el entrenador que más cerca estuvo de clasificar al Austria a la Mitropa, fue reemplazado por Rudolf Seidl, quien venía de dirigir con éxito a Brigittenauer AC, al que ascendió a Primera un año antes de ser contratado por el Austria.

La política de incorporaciones fue claramente austera y poco efectiva. De los jugadores que llegaron, solo el defensor Matthias Najemnik le dio grandes réditos al club en el mediano plazo.

En la segunda fecha de la Liga, Sindelar hizo un gol en la derrota 5-3 ante Rapid, que contó con cuatro anotaciones de Josef Bican, un centrodelantero al que más adelante conoceremos en profundidad y que con apenas 17 años iba camino a convertirse en uno de los mejores futbolistas de la historia. Una semana después, Sindelar desniveló en el 3-2 ante SC Nicholson y cumplió una actuación que no pasó inadvertida en la crónica de *Sporttagblatt*: "El maestro Sindelar sobresalió por encima del resto. Sus acciones siempre llevaron la peculiaridad de su marca, que sorprendió a rivales y espectadores (...) Una obra maestra del repertorio de Sindelar derivó en el tercer gol"[41].

En el invierno, en una gira que el Austria realizó por Alemania y aledaños, debutó el delantero de 18 años Camillo Jerusalem, que llegó de Landstraßer Amateure, un club de Tercera. El flamante refuerzo percibió un sueldo mensual de 80 chelines[42], una suma ínfima por la clase de jugador que era.

Después del fracaso del experimento de la temporada anterior, la Copa retornó a la configuración primitiva, con eliminación directa y partido desempate en caso de igualdad. La participación del

41 *Sporttagblatt*, 21 de septiembre de 1931, página 2.

42 Archivo Online del Austria Viena.

Austria duró un suspiro: perdió 5-3 frente a Wiener Sportklub y se despidió en octavos.

Tras una primera ronda aceptable, la reanudación del torneo presentó dos posibilidades inmejorables para establecerse como candidato firme en la lucha por el título pero el Austria no estuvo a la altura de las circunstancias y perdió ante Admira y First Vienna, dos rivales directos.

De los ocho compromisos que siguieron, el Austria ganó siete y empató uno. Sindelar cumplió un rol fundamental en la levantada: hizo nueve goles, entre los que se destacaron cuatro dobletes. El nivel colectivo del equipo aumentó sustancialmente, con goleadas incluidas, y las piezas ensamblaron como hacía mucho no ocurría.

Si bien arribó a la última fecha con posibilidades de ser campeón, el Austria terminó la Liga en el cuarto puesto. Fue la mejor campaña después del último título (1925/26). Hubo rendimientos individuales que contribuyeron notablemente. Un ejemplo es el de Johann Billich, uno de los tres arqueros menos vencidos del campeonato, con 39 goles en contra. Así, el Austria encontró solvencia en un puesto que le había generado muchas complicaciones en las años anteriores.

Los delanteros sostuvieron la ilusión del Austria: de los 64 goles marcados, 59 fueron repartidos entre Sindelar, Molzer, Spechtl y Viertl. El desglose exacto es el siguiente: Spechtl (16 goles, 22 partidos); Sindelar (15, 22); Molzer (15, 21); y Viertl (13, 22).

TEMPORADA 1932/33: OTRA VUELTA

En 1893, Karl Lueger, un político antisemita que fue alcalde de Viena entre 1897 y 1910, fundó el Partido Socialcristiano austríaco, que en poco tiempo adquirió un inmenso consenso popular. Georg Ritter von Schönerer, exponente del pangermanismo y del nacionalismo alemán en Austria a través del Movimiento Nacional Alemán, aun sin pertenecer al Partido Socialcristiano, colaboró con la expansión de la hostilidad hacia los judíos. No es casual que Adolf Hitler, nacido en 1889 en Braunau am Inn, una pequeña ciudad situada al norte de Salzburgo, señalara a Lueger y Schönerer como sus primeros referentes cuando de adolescente llegó a Viena.

"Fue el alcalde alemán más grande de todos los tiempos"[43], llegó a decir Hitler sobre Lueger.

Cuando Lueger salió de la escena principal, Ignaz Seipel, un jesuita con amplio recorrido académico y político, se erigió como el líder del Partido y fue canciller austríaco en dos períodos. Una de las banderas que levantó Seipel, además de la oposición a las ideas socialdemócratas, fue la de la independencia de Austria frente a quienes creían que la unión con Alemania era la salida indicada para enfrentar la crisis después de la Primera Guerra Mundial. Aliado a ese pensamiento fue un dirigente que sería determinante en el futuro inmediato: Engelbert Dollfuss, un hombre caracterizado por su fuerte sentimiento austríaco y su odio al nazismo.

Tras la renuncia del canciller Karl Buresch, el 6 de mayo de 1932, en medio de un clima de tensión extrema, el presidente de Austria, Wilhelm Miklas, le pidió a Dollfuss que se encargara de formar un nuevo gabinete. En 15 días cumplió la orden; contra su voluntad tuvo que aceptar a Anton Rintelen, un dirigente partidario de la política nazi a pesar de su afiliación al Partido Socialcristiano. El 27 de mayo, Dollfuss, flamante canciller, presentó el nuevo gabinete ante el Consejo Nacional[44].

Con sus problemas económicos a cuestas, el Austria comenzó a preparar la temporada. Como refuerzos desembarcaron dos jóvenes que no pasarían desapercibidos: el mediocampista Karl Adamek y el atacante Josef Stroh. Adamek consolidó una amistad con Sindelar que se sostuvo en el tiempo y en la distancia, cuando emigró a Francia para jugar en Le Havre. Stroh era centrodelantero pero en el Austria tuvo que jugar de extremo derecho porque Sindelar era el dueño del puesto. Juntos hicieron un dúo espectacular.

La Copa de 1933 fue un cuento de hadas. En dieciseisavos de final, el Austria aplastó 10-1 a Slovan y una semana después, por octavos, chocó ante Rapid. Con madurez y efectividad, los de Seidl ganaron 6-4 –un gol de Sindelar- y avanzaron a la siguiente ronda. "El ganador tuvo otra vez en Sindelar un gran delantero, aunque sus habilidades destellaron con intermitencia debido a que Smistik (volante adversario y compañero de Matthias en la Selección) y

43 Adolf Hitler, *Mi lucha*, Ediciones Trasandinas, Santiago de Chile, 2002, página 48.

44 Kurt von Schuschnigg, *Austria, patria mía*, Empresa Editora Zig-Zag, Santiago de Chile, 1942, página desconocida.

los defensores del Rapid centraron su atención en él"[45], recalcó *Sporttagblatt.*

El cuadro que quedó después de los octavos fue alentador. FC Wien, Rapid y Admira, el campeón defensor, ya no estaban en la competencia. En cuartos de final, el Austria enfrentó a Wacker. A los 27 minutos perdía 3-0 pero antes de que concluyera el primer tiempo logró descontar gracias a Sindelar y Viertl, quien apareció a poco del final para igualar y forzar el desempate.

En el partido decisivo, el Austria estuvo abajo en el marcador hasta que Sindelar, otra vez en un momento clave, igualó con un disparo certero. Stroh decretó la victoria de su equipo. La clasificación puso en el centro de la escena el resplandor del tándem avasallante que hacían Sindelar y Stroh, quienes "demostraron otra vez que conformaban una dupla distinguida"[46].

La "lista de candidatos" se depuró aún más. En cuartos cayeron Wiener Sportklub y Wiener AC. Ninguno de los cinco equipos que finalizó la Liga por arriba de la línea del Austria seguía en carrera. El modesto Floridsdorfer AC, décimo del campeonato, esperaba al Austria en semifinales.

El partido se jugó en la cancha del Rapid. "Viertl tuvo buenos momentos, pero todo el brillo del ataque salió de Sindelar y Stroh. Su trabajo le permitió al Austria empezar desde un comienzo con dos goles de ventaja, algo que decidió el juego", afirmó la crónica de *Sporttagblatt*[47]. Dos goles de Sindelar y otro de Spechtl pusieron el 3-0. En la segunda mitad Floridsdorfer AC llegó al descuento, pero Sindelar sentenció el 4-1. El Austria estaba entre los dos mejores y Sindelar, otra vez, en la tapa de todos los diarios.

La final, frente a Brigittenauer AC, se disputó el 25 de mayo de 1933, ante 14 000 fanáticos. Entre el público, las presencias más resonantes fueron las del presidente Miklas y el canciller Dollfuss. Austria formó con Johann Billich; Karl Graf, Walter Nausch (capitán); Matthias Najemnik, Johann Mock, Karl Gall; Josef Molzer, Josef Stroh, Matthias Sindelar, Viktor Spechtl y Rudolf Viertl.

Infalible, Sindelar impuso su calidad, "desconcertó a sus rivales con regates maravillosos, brilló en la distribución del balón"[48] y volvió a ser figura. Spechtl, con un disparo de cuarenta metros, hizo el

---

45 *Sporttagblatt,* 20 de febrero de 1933, página 1.

46 *Sporttagblatt,* 5 de mayo de 1933, página 3.

47 *Sporttagblatt,* 11 de mayo de 1933, página 1.

48 *Sporttagblatt,* 26 de mayo de 1933, página 1.

único gol de la tarde, que le dio al Austria un nuevo título. Después de un discurso del presidente de la Asociación de Fútbol de Viena, Josef Gerö, el capitán Nausch alzó la Copa, la quinta en la historia del club. La conquista del Austria adquirió mayor relevancia porque le permitió acceder por primera vez a la Mitropa.

El clima político en el país añadió otro capítulo. Ya en funciones, Dollfuss bregó por "una Austria independiente, con un gobierno autoritario, como bastión contra los enemigos de Cristo: el bolcheviquismo y el nacionalsocialismo"[49]. Lo de "autoritario" fue literal. El 4 de marzo de 1933, el Canciller disolvió el Parlamento y, así, instauró un régimen de partido único, que sería el *Vaterländische Front* (Frente Patriótico) que él mismo creó, y suprimió los partidos políticos contrarios a sus intereses, entre los que estaba el Partido Nazi. Dollfuss le dijo a un amigo: "Decididamente tendré que representar la parte del dictador"[50]. Aunque algunos continuaron las actividades en el país, haciéndose notar con atentados con explosivos, muchos nacionalsocialistas austríacos se fueron a Baviera y formaron la *Legión Austríaca*[51], que reunió miles de hombres de las tropas de la SS y la SA[52].

Dollfuss tuvo el aval de Benito Mussolini, de quien era amigo. Gran parte de la cintura política que tenía Dollfuss estaba atada a la espalda del *Duce*. El vínculo entre el dictador italiano y Austria tenía un antecedente: en febrero de 1930, el canciller Johann Schober firmó en Roma un tratado de amistad con Mussolini[53], quien pretendía imponer su dominio en Austria antes de que los alemanes avanzaran con la Anexión.

No hay que olvidar que desde el 30 de enero de 1933, Hitler, avalado por la decisión del presidente Paul von Hindenburg, era el canciller alemán. Hitler no escondía uno de sus anhelos centrales: "La Austria germana debe volver al acervo común de la patria alemana, y no por razón alguna de índole económica. No, de ningún modo, pues aun en el caso de que esta fusión, considerada económicamente, fuera indiferente o resultara incluso perjudicial,

---

49 Dietrich von Hildebrand, *Engelbert Dollfuss: un estadista católico*, Editorial Difusión S.A., Buenos Aires, 1945, página 29.

50 Ibíd., página 31.

51 Alejandro Torres Gutiérrez, *El derecho a la libertad de conciencia en Austria*, Dykinson, Madrid, 2006, página 141.

52 Jerzy W. Borejsza, *La escalada del odio: Movimientos y sistemas autoritarios y fascistas en Europa, 1919-1945*, Siglo Veintiuno de España Editores, Madrid, 2002, página 180.

53 Ibíd., página 179.

debería efectuarse a pesar de todo. Pueblos de la misma sangre se corresponden a una patria común. Mientras el pueblo alemán no pueda reunir a sus hijos bajo un mismo Estado, carecerá de todo derecho moralmente justificado para aspirar a acciones de política colonial"[54].

La Liga para el Austria fue una fiel repetición de la mayoría de las campañas anteriores. Tuvo oportunidades para pelear el título pero cuando pudo resurgir no ganó los partidos importantes y terminó sexto, justo en la mitad de la tabla y lejos de todo el protagonismo.

Sindelar coronó una temporada sensacional. Ganó su tercera Copa en el Austria y fue el goleador del equipo en las dos competencias: en la Liga disputó 21 partidos y convirtió 11 goles, mientras que en la Copa jugó 5 (solo se perdió el primer cotejo) y marcó 6 veces.

TEMPORADA 1933/34: EL CIELO ES VIOLETA I

Matthias Sindelar era un referente para los jóvenes, en especial para los de clase baja, que al reflejarse en él advertían que el progreso era posible a pesar de las adversidades. Sindelar era un apasionado por los juegos de cartas, le gustaba andar a caballo y respondía con amabilidad cada vez que los niños de Favoriten se acercaban a saludarlo. Quienes compartieron momentos a su lado remarcaron su timidez y ponderaron su calidad humana y su humildad. Era un hombre de pocas palabras.

A Sindelar le gustaba fumar. Un artículo del semanario *Illustrierte Wochenpost*, en 1932, puso en evidencia: "A Sindelar no le gusta beber, pero no desdeña un par de cigarrillos por día, y es feliz como un niño cuando alguien le ofrece uno como gesto de admiración o reconocimiento. En Londres (antes de un amistoso ante Inglaterra), Meisl les había prohibido fumar: en consecuencia, en cada fotografía sacada en ropa de civil, ¡Sindelar aparece con un cigarrillo en la boca! Si se lo invitaba a algún lado, Sindelar comía poco para no ofender a nadie. No lo cambió ni el nombre ni la fama"[55].

Norbert Lopper atestigua la pasión de Sindelar por el tabaco: "En un partido contra Hakoah que Sindelar no jugó, en 1937, se ubicó en el palco de prensa y tuve la suerte de estar en la fila anterior

---

54 Adolf Hitler, *op. cit.* supra, nota 46, página 11.

55 *Illustrierte Wochenpost*, 23 de diciembre de 1932, página 6.

a la suya. Cruzamos algunas palabras. Todavía recuerdo su tono de voz. Estaba algo deteriorado porque fumaba mucho"[56].

La popularidad de Sindelar nunca se tradujo en holgura económica. El capital que tenía lo invirtió, primero, en un pequeño comercio que abrió en diciembre de 1932 junto a su novia[57]. En 1933 comenzó a trabajar como jefe del Departamento de Fútbol de la famosa casa de deportes Wilhelm Pohl, donde Norbert Lopper, de pequeño, iba con sus compañeros del colegio a pedirle autógrafos a su ídolo. En los diarios promocionaban la presencia de Sindelar en Pohl como principal atracción. La firma diseñó una pelota especial llamada *WIPO-Sindelar*, que llevaba la firma del delantero del Austria. Sindelar atendía al público.

En junio de 1933 puso un almacén en Zentagasse 5, que quedó en manos de su hermana Rosa y su marido, Leopold Schütz. Rosa, después de su casamiento, vivió, precisamente, en Zentagasse 5. Si bien no hay certezas absolutas es muy probable que en algún piso superior al almacén haya existido alguna vivienda.

Walter Sturm, responsable del museo de Favoriten, guarda algunas postales que Sindelar le enviaba a Rosa y a Leopold, mencionados como "familia Schütz", cuando estaba de gira con el plantel del Austria o con la Selección. Hay de Budapest, Berlín, Roma, Estocolmo, Bremen, Londres, Liverpool, Milán, Kjøbenhavn (Copenhague), Glasgow, Nürenberg, Gibraltar, Constantinopla, Leipzig, Marsella, Barcelona y otra más de una ciudad sin referencia.

Muchas postales tienen una letra difusa, borroneada por el paso del tiempo o ilegible en su fecha de emisión. Además de los datos de rigor (dirección, destinatario, país), tenían un breve mensaje de salutación y el inconfundible "Matthias", aunque en otras firmó como "Sindy". La que mandó desde Dinamarca, sellada el 15 de agosto de 1934, tiene el siguiente mensaje: "Envío muchos saludos afectuosos desde nuestro viaje por Nordland (Noruega). Matthias". "Les mando grandes saludos para Año Nuevo", escribió un 29 de diciembre desde Roma. En algunos encabezamientos puso "Zentagasse 5/32" en el domicilio de Rosa, lo que da crédito a que su hermana vivía en el departamento 32 de la misma propiedad del almacén.

La figura de Sindelar fue requerida por distintas firmas que lo contrataron para que fuera la imagen publicitaria entre 1933 y 1936, los años de mayor esplendor del Austria. La compañía Miag pro-

56 Entrevista a Norbert Lopper realizada el 22 de mayo de 2013.

57 *Illustrierte Wochenpost*, 23 de diciembre de 1932, página 5.

dujo Fru-Fru, un producto lácteo que aún hoy está en las góndolas de los supermercados austríacos. Sindelar, vestido con el conjunto de la Selección, fue la cara del anuncio: "El maravilloso sabor para Sindelar es el de Miag-Fru-Fru", se leía en el afiche mientras el delantero cuchareaba el envase de yogurt.

Herbert Lederer, actor y director de teatro que vivía en Favoriten, recordó: "Aparecieron de repente enormes carteles en las paredes: Sindelar sentado en una baranda, con la camiseta de la Selección, pantalón negro, con el pelo rubio bien peinado hacia atrás. En la parte superior, en grande: Matthias Sindelar toma Miag-Fru-Fru. Si querés ser un futbolista de clase como Sindelar, tenés que beber este producto"[58].

El mundo de la moda no dejó escapar la atracción de Sindelar. La casa de ropa Tlapak, después del legendario partido contra Inglaterra en 1932, diseñó un modelo especial de gabanes que fue promocionado con el siguiente slogan: "'Sindelar-Ulster', un encanto de Viena, el lanzamiento de nuestro taller, infalible como el remate de Sindelar!". JAWO-Rekord, otra tienda de vestimenta masculina, redobló la apuesta y no solo buscó a Sindelar, sino también a Stroh, Platzer, Zischek, Sesta y Smistik, baluartes del Wunderteam: "El deporte vienés está aquí", rezaba el comercial. "Sindelar, la estrella del fútbol, vestido con el elegante sombrero Ceschka!", vendía otra publicidad.

Una prestigiosa marca de relojes también eligió a Sindelar para proyectar su campaña: "Sindelar, el mejor jugador del mundo, es el dichoso poseedor del valioso reloj de oro Alpina-Gruen-Pentagon".

Tras el segundo mandato de Curt Hahn y la acefalia, en abril de 1932, Emanuel Schwarz asumió la presidencia, cargo que mantuvo hasta la ocupación nazi en 1938. Schwarz era muy querido por los jugadores y generó un vínculo de cercanía con ellos, en especial con Sindelar. Valoraba el esfuerzo y compensaba con premios adicionales si se cumplían los objetivos. Durante muchos años fue tesorero de la Asociación de Fútbol y viajó al exterior con la Selección en la época del Wunderteam[59].

El respeto entre Sindelar y Schwarz era mutuo. En una entrevista, Franz, hijo del legendario Presidente, contó que su padre mandaba a Sindelar a lo de un conocido suyo que tenía un local

58 Wolfgang Maderthaner y Roman Horak, *op. cit.* supra, nota 16, página 146.

59 Archivo Online del Austria Viena.

textil para que buscara ropa[60]. Hay otra anécdota divertida: un día, Sindelar se acercó a Schwarz y le pidió: "Doctor, hoy estoy corto de dinero. Tengo gastos enormes, ¿no me podrá anticipar algo?". Para poder darle una respuesta, Schwarz le preguntó a qué se refería con "gastos enormes". "20 chelines", replicó el futbolista con la simpleza que lo caracterizaba, pidiendo una cifra exigua [61].

En la temporada 1933/34, Sindelar refrendó su presente con grandes actuaciones. Para el Austria significó un comienzo inusual: el desafío de afrontar la Mitropa. El torneo se había jerarquizado con el ingreso de los equipos italianos, que a partir de 1929, cuando se profesionalizó la Serie A, reemplazaron a los yugoslavos, de pobre rendimiento.

Schwarz acertó de entrada. Como nuevo entrenador eligió a Josef Blum, que tras su reciente retiro como futbolista tendría su primera experiencia como director técnico. A Sindelar lo conocía muy bien porque jugaron juntos en la Selección.

La Mitropa inició en cuartos de final, con partidos de ida y vuelta y un tercero en caso de empate. Los ocho participantes fueron el First Vienna y el Austria (Austria); Újpest FC y Hungária FC (Hungría); Slavia y Sparta (Checoslovaquia); Ambrosiana -nombre del Inter entre 1928 y 1945- y Juventus (Italia).

El Austria debutó visitando a Slavia Praga, el poderoso campeón checoslovaco que tenía en el arco a František Plánička, elegido como el noveno mejor arquero del siglo 20 por la Federación Internacional de Historia y Estadística de Fútbol (IFFHS). Y en la delantera a jugadores del calibre de František Svoboda –el goleador al que en caso de una venta los checoslovacos quisieron sustituir con Sindelar años atrás–, Jiří Sobotka y Vlastimil Kopecký.

En la ida, los locales recibieron a Sindelar con un marcaje duro: le dieron un golpe en uno de sus tobillos que por momentos lo hizo sucumbir.

Slavia ganó 3-1 y enfrentó la revancha con el ánimo en alza.

Después del partido, Hugo Meisl opinó: "La victoria del Slavia no fue inmerecida. Con un poco más de suerte el Austria podría haber llegado al gol, pero difícilmente a la victoria (...) Sindelar desarrolló sus virtudes y defectos conocidos, esta vez fueron muy

60 Revista *Ballesterer*, octubre de 2003, página 42.

61 *Illustrierte Wochenpost*, 23 de diciembre de 1932, página 5.

evidentes sus intenciones al momento de rematar, y de esta forma nunca pudo sorprender a Plánička (...)"[62].

"¿Podrán mantenerse nuestros equipos en la competición?", se preguntó *Sporttagblatt*, que el día anterior publicó los once rostros de los adversarios con un título sugestivo: "Los prominentes jugadores del Slavia". Las estrellas checoslovacas gozaban de una reputación privilegiada por su labor en la selección: de los titulares que enfrentaron al Austria hubo ocho que integraron el plantel que un año después fue subcampeón mundial en Italia.

Stroh puso el 1-0 y la ilusión cobró vida. Viertl y Sindelar, en el segundo tiempo, sellaron el 3-0 definitivo y, así, el Austria, contra todos los pronósticos, accedió a semifinales. "Fue un gran día para el deporte vienés, un día con emociones y decepciones, pero también el día del mayor triunfo (...) La historia del fútbol austríaco se ha enriquecido con una nueva hazaña"[63], aseveró *Sporttagblatt*.

Una semana después llegó el turno de medirse con Juventus, que había eliminado a Újpest. Los italianos eran los tricampeones de la Serie A y pronto alcanzarían el pentacampeonato.

La plantilla dirigida por Carlo Carcano tenía jugadores destacados, como el arquero y capitán Giampiero Combi, uno de los mejores de la época; los argentinos Luis Monti[64] y Raimundo Orsi[65] –los primeros argentinos que enfrentaron a Sindelar en un partido oficial a nivel de clubes–, el brasileño Pedro Sernagiotto (o Ministrinho, como lo apodaban) y el delantero Giovanni Ferrari. Juventus representaba la base de la selección italiana que ganaría el Mundial del año siguiente. Sin embargo, los antecedentes en la Mitropa no eran buenos.

Para la prensa italiana el Austria era uno de los portadores de la esencia del *calcio danubiano*, término con el que se conocía a los equipos centroeuropeos que desplegaban un juego vistoso, con pases precisos y contundencia. El periódico *La Stampa* sentó su parecer antes que comenzara la serie: "El Austria es el equipo en el cual militó Hugo Meisl y en el cual milita actualmente el famoso centrode-

62 *Sporttagblatt*, 22 de junio de 1933, página 2.

63 *Sporttagblatt*, 3 de julio de 1933, página 1.

64 Luis Monti nació en Buenos Aires y jugó en Huracán, Boca y San Lorenzo. Después de la Copa del Mundo de 1930, en la que representó a la Argentina, se fue a Juventus, donde jugó hasta el final de su carrera.

65 Raimundo Orsi nació en Avellaneda y jugó en Independiente hasta que se fue a Juventus, en 1928. Allí estuvo casi una década y luego regresó a Sudamérica para desempeñarse en clubes de Argentina, Brasil, Chile y Uruguay.

lantero Sindelar y dos o tres integrantes del Wunderteam (...) Viene de eliminar al adversario más temido (Slavia) y por los comentarios que llegan de Viena fue una victoria disputada a gran ritmo y con un estilo fuerte. Para decir verdad, no se sabe si la conveniencia de la Juventus era encontrarse con el Austria o con Slavia"[66].

La ida se disputó en el Estadio del Prater, el más grande de Austria, ante la pasión de 50 000 espectadores. Sindelar abrió el marcador en el inicio y tuvo que lidiar con el rigor de la marca pegajosa y brutal de los adversarios. Juventus conservaba los genes italianos de pierna fuerte. Monti, un recio defensor y mediocampista apodado *Doble Ancho* por su contextura física, castigó a Sindelar cada vez que tuvo oportunidad. El argentino pegó tanto que fue expulsado a los 85'. Este fue el capítulo que inició una zaga de duelos especiales entre Monti y Sindelar, que cada vez que jugaron con sus clubes o con sus selecciones tuvieron problemas. Viertl y Spechtl completaron el 3-0 final.

"Los austríacos tuvieron en Sindelar un artista. Teniendo en cuenta el resultado obtenido por el Austria, si juegan el partido de vuelta como lo hicieron hoy, Juventus va a estar en problemas"[67], consideró *La Stampa*.

Vittorio Pozzo, entrenador de la selección italiana, analizó el escenario previo a la revancha: "El Austria enfrenta hoy en el Estadio Mussolini al equipo que ha ganado el campeonato italiano. Lo enfrenta después de haberlo vencido en Viena marcando un estilo que ha desatado la más alta maravilla. El resultado en Viena fue una auténtica sorpresa para la Juventus. Cuando supieron que Slavia había sido eliminado por el Austria dieron un salto de alegría por no verle la cara a un adversario que por diversas razones no era particularmente bienvenido: se pensaba que era mil veces mejor discutir técnicamente con el equipo austríaco que luchar a muerte con el checoslovaco. Estaba la convicción profundamente arraigada de que las dos pruebas de Viena eran preferibles a las de Praga, tanto por la calidad y el calibre del adversario como por la posibilidad de vencerlo (...) El Austria cuida la técnica del juego. De la Juventus depende, por así decirlo, hacerle frente en un estado de gracia. Una Juventus que está un poco cansada pero que tiene mucha clase, mucha capacidad y mucha voluntad como para considerar imposible

66 *La Stampa*, 9 de julio de 1933, página 7.

67 *La Stampa*, 10 de julio de 1933, página 4.

revertir una diferencia de tres goles. El público asistirá a un espectáculo de primer nivel"[68].

"¡Confiamos en ustedes!", fue la consigna de los hinchas del Austria que despidieron al plantel en la estación de tren. Cientos de fanáticos pudieron acercarse para conversar con los protagonistas. El más buscado fue "naturalmente Sindelar, la principal esperanza del equipo, la gran estrella"[69], quien firmó autógrafos a los niños que se acercaron. Los jugadores se subieron a los vagones y los hinchas, desde el andén, acompañaron enfervorizados.

Renato Cesarini, quien nació en Italia en 1906 pero vivió buena parte de su vida en la Argentina, reemplazó al expulsado Monti. Cesarini, un wing derecho con grandes condiciones proveniente de Chacarita, recibió una oferta de la Juventus, fichó en 1929 y formó parte del *Quinquenio de Oro*[70]. Disputó solo 11 partidos con la selección italiana porque a Pozzo le disgustaba su naturaleza rebelde[71].

Juventus se fue al descanso con un triunfo 1-0. *Sporttagblatt* volvió a quejarse por la dureza del juego de los italianos. Sin Monti, quienes se encargaron de maltratar a Sindelar fueron Mario Varglien y Umberto Caligaris.

Mock, Nausch y Graf, con un coordinado trabajo defensivo, se erigieron como las figuras del Austria. Un contragolpe sellado por Molzer a cinco minutos del final sentenció el 1-1 y el pase a la final frente Ambrosiana. "El equipo del Austria es fuerte, positivo y compacto"[72], elogió Pozzo.

Hugo Meisl, a pesar de considerar que el fútbol italiano atravesaba un muy buen momento, fue duro al opinar y polemizó en la previa a la final: "En Italia se está en plena dictadura del jugador. Un Orsi (por Raimundo, delantero argentino de la Juventus) hace llover y salir el sol. Se da el caso de que ha habido grandes dificultades para señalar las fechas de la final de la Copa de Europa (Mitropa), entre el Ambrosiana y el Austria, por el simple hecho de que Meazza, el ídolo del club milanés, no quería adelantar de ninguna manera el término de sus vacaciones veraniegas"[73].

---

68 *La Stampa*, 16 de julio de 1933, página 6.

69 *Sporttagblatt*, 15 de julio de 1933, página 1.

70 Período histórico de cinco años en el que Juventus fue pentacampeón de la Serie A.

71 John Foot, *Winning at All Costs: A Scandalous History of Italian Soccer*, Nation Books, New York, 2007, página 393.

72 *La Stampa*, 17 de julio de 1933, página 4.

73 ABC de Sevilla, 6 de agosto de 1933, página 35.

La plantilla de Ambrosiana tenía jugadores importantes. La columna vertebral de ese equipo hacía estragos: el defensor Luigi Allemandi, los mediocampistas Armando Castellazzi, Giuseppe Viani y Pietro Serantoni y el delantero Giuseppe Meazza, que era para Ambrosiana lo que Sindelar era para el Austria. Además, estaba el argentino Atilio Demaría, surgido de Gimnasia y Esgrima La Plata. Demaría, que se nacionalizó y defendió la camiseta de Italia en el Mundial de 1934, era titular indiscutido en el equipo milanés.

Otro punto a favor que tenía Ambrosiana era el trabajo continuado del entrenador húngaro Árpád Weisz[74], que entró en funciones en la temporada 1926/27 y que admiraba el sistema WM del inglés Herbert Chapman. La conquista del *Scudetto*, a los 34 años, le dio prestigio y lo catapultó como uno de los directores técnicos con mejor proyección. Weisz tuvo una influencia mayúscula en los primeros pasos de Meazza, a quien descubrió en las divisiones inferiores e hizo debutar en Primera a los 17 años.

El viernes 1 de septiembre a las 7.55 de la mañana, el Austria tomó un tren que lo trasladó hasta Milán. Mucha gente se acercó a la estación ferroviaria para alentar al plantel. Los jugadores, distendidos y vestidos con elegantes trajes, se sacaron fotos con los fanáticos. En una imagen grupal publicada en la primera plana del *Sporttagblatt* se lo ve a Sindelar sonriente abrazado a un niño. "Comprendo la emoción de la gente. La comprendo porque si bien nuestra ausencia de Viena será breve, como gran hijo de la ciudad la siento como un gran vacío"[75], expresó el centrodelantero antes de partir. Blum también declaró: "Si Sindelar bromea es porque las cosas van bien"[76].

"Como una verdadera plaga nos encontramos con innumerables visitas de amigos del deporte. Una enorme peregrinación se trasladó desde Austria hasta Italia. Incluso hubo quienes se dieron cita en nuestro alojamiento para pedir entradas gratis. Nosotros, por supuesto, no fuimos capaces de satisfacer esos deseos"[77], recordó el presidente Schwarz pasado el tiempo.

El 3 de septiembre, en el Arena Civica y con la asistencia de 35 mil espectadores, comenzó el primer duelo. Blum alistó a Billich;

---

74 En la temporada 1931/32 Weisz tuvo un paso por Bari, club al que dirigió una temporada. Luego volvió a Ambrosiana para continuar su proyecto.

75 *La Stampa*, 2 de septiembre de 1933, página 6.

76 Ibíd.

77 Matthias Marschik, *op. cit.* supra, nota 28, página 61.

Graf, Nausch; Najemnik, Mock, Gall; Molzer, Stroh, Sindelar, Spechtl y Viertl.

En dos minutos se complicó el panorama para el Austria: a los 40', el árbitro sancionó un tiro libre a favor de Ambrosiana que generó el fastidio de los austríacos, que entendían que no había sido falta. Frione dirigió el balón hacia el medio, Meazza controló y sacó un disparo potente que terminó en la red de Billich. Enseguida, Levratto puso el 2-0. El descanso fue un alivio para el Austria.

Ambrosiana se replegó y apostó a contraatacar, aunque la estrategia no le dio buenos resultados. En un complemento con escasas emociones, el Austria descontó a poco del cierre gracias a Spechtl: 2-1. La final quedó abierta.

El reconocido periodista de *La Stampa* Luigi Cavallero analizó en su crónica el duelo Sindelar-Meazza: "Quien hubiera esperado este partido para hacer una comparación entre dos hombres que se juzgan en el campo internacional como los dos mejores del continente, debe haber tenido una profunda desilusión. ¿Cómo juzgar a dos jugadores de estilos totalmente opuestos? Hay un Meazza con astucia, virtuosismo y habilidad, y un Sindelar que es ímpetu, decisión. Así como el milanés es astuto, del mismo modo el vienés es empecinado. Distinta la escuela, distinto el juego de sus mejores exponentes. Pero se debe jurar a ojos cerrados que la clase de Meazza supera en mucho a la de Sindelar, más allá de lo que se diga en Viena, donde el hombre de punta en el ataque del Wunderteam es considerado el *non plus ultra* de los campeones"[78].

El plantel del Austria regresó a Viena al día siguiente y Blum, sin pausa, tuvo que reacomodar la formación porque Gall y Spechtl, lesionados, no podían ser considerados para la revancha. En la última práctica el entrenador decidió que Adamek, quien debutaría en la Mitropa, y Jerusalem, entraran para reemplazarlos.

Ambrosiana arribó a la capital de Austria y se hospedó en el Hotel Meissl & Schadn, hasta donde se acercaron 450 hinchas italianos que viajaron a Viena. Sindelar se hizo presente en hotel para darles la bienvenida a los huéspedes. En el hall, se lo vio conversando con Meazza.

El 8 de septiembre de 1933, ante 58 000 fanáticos que colmaron el Estadio del Prater, el Austria y Ambrosiana definieron la Mitropa, con arbitraje del checoslovaco František Cejnar. El marco era imponente. Es probable que haya sido el partido de mayor registro de

78 *La Stampa*, 4 de septiembre de 1933, página 5.

espectadores después de la Primera Guerra Mundial, fuera de Gran Bretaña.

A los 44', Viertl avanzó en diagonal hacia el medio y cuando estaba penetrando en el área fue derribado por Agosteo: Cejnar no dudó y sancionó penal, a pesar de las protestas de los jugadores de Ambrosiana. Sindelar fue el encargado de cobrar la pena máxima. Ceresoli estuvo cerca de rechazar el balón, pero no pudo impedirlo.

El complemento tuvo condimentos dignos de una final emocionante. Las polémicas invadieron el centro de la escena y Cejnar acaparó todas las miradas hasta que Sindelar le robó el protagonismo. Después de un error de Nausch, Meazza rompió la línea defensiva del Austria y envió un centro que Frione, con un cabezazo, transformó en gol. Sin embargo, mientras los italianos festejaban el empate, Cejnar anuló la acción por posición adelantada. Golpeado, Ambrosiana comenzó a sufrir adversidades de todo tipo. A los 20', en la fricción de una jugada, Allemandi pisó a Stroh y Cejnar expulsó al defensor. Por una disputa similar, segundos después, el checoslovaco echó a Demaría. Los milaneses estallaron de furia.

Sindelar recibió un pase alto de Molzer y de volea señaló el 2-0. El Prater ya saboreaba la victoria. Un gol de diferencia, dos jugadores más en el campo y un rival diezmado por los infortunios hacían creer que la Mitropa se quedaría en Viena. No obstante, Ambrosiana demostró que no iba a rendirse fácilmente. A los 38', Meazza conectó de cabeza para vulnerar la resistencia de Billich. Los hinchas del Austria, enmudecidos, no entendían cómo se escapaba un partido que parecía asegurado. La frustración cambió de bando.

Con 120 segundos por jugar, Ambrosiana se replegó para cuidar el resultado y el Austria gastó los últimos cartuchos en busca del gol que evite el desempate. En una maniobra aislada, la inspiración de Molzer fabricó un centro cruzado sin destinatario en el horizonte. Ahí estaba Sindelar. En el instante preciso que marca a fuego la carrera de un jugador y la historia de un club: el centrodelantero selló el 3-1. "En el público provocó desmayos de alegría", graficaron desde Italia la reacción de los hinchas del Austria tras la conquista de Sindelar. Sin tiempo para más, Cejnar terminó el partido. ¡La Mitropa era del Austria, por primera vez en 23 años de vida! Para Sindelar fue un desenlace perfecto. Tres goles en la final, que le sirvieron a su equipo para ganar, en momentos clave del desarrollo del juego, configuraron el día más glorioso desde que llegó a la institución. Se había ganado un lugar en el cielo violeta.

Walter Nausch, el capitán del Austria, recibió la Copa de manos del presidente del Comité de la Mitropa, el húngaro Fischer, y la exhibió ante el festejo incesante de la multitud. Los jugadores también lucieron las flamantes medallas doradas. En contrapartida, el rostro de la tristeza de Ambrosiana se vio encarnado en Meazza, el capitán visitante, quien después de felicitar a Nausch con un apretón de manos rompió en llanto.

El periódico *Il Popolo d'Italia*, fundado por Benito Mussolini en 1914, tituló: "La desgracia de Ambrosiana". "La victoria de los austríacos no puede ser vista como el resultado de un juego hermoso, sino como una actitud no muy clara del árbitro (...) La buena forma de Sindelar hizo que tuvieran que marcarlo con firmeza, intentando mantener la pelota lo más lejos posible de su posición", agregó.

Además del mérito deportivo, la economía del club mejoró a partir de los ingresos que se generaron por el título. Incluso trascendieron los premios que percibió cada jugador: 400 chelines por superar los cuartos de final, 500 chelines en la semifinal y mil chelines por salir campeón[79].

Sindelar ratificó en la Liga su estupenda forma, aunque el Austria, otra vez preso de su irregularidad, nunca pudo establecerse como firme candidato al título. El Austria terminó tercero, en la misma línea que First Vienna. Admira fue el campeón.

En la Copa de Viena el desenlace fue similar. Tras dejar en el camino a Rasensportfreunde, un equipo amateur, y a Schwarz-Weiss, Admira, que se quedaría con el trofeo, arrolló al Austria con un inobjetable 4-2 y lo dejó afuera.

Las estadísticas de Sindelar fueron resonantes. Por la Liga convirtió 23 goles en 21 partidos; en la Copa de Viena señaló 4 en 3 presentaciones y en la Mitropa anotó 5 en 6 cotejos. El registro en la Liga fue el mejor de su carrera: el promedio de gol fue 1,09 por partido. Marcó tres *hattricks*. La conquista de la Mitropa elevó su figura y le dio aún más trascendencia internacional.

79 Matthias Marschik, *op. cit.* supra, nota 28, página 61.

TEMPORADA 1934/35: OTRA VUELTA

En Austria la crisis escribió el preludio de lo que en poco tiempo sería el principio del fin. Las presiones sobre el gobierno de Dollfuss eran cada vez mayores y no hubo otra escapatoria que recurrir a las armas. En febrero de 1934, el país quedó envuelto en una feroz guerra civil que duró cuatro días. La *Heimwehr,* que respondía a los intereses del Canciller, doblegó a la *Schutzbund,* la organización paramilitar de los socialdemócratas. El aire triunfante hizo que Dollfuss estableciera, de esta manera, un autoritario Estado corporativo.

Josef Blum comenzó a preparar la temporada antes de que concluyera el Mundial de Italia, que se desarrolló entre el 27 de mayo y el 10 de junio de 1934. Entre el último partido de la Liga pasada y el primero de la Copa del Mundo hubo 14 días, por lo que el desgaste físico era pronunciado. Hugo Meisl solo convocó a tres futbolistas del Austria: Matthias Sindelar, Rudolf Viertl y Josef Stroh. Tan vertiginoso era el ritmo de competencia que nueve días después del choque con Alemania por el tercer puesto, empezó la Mitropa ante Újpest.

En el Estadio del Prater, los húngaros acertaron en el primer avance y a los tres minutos abrieron el marcador. Sindelar, en el segundo intento y de penal –el primero se lo atajó György Hóri pero el árbitro lo anuló por adelantamiento–, igualó el marcador. Por la misma vía, Szabó aventajó a Újpest. En el segundo tiempo, Sindelar desperdició un penal que se fue por encima del travesaño. El partido terminó 2-1.

En la semana posterior a la derrota contra el Újpest, previo al desquite, Sindelar asistió a una jornada en la que chicos de entre 14 y 16 años de escuelas de enseñanza media de Sankt Pölten, Baja Austria, llegaron a Viena con el objetivo de abordar el deporte (sobre todo el fútbol) desde distintas perspectivas. Sindelar rememoró los momentos más complicados de su niñez y dijo que en su época los equipos juveniles anhelaban tener un balón de las características del que llevaba su nombre. Como retrato de su amabilidad quedó una postal con la imagen de Sindelar y unas afectuosas palabras: "Me alegraré con ustedes si mi pelota les da alegrías". *Sporttagblatt* valoró la actitud del delantero: "Sindelar ha logrado su propósito, y para la comunidad del deporte es agradable que un gran profesional demuestre interés por el deporte enfocado en los jóvenes. Es gratificante"[80].

A pesar del esfuerzo empeñado para dar vuelta la serie, el Austria perdió 2-1 en Hungría y quedó eliminado.

Un mes después de esa derrota, en julio de 1934, nacionalsocialistas disfrazados con uniformes militares tomaron la Cancillería y asesinaron a Engelbert Dollfuss con "un balazo disparado a diez o quince centímetros de distancia"[81], según detalló el ministro Kurt von Schuschnigg, su principal ladero. El tapizado floreado del sillón que arropó a un Dollfuss agonizante generó el contraste entre el resplandor de otros tiempos y la vida marchita del líder del Partido Socialcristiano. Acostado, con una pila de prendas que hacían de almohada, el torso desnudo y aún con el pantalón y las medias puestas, Dollfuss pasó los últimos instantes sin esperanzas de sobrevivir.

Mussolini envió un telegrama de condolencias. "El trágico fin de Dollfuss me ha apenado profundamente. Ligado con él por una amistad personal y por los mismos puntos de vista políticos, siempre admiré su capacidad como estadista, su sencilla probidad y su gran valentía (...) La independencia de Austria, por la cual cayó, es un principio que ha sido defendido y será defendido aún con mayor energía por Italia en estos tiempos excepcionalmente difíciles", sentenció *Il Duce*.

Las sospechas sobre la relación de Alemania con el operativo para terminar con Dollfuss crecieron con el transcurrir de las horas. La presión para que Austria se anexionara al territorio alemán era la justificación principal para dudar de los germanos. Alemania rechazó las acusaciones. Hay que tener en cuenta un dato importante: el 29 de julio de 1934, en Riccione, provincia de Rímini, Dollfuss y Mussolini iban a mantener una reunión en la que el austríaco trasladaría sus inquietudes por el acercamiento del *Duce* a Hitler y su preocupación sobre la creciente ola de violencia perpetrada por los nacionalsocialistas.

Pocos días después del asesinato de Dollfuss quedó conformado oficialmente el nuevo gabinete austríaco con Schuschnigg como nuevo canciller.

El Austria no tuvo mayores obstáculos para avanzar a cuartos de final de la Copa de Viena, primero tachando a SC Siemens, un

---

80 *Sporttagblatt*, 20 de junio de 1934, página 2.

81 Kurt von Schuschnigg, *op. cit.* supra, nota 47, página 226.

equipo amateur, y luego a Floridsdorfer AC. El próximo adversario fue FC Wien, que venía de eliminar en octavos de final a Admira, el campeón de la última edición. El conjunto de Favoriten –sin Sindelar, lesionado– ganó 4-2 y quedó entre los cuatro mejores.

La semifinal, contra Hakoah, que iba penúltimo en la Liga, fue una demostración de contundencia. Stroh abrió el marcador y Sindelar resultó determinante para que la fiesta sea completa. Dos goles en cuatro minutos, una intervención exitosa del arquero Ratz para evitar el tercero y una asistencia para que Viertl convirtiera fueron las participaciones categóricas del centrodelantero. El cotejo terminó 5-1 y el pase a la final frente al Wiener AC quedó asegurado.

El duelo decisivo se desarrolló en el Estadio del Prater. La alineación del Austria estuvo compuesta por Zöhrer; Andritz, Sesta; Adamek, Mock, Nausch; Molzer, Stroh, Sindelar, Jerusalem y Viertl. A los 25 minutos, el Austria ganaba 4-0. Sin resistencia del rival y con dos goles de Sindelar, gritó campeón con un 5-1 inapelable. Fue la sexta Copa de Viena en la historia del club y la cuarta que levantó Sindelar.

La campaña en la Liga fue una pesadilla. El Austria terminó la primera ronda en zona de descenso y el vuelo bajo del equipo le costó el puesto a Josef Blum, que se fue al Racing de Estrasburgo francés. Su reemplazante fue el húngaro Jenö Konrad, aquel defensor y mediocampista que jugara en el Amateure a principios de la década del veinte. Retirado en 1925 por una lesión de menisco, Konrad tenía una vasta experiencia como entrenador: antes de anclar en el Austria había dirigido en Rumania, Checoslovaquia, Alemania –con un paso importante por el FC Nürnberg– y también al Wacker.

Los días de Konrad en el Nürnberg dejaron una huella. Estuvo cerca de ser campeón pero perdió en semifinales ante el Bayern Múnich, en 1932; fuera de la cancha sufrió todo tipo de hostilidades por ser judío. La ciudad jugó un rol fundamental en el ascenso político del nacionalsocialismo y Adolf Hitler. Desde 1927 se realizaron allí las reuniones del Partido. El diario local *Der Stürmer*, caracterizado por su antisemitismo visceral, escribió luego de la derrota con el Bayern: "¡Club! Tomen el asunto y despierten. ¡Denle al entrenador un pasaje hacia Jerusalén!"[82]. Konrad tuvo que volver a Viena.

---

82 Christoph Bausenwein, Harald Kaiser y Bernd Siegler, *1. FC Nürnberg. Die Legende vom Club*, Verlag Die Werkstatt, Göttingen, 1996, página 75.

Karl Müller, vicepresidente de la institución, lamentó la salida y la consideró una "amarga injusticia"[83].

Andy Tschorn, historiador del Nürnberg, explica: "Nürnberg fue una de las ciudades principales de los nazis, en especial a través de Julius Streicher y su semanario antisemita *Der Stürmer.* Por lo tanto, FC Nürnberg fue uno de los primeros clubes en Alemania que expulsó a los judíos de sus actividades, incluso antes de que hubiera leyes que avalaran esa conducta". "Jenö Konrad fue un buen entrenador. Cuando se tuvo que ir en 1932 los únicos que estaban contentos fueron los nazis. Con él se cometió una gran injusticia", añade Tschorn, quien no duda en aseverar que "aún hoy Konrad es adorado en Nürnberg"[84].

Si bien obtuvo la Copa de Viena, Konrad no pudo frenar la caída del equipo en la Liga y el Austria finalizó octavo, con 18 puntos, apenas cinco más que el Favoritner SC, el descendido.

De lo poco positivo que hubo en la temporada fue el arribo del defensor Karl Sesta. Con sus 165 centímetros de altura, Sesta sobresalía por su rapidez y porque acostumbraba a sorprender en ataque y marcar goles. Sesta forjó una sólida amistad con Sindelar.

Sindelar fue el goleador del Austria en la Copa, con 7 goles en 4 partidos, y en la Liga -9 en 15-. En la Mitropa hizo un gol en dos cotejos. Hay que considerar que las lesiones lo perjudicaron como nunca antes. Después de la operación de Hans Spitzy, en septiembre de 1924, Sindelar no había tenido tantos problemas físicos como en esta temporada.

Sporttagblatt analizó la situación: "Sindelar se encuentra bajo los efectos de una lesión de la que aún no se ha recuperado. Naturalmente, los años van pasando para Sindelar, pero cuando goza de un estado de salud pleno demuestra que es un centrodelantero de calidad difícilmente alcanzable. Pero está lesionado y es innecesario exponerlo en repetidas ocasiones a nuevos esfuerzos que hagan más lenta la recuperación. Y como él es uno de los mejores nombres de nuestro deporte sería inútil someterlo a las burlas y a la ingratitud del público"[85].

---

83 Ibíd., página 76.

84 Entrevista a Andy Tschorn realizada el 20 de abril de 2014.

85 *Sporttagblatt*, 30 de abril de 1935, página 1.

TEMPORADA 1935/36: UNA COPA CON BUENOS PRESAGIOS

El 2 de junio de 1935, el Austria jugó su último partido de la temporada 1934/35. Exactamente dos semanas después, el 16 de junio, estaba iniciando la 1935/36. Como era costumbre, la competencia empezó en la Mitropa. En la primera ronda, el rival fue el siempre duro Ambrosiana, que contaba con el liderazgo inoxidable de Giuseppe Meazza.

En Milán, unos dos mil hinchas del Austria observaron una verdadera exhibición de fútbol. La Escuela de Viena se lució con Sindelar como estandarte. Viertl abrió el marcador en los primeros minutos y Sindelar anotó el segundo con un extraordinario tiro libre; entrado el complemento el equipo ya ganaba 5-0.

Cuando parecía que se avecinaba una goleada aún mayor, se produjo un acontecimiento curioso. Según describe el investigador austríaco Matthias Marschik, un dirigente del Austria le pidió con vehemencia al capitán Nausch que no hicieran más goles porque no iba a asistir público al partido de vuelta[86]. Condicionado o no, el Austria mermó la intensidad y Meazza anotó dos goles en cinco minutos. De todos modos, el 5-2 final dejó muy bien parado al Austria con vistas a la revancha.

"No se sabe qué definición corresponde mejor a lo ocurrido en el estadio: si un desastre de la Ambrosiana o una prueba espectacular del Austria. Seguramente un poco de ambas cosas (...) Austria fue convincente en el ataque. Fue la beneficiada de Sindelar, que parecía haber elegido el día para demostrar al público italiano que él no es todavía una fuerza apagada. 'El viejo Sindelar', se dice al hablar mal de los jugadores viejos, y están así a buen precio las armas que se usan para denigrar... Y el viejo tuvo el modo para vengarse. Ayer se dejó espacio para que este jugador maniobre y tiempo para que razone. En estas condiciones su inteligencia encontró la manera de decir cosas técnicamente bellas e interesantes. Sindelar tuvo una gran jornada"[87], consideró Vittorio Pozzo en su crónica para *La Stampa*.

Una semana después, Sindelar volvió a ser una pesadilla para Ambrosiana. A los 13', "en una acción en la que casi ningún otro

86 Matthias Marschik, *op. cit.* supra, nota 28, página 66.

87 *La Stampa*, 17 de junio de 1935, página 5.

jugador hubiera tenido el coraje para disparar"[88], remató al arco desde aproximadamente treinta metros y marcó el 1-0 parcial. Hizo dos goles más y, a pesar del descuento del argentino Demaría, firmó el 3-1 que valió la clasificación a cuartos de final.

El adversario era otro viejo conocido: Slavia, campeón de la última liga checoslovaca, dirigido por Kalman Konrad, exjugador del Amateure y hermano de Jenö. La ida se disputó en Praga, bajo una intensa ola de calor. Tan alta era la temperatura que Slavia intencionadamente prolongó el descanso diez minutos para no tener que jugar bajo el acuciante sol del campo de Letná. En un trámite discreto, Vojtěch Bradáč marcó el único gol de la tarde para los locales.

Una semana después, en el Prater de Viena, Bradáč silenció al público austríaco y la ansiedad dominó a los jugadores locales, que pese a la presión llegaron al empate antes de terminar el primer tiempo. Stroh golpeó de entrada en el complemento y con la igualdad global hubo que disputar un tercer partido, que se desarrolló en Viena gracias a un arreglo entre la Municipalidad y la empresa que tenía la concesión del Estadio.

Una multitud, entre los que se mezclaron personalidades de diversos ámbitos (el canciller Schuschnigg estuvo presente), volvió a acompañar al Austria. Viertl adelantó a su equipo y luego se desató una furia de goles que desembocó en un memorable 5-2.

Sindelar anotó el segundó gol tras cargarse a toda la defensa rival y al arquero Plánička. "Nadie en el mundo lo hace como él"[89], fue el comentario popular sobre el golazo de Sindelar. Era el mismo Sindelar que aún trabajaba en la tienda de deportes Wilhelm Pohl, como lo reflejó el siguiente aviso: "Al igual que en todos los partidos importantes de los últimos años, también ayer en el de la Copa Mitropa se jugó y se ganó con la WIPO-Sindelar. Sindelar atiende al público personalmente en Mariahilferstrasse 5".

Al día siguiente del triunfo del Austria, *Sporttagblatt* publicó una de las fotografías más emblemáticas de Sindelar dentro de una cancha: el delantero en posición de ataque, con todo el cuerpo en movimiento, y un rival que había quedado en el camino despatarrado por el suelo. El epígrafe que acompaña la imagen tomada por Ernst Hilscher dice: "El centrodelantero Sindelar, el padre del triunfo ante Slavia, franquea a un contrincante y se prepara para

88 *Sporttagblatt*, 24 de junio de 1935, página 1.

89 *Sporttagblatt*, 15 de junio de 1935, página 1.

rematar al arco"[90]. La imagen es tan representativa que en el museo del club está hecha gigantografía.

Ferencváros, de Hungría, esperaba en semifinales. Había ganado 13 Ligas y 5 copas locales, con un claro predominio en la década del diez. En el plano internacional obtuvo la Mitropa en 1928, con un triunfo global 10-6 sobre el Rapid en la final.

El enfrentamiento entre Sindelar y György Sárosi, dos de los mejores centrodelanteros de la época, despertó gran interés. A pesar de los dos goles de Sindelar, el ganador fue el húngaro, que contribuyó notablemente a que su equipo se impusiera 4-2 en Budapest. "El domingo, Sárosi derrotó a Sindelar, pero de ningún modo sería descabellado que en el próximo choque en Viena el ganador sea Sindelar"[91], confió *Sporttagblatt*, sumido en un clima de optimismo.

La revancha se disputó en la capital austríaca siete días después. Sindelar marcó el primer gol y la tarde tomó otro color. La hazaña estuvo muy cerca. Hasta los 67', el Austria estaba forzando un tercer partido, pero Toldi se vistió de verdugo, anotó el 3-2 y tachó al conjunto vienés. Ferencváros fue subcampeón tras perder la definición frente al Sparta Praga.

En medio de los preparativos para la Liga, una tragedia conmocionó a todo el fútbol austríaco: el 4 de agosto de 1935, Matthias Najemnik sufrió un accidente mientras iba en su motocicleta y falleció horas después. Tenía 24 años y un futuro prominente. El mediocampista viajaba con su hermano Johann hacia Lienz, una pequeña ciudad del Tirol austríaco para disfrutar unos días de vacaciones. Cuando conducían por la comuna de St. Lorenzen (San Lorenzo di Sebato, como se la conoce en Italia, país que la comprende), en horas de la tarde, el vehículo perdió el control en una curva y ambos salieron despedidos: Najemnik impactó contra un cerco de madera y quedó inconsciente; su hermano también padeció heridas severas. Ambos fueron trasladados a un hospital de Knittelfeld, en Estiria. Karl Andritz, íntimo amigo de Najemnik, y Robert Lang, el manager del Austria, fueron unos de los primeros en acercarse al hospital. Los médicos confirmaron que una fractura de cráneo fue la causa la muerte.

El Austria informó el deceso: "Damos a todos nuestros miembros y amigos la triste noticia del fallecimiento repentino de nues-

---

90 *Sporttagblatt*, 16 de junio de 1935, página 1.

91 *Sporttagblatt*, 24 de julio de 1935, página 2.

tro jugador Matthias Najemnik. El funeral se llevará a cabo el jueves 8 de agosto en Arbeitergasse 14, Fischamend (Baja Austria)"[92].

Cuatro temporadas le bastaron a Najemnik para transformarse en referente del equipo, tanto dentro como fuera de la cancha. Disputó 72 partidos de Liga y no marcó goles. Ganó dos Copas y una Mitropa.

El 1 de enero de 1936, el Austria publicó una salutación: "A todos los socios, amigos y a aquellos que apoyan a nuestro club, les deseamos un próspero año nuevo"[93]. Como si fuera un presagio de lo que vendría, la institución de Favoriten viviría ese año uno de los procesos más exitosos de su historia.

La Copa de Viena, que comenzó en enero, pasó a llamarse Copa de Austria y abrió por primera vez cuatro cupos a clubes del interior del país. El Austria despachó con comodidad a SC Weisse Elf Wien y a Linzer ASK y en cuartos de final se enfrentó a Admira. Si una característica tenía Sindelar era que aparecía en los partidos importantes. Aquella tarde no fue la excepción. El Austria ganó 5-1 y él convirtió tres goles. En semifinales, contra Wiener Sportklub, cuando el panorama se complicaba, Jerusalem le dio la victoria al conjunto de Konrad. En la final esperaba First Vienna.

La alineación del Austria estuvo compuesta por Zöhrer; Andritz, Nausch; Adamek, Mock, Gall; Riegler, Stroh, Sindelar, Jerusalem y Viertl. Sesta no fue considerado por una lesión. Ante 15 000 espectadores, el Austria desplegó un repertorio incontenible para el rival y liquidó el partido en el primer tiempo, con una participación destacada de Sindelar. La superioridad fue absoluta y a los 22 minutos se cerró el marcador: Jerusalem (2) y Sindelar hicieron los tres goles del encuentro. El Austria logró su séptima Copa y dejó números elocuentes: en los cinco encuentros recibió un gol y convirtió 23.

La Liga, en cambio, otra vez fue decepcionante. El Austria finalizó séptimo, muy lejos de Admira, el campeón. El título de un informe del *Sporttagblatt* sintetizó la situación: "Pequeño en la Liga, grande en la Copa"[94].

Al margen de algunos problemas físicos menores, para Sindelar fue una temporada muy positiva. En 17 partidos de Liga hizo 8 goles, que le permitieron ser el máximo anotador del Austria; en la

92 *Sporttagblatt*, 7 de agosto de 1935, página 3.

93 *Sporttagblatt*, 1 de enero de 1936, página 3.

94 *Sporttagblatt*, 14 de agosto de 1935, página 1.

Copa convirtió 6 goles en 5 cotejos; y en la Mitropa, 7 goles en 8 encuentros. En total, 30 partidos y 21 goles.

TEMPORADA 1936/37: EL CIELO ES VIOLETA II

La temporada comenzó con la Mitropa, una competencia que al club le sentaba muy bien. Aquella edición presentó novedades: el ingreso de cuatro clubes suizos y la disputa de una primera ronda clasificatoria antes de octavos. Al Austria le tocó enfrentarse a Grasshopper, el club más antiguo de Zúrich, que era dirigido por el austríaco Karl Rappan[95], que en sus años de futbolista representó al Austria en las temporadas 1928/29 y 1929/30 y compartió plantel con Sindelar, Gall, Mock, Viertl, Nausch y Kovar.

El partido de ida se disputó en Viena. El Austria era amplio favorito y lo demostró en la cancha: Sindelar anotó el primer gol y su equipo se impuso 4-1. En el desquite, empataron 1-1 y los vieneses consiguieron avanzar a octavos.

En la siguiente instancia esperaba Bologna, el último campeón de Italia y ganador de la Mitropa 1932, dirigido por el húngaro Árpád Weisz, el mismo que cuando conducía a Ambrosiana perdió la final de 1933 ante el Austria. La figura era el delantero Angelo Schiavio, considerado el mejor jugador de la historia del club.

El italiano Mirko Trasforini, historiador del Bologna, reforzó el concepto que emparentaba el calibre de Sindelar y Schiavio y aseguró que fueron presa del mismo victimario: Luis Monti. Según Trasforini, "Monti odiaba a Schiavio tanto como a Sindelar".

En pleno verano, el Stadio del Littoriale recibió a los equipos con un calor agobiante que alcanzó los 44 grados. A los 6', Maini puso el 1-0 con un disparo a un ángulo y Schiavio aumentó la diferencia. En el segundo tiempo, Viertl, de penal, selló el 2-1. La crónica

---

95 Karl Rappan nació en Viena el 26 de septiembre de 1905. Inició su carrera futbolística en SV Donau y luego pasó por Strassenbahn Wien, Wacker, Austria, Rapid y Servette FC. Como entrenador en Suiza pasó por varios clubes, pero adquirió prestigio mundial cuando dirigió con mucho éxito a la selección de ese país. Durante los cuatro períodos que estuvo al mando del representativo nacional (1937/1938, 1942/1949, 1953/1954 y 1960/1964) dirigió tres Copa del Mundo: Francia 1938, Suiza 1954 y Chile 1962. En el Mundial que su equipo fue anfitrión llegó hasta cuartos de final, en lo que fue la mejor campaña de la historia suiza en Mundiales. Rappan confeccionó un sistema táctico que puso énfasis en el cerrojo defensivo, por eso aún hoy muchos lo consideran el "padre del Catenaccio". Sin embargo, las estadísticas indican que los equipos de Rappan tenían algo más: como director técnico ganó 17 títulos. Murió el 2 de enero de 1996 en Berna, la capital de Suiza.

de Pozzo cierra con una idea contundente: "El resultado deja más satisfechos a los austríacos que a los boloñeses. Un solo gol de diferencia para ir a Viena es poca cosa contra un plantel como el de Sindelar"[96]. *Sporttagblatt* no se confió: "Bologna es un gran adversario. Es un equipo que desplegó un fútbol de enorme clase"[97].

Alrededor de 32 000 personas asistieron al Prater para ver la revancha. Con un Sindelar intratable, el Austria ganó 4-0 y accedió a cuartos de final. A los 41 minutos gambeteó a un rival y ejecutó un disparo certero que ingresó justo abajo del travesaño. *Sporttagblatt* agregó detalles interesantes: "La acción fue tan repentina que tomó por sorpresa a los adversarios (de Sindelar), a los espectadores y a sus propios compañeros. Cuando concretó el gol, la multitud rompió en un aplauso ensordecedor"[98].

En cuartos, el Austria recibió a Slavia Praga, subcampeón checoslovaco, que tenía un plantel con menos experiencia que el de años anteriores. En un marco imponente de 37 000 espectadores en el Prater, el local hizo sentir que en casa era implacable: Franz *Bobby* Riegler[99], Stroh y Jerusalem le dieron forma a una victoria 3-0 que dejó muy bien encaminada la clasificación.

En Checoslovaquia, Slavia, obligado, generó muchas situaciones para convertir pero chocó ante la figura imponente del arquero Rudolf Zöhrer, el héroe del partido. Bradáč fue el único que pudo vulnerarlo, pero el 1-0 no alcanzó para dar vuelta la serie.

Újpest, el subcampeón de Hungría, fue el oponente en la semifinal. El Austria quería vengar la eliminación de 1934. Újpest conservaba la misma base de jugadores, aunque otro entrenador: Béla Jánosy en lugar de István Tóth-Potya. La delantera del conjunto magiar era de temer. Los austríacos debían tomar precauciones para no pasar sobresaltos.

Aprovechando el fervor popular por el buen momento del equipo, la compañía de transportes *Schenker & Co* ofreció pasajes en ómnibus desde Viena hasta Budapest por 25 chelines. Así, un buen número de hinchas del Austria acompañó al equipo en el estadio Megyeri út.

---

96 *Sporttagblatt*, 16 de junio de 1936, página 2.

97 *Sporttagblatt*, 23 de junio de 1936, página 4.

98 *Sporttagblatt*, 30 de junio de 1936, página 2.

99 Cabe aclarar que Franz *Bobby* Riegler no es el mismo Franz Riegler que jugó en el Austria años después. *Bobby* era hermano de Johann Riegler, quien luego jugó en el Violeta entre 1959 y 1961 (70 partidos oficiales y 42 goles). Ni *Bobby* ni Johann tenían parentesco con Franz.

La temperatura, que osciló entre 35 y 38 grados, se transformó en el principal enemigo del juego. Kállai abrió el marcador y cuando parecía que los locales estaban mejor encaminados, Stroh y Viertl inclinaron la balanza a favor de los vieneses. El triunfo 2-1 envalentonó al Austria, que sabía el valor que tenía ganar de visitante. Ferenc Langfelder, mánager del Újpest, manifestó la confianza que tenían los húngaros para revertir el resultado y llegar a la final: "En Viena nuestros delanteros deben jugar mejor de lo que lo hicieron el domingo en Budapest. ¡Apuesto que vamos a ganar!"[100].

En un Prater que lució colmado, el Austria dio un concierto de fútbol. Zsengellér mantuvo viva la esperanza de los húngaros pero los locales, liderados por Sindelar, no perdonaron. Jerusalem (2), Sindelar (2) y Stroh marcaron el pulso de una goleada 5-2 que sirvió para acceder a otra final.

El otro finalista era Sparta Praga, honrado por la opinión pública como uno de los clubes más poderosos de Europa, defensor del título después del éxito en 1935. El plantel contaba con grandes futbolistas, que además sumaban larga experiencia en la Mitropa y en la selección checoslovaca –tenía seis jugadores subcampeones del mundo en 1934–. La base era la misma que había logrado el título el año anterior.

A la hora de marcar analogías entre el Austria y el Sparta, *Sporttagblatt* hizo algunas interesantes: "Así como Austria tiene su Sindelar, los espartanos tienen a Braine (Raymond, delantero belga). Así como la generación de juego en el mediocampo del Austria recae en Mock, los checoslovacos le encomiendan esa tarea a Bouček (Jaroslav). Aquí se ven las individualidades más grandes del fútbol continental (...)"[101]. Además, profundizó la comparación de los centrodelanteros: "Sindelar y Braine son grandes líderes. El belga tiene un ritmo apacible, mientras que Sindelar es un hombre más ágil y más imaginativo. Braine inspira más confianza en los remates; los disparos de Sindelar provienen más de una inspiración momentánea que lo transforma en un hombre casi más peligroso (...)"[102].

Alrededor de mil hinchas del Sparta llegaron a Viena en autobuses, coches particulares, motocicletas y tren para alentar a su equipo. La fiebre del fútbol se vivía en estado puro.

100 *Sporttagblatt*, 22 de julio de 1936, página 1.

101 *Sporttagblatt*, 5 de septiembre de 1936, página 2.

102 Ibíd.

Una vez en suelo austríaco, Bouček expresó: "¿Sindelar? Es un gran futbolista y siempre le he guardo un enorme respeto. La última vez que jugué contra él rindió muy bien durante el primer tiempo. Pero después del descanso quedó desgastado. ¿Cómo será esta vez, cuando esté obligado a soportar todo el partido?"[103].

Los 11 titulares del Austria fueron los que a esa altura salían de memoria: Zöhrer; Andritz, Sesta; Adamek, Mock, Nausch; Riegler, Stroh, Sindelar, Jerusalem y Viertl.

El 6 de septiembre de 1936, ante más de 42 000 espectadores, el Austria y Sparta jugaron el primer duelo. Después de una presentación opaca, el partido terminó 0-0. Sparta quedaba mejor perfilado para la revancha. Las estadísticas como local respaldaban una campaña impoluta en Praga. Había ganado los tres cotejos que disputó, en los que anotó 11 goles y le convirtieron 4. Si otro guiño numérico le faltaba a los checoslovacos era la irregularidad del Austria como visitante: ganó uno, perdió dos y empató uno, con cuatro goles a favor y cinco en contra.

Un considerable grupo de hinchas acompañó al Austria en el segundo encuentro. Sin cambios en la formación inicial, los vieneses dieron otra demostración de carácter y quedaron en la historia grande del club. Sindelar, Jerusalem y Stroh tuvieron actuaciones brillantes.

El 13 de septiembre, en el transcurso de un complemento muy reñido, a los 22 minutos, Riegler avanzó desde el medio a toda velocidad, llegó hasta el fondo de la cancha, en una posición cercana al córner, y lanzó un centro al área. El arquero Klenovec alcanzó a desviar la pelota y provocó, así, que los delanteros interiores del Austria se abalanzaran para capturar el rebote. Jerusalem, el más rápido, cabeceó en dirección al arco. El impulso que llevaba hizo que el balón, Klenovec y él terminaran dentro de la línea de gol.

Sin tiempo para más, el árbitro italiano Rinaldo Barlassina pitó el final: el Austria era campeón del certamen más prestigioso de Europa Central.

Ambos equipos subieron a la tribuna para la premiación y Rudolf Pelikan, el *Meisl* checoslovaco, quien tenía una gran injerencia en la organización de la Mitropa y en las decisiones importantes de la FIFA, le entregó el trofeo al capitán del Austria, Walter Nausch. También se repartieron medallas. El capitán de Sparta, Jaroslav Burgr, felicitó a los ganadores y reconoció que la victoria fue justa.

103 *Das Kleine Blatt*, 5 de septiembre de 1936, página 14.

Emanuel Schwarz devolvió gentilezas y elogió al oponente por la manera en que disputó la final.

Luego del protocolo comenzó una caravana que se extendió desde el estadio hasta la puerta del Hotel Paris, donde se alojaba el plantel austríaco. Hinchas y curiosos manifestaron toda su alegría por la conquista y aplaudieron desde la calle. Nausch, en agradecimiento, salió a mostrar el trofeo.

La delegación regresó a Viena a las 6.30 y fue recibida por un nutrido número de fanáticos que se acercó a la estación de tren. Después de la llegada, el plantel, junto a un grupo de allegados íntimos, festejó el título en una casa de café.

El Austria se transformó en el tercer club en ganar dos ediciones de la Mitropa, al igual que Bologna y Sparta, justamente dos equipos a los que eliminó en la consagración de 1936. Uno de los pilares del éxito fue la solidez y la regularidad de los jugadores que sumaron minutos en cancha: 14 futbolistas (incluidos dos arqueros) formaron parte de ese proceso exitoso, que contempló seis victorias, dos empates y dos derrotas. El excelente nivel individual de Zöhrer, Sesta, Mock y Nausch encontró el complemento ideal en la eficacia de los delanteros Riegler (2 goles), Stroh (5), Sindelar (4), Jerusalem (7) y Viertl (2), quienes tuvieron asistencia perfecta. Tan grande fue la identificación que Sindelar afirmó años más tarde que ese fue el mejor Austria que integró[104].

Sindelar declaró tras lograr la Mitropa: "Nuestra defensa fue de hierro y le mostró los dientes a los delanteros praguenses. Lo que Zöhrer, Sesta y Andritz han hecho no se puede describir con palabras. Detrás de cada balón que buscaban, los delanteros del Sparta entraban en desesperación, y cuando una pelota realmente ya estaba por delante de ellos, aparecía Zöhrer para ir a parar". "Estuvimos todos bien, pero mejor lo hizo Stroh. Todos los jugadores esta vez funcionaron bien, pero si hay que resaltar a uno, ése es *Pepi* (por Stroh)"[105], agregó.

Al momento de la consagración Sindelar, con 33 años, era el jugador del plantel que más presencias tenía en la Mitropa: 25 partidos, al igual que Stroh.

El 17 de febrero de 1937, Hugo Meisl murió tras sufrir un ataque al corazón mientras trabajaba en las oficinas de la Asociación Austríaca de Fútbol. El fútbol nacional se enlutó como pocas ve-

---

104 Matthias Marschik, *op. cit.* supra, nota 28, página 68.

105 *Das Kleine Blatt*, 16 de septiembre de 1936, página 14.

ces en su historia por la pérdida de un referente irremplazable, un hombre que modernizó todas las estructuras, que creó una identidad con la paciencia de un maestro zen y que puso a Austria en la cúspide del fútbol mundial. Integrante de la primera Comisión Directiva del Wiener Amateur Sportverein, director técnico del primer equipo y, según contó Wolfgang Hafer, promotor de la llegada de Sindelar al club, Meisl también dejó su huella en la vida del Austria Viena.

El legado de Meisl se aprecia hoy en el museo del Austria, donde se puede observar un salón de 20 metros cuadrados en el que se lucen objetos originales de su departamento de Karl-Marx-Hof: un sillón, una pequeña mesa con dos sillas, alfombras, una repisa con un piano y su escritorio, entre otras pertenencias.

En la Liga, el Austria reafirmó su gran momento y terminó el año en la primera posición. La Copa de Austria que comenzó a disputarse en paralelo, también tuvo resultados favorables. No faltaban argumentos para ilusionarse. De los 22 partidos oficiales que se disputaron en lo que iba de la temporada 1936/37 –la mitad–, entre la Mitropa, la Liga y la Copa, el equipo había ganado 15, empatado 4 y perdido 3.

El Austria y Admira pelearon la Liga hasta la última fecha. Admira tenía un partido pendiente ante Rapid. Los de Konrad acumulaban 35 puntos y Admira, 34. Los de Favoriten precisaban la ayuda de su clásico rival porque un triunfo de Admira o un empate sentenciaban el torneo. A igualdad de unidades en la tabla, el campeón se definiría por diferencia de gol. Finalmente, Admira empató con Rapid y con 35 puntos y 77 goles a favor (21 más que el Austria) se consagró por sexta vez. A pesar de la desazón, la campaña del Austria fue la mejor de las últimas 11 temporadas, desde que obtuvo la Liga en la 1925/26.

En la Copa, avanzó hasta semifinales, instancia en la que fue eliminado por First Vienna, que ganó 1-0 y luego se coronó campeón.

Sindelar cerró otra temporada fructífera. Lideró al equipo en la conquista de la Mitropa y también fue protagonista principal en la producción del Austria en la Liga y en la Copa. Físicamente en óptimas condiciones (solo se ausentó en un partido), convirtió 4 goles en 10 cotejos en la Mitropa; 13 en 21 por la Liga; y 5 en 4 por la Copa. En total, 22 goles en 35 presentaciones. Otra vez fue el máximo goleador del Austria.

TEMPORADA 1937/38: "¡SINDELAR HAY UNO SOLO!"

Johann Mock, Karl Sesta y Josef Stroh tenían algo en común más allá de ser compañeros de equipo: eran los únicos tres futbolistas que iban a entrenar en auto. Mock manejaba un Steyr 50, Sesta tenía un BMW y Stroh un Citroën Six[106]. El resto utilizaba transporte público, generalmente el tranvía. El plantel practicaba tres veces por semana y agregaba otra sesión si debía afrontar un compromiso por la Mitropa. Los jugadores no vivían del sueldo que percibían en sus clubes, sino que repartían el tiempo entre el fútbol y diversos empleos.

La temporada comenzó con la Mitropa, como visitante, ante Bologna, el bicampeón de Italia, por octavos de final. Bajo un calor agobiante, que superó los 37 grados, Carlo Reguzzoni, de quien Hugo Meisl llegó a decir que era el mejor extremo del continente, adelantó a los locales. Sindelar fue artífice de la remontada, primero con una asistencia a Leopold Neumer y después con un gol propio.

La revancha se disputó en Viena con un marco imponente. Los 38 000 espectadores que poblaron las tribunas disfrutaron de una verdadera exhibición de fútbol. A los tres minutos, Sindelar marcó el camino con un gol de enorme factura, de los pocos que aún se mantienen registros fílmicos: tomó la pelota cerca de la mitad de la cancha y, a pesar de la gran distancia al arco, ejecutó un remate potente que puso el 1-0. La eficacia del Austria selló un inobjetable triunfo 5-1.

En cuartos esperaba Újpest, rival clásico en los enfrentamientos por la Mitropa. El plantel entrenado por Béla Jánosy tenía futbolistas que jugaban juntos hacía varios años, la mayoría de ellos de selección, y que conocían bien las características del Austria. En Viena, ambos conjuntos deleitaron con un fútbol de alto vuelto. En 63 minutos hicieron nueve goles. El Austria ganó 5-4 y Sindelar anotó el segundo de su equipo.

Los hinchas de Újpest recibieron al Austria en un clima hostil. Quien más padeció las adversidades fue Sesta, abucheado por el público durante todo el partido. El estilo recio del defensor, sumado a un choque con Kocsis, enervó a los fanáticos locales. Sindelar, con un remate de 25 metros, señaló el 1-0 y Jerusalem amplió de tiro libre. El descuento de los húngaros decoró el resultado.

---

106 Matthias Marschik, *op. cit.* supra, nota 28, página 67.

Sindelar terminó el partido con una contusión en un muslo y su presencia en la semifinal ante Ferencváros estuvo en duda hasta último momento. Finalmente jugó.

El Austria, que fue local en la ida, propuso un juego de ataque que dio resultado. Otra vez el aporte de Sindelar fue decisivo: dos asistencias a Jerusalem y otra a Stroh, más un gol que selló el 4-1 final. Su actuación no pasó desapercibida para nadie. *Sporttagblatt* ponderó que la vieja y famosa melodía de "*Es gibt nur a Kaiserstadt*"[107] (Solo hay una Ciudad Imperial) pasó a ser "¡Sindelar hay uno solo!"[108]. A nivel general, el diario húngaro *Nemzeti Sport* consideró que el Austria era "el mejor equipo de todos los tiempos de la Mitropa".

En Hungría la incógnita era clara: ¿podía Ferencváros dar vuelta la serie y llegar a la final? Las opiniones eran diversas. György Sárosi, figura del equipo húngaro, se mostró confiado: "Todo es posible. El domingo pasado se vio un Austria magnífico, pero no mejor de lo que Ferencváros mostró en las Pascuas (en referencia a un triunfo 7-2 en un torneo amistoso disputado meses antes). Para mí, el próximo domingo el Austria no va a mostrar algo mejor, porque ya fue muy bueno lo que hizo; en cambio es posible que nosotros alcancemos el nivel que mostramos en Pascuas. En ese caso tendremos un optimismo especial"[109].

Una estruendosa silbatina recibió a los futbolistas del Austria cuando salieron al campo de juego. Muchos fundamentaron que la presión ejercida por el público fue fundamental para desgastar la autoestima del equipo vienés. Ferencváros, gracias al trabajo de una delantera estupenda, aplastó al Austria con un 6-1 que lo dejó sin Mitropa. El gol de Sindelar de poco sirvió. Algunos medios austríacos caratularon el resultado como una "debacle". Ferencváros venció a la Lazio en la final y se coronó campeón por segunda vez.

Para Sindelar la eliminación significó el cierre de una etapa gloriosa en su carrera: nunca más volvió a disputar un partido por la Mitropa, torneo que ganó dos veces. La Mitropa es el torneo internacional más importante que el Austria conquistó en sus más de cien años de vida. La estadística indica que Sindelar jugó 31 parti-

---

107 *Es gibt nur a Kaiserstadt, es gibt nur a Wien!* (¡Sólo hay una Ciudad Imperial, solo hay una Viena!) fue una polca compuesta por Johann Strauss (hijo) en 1864. Strauss es considerado uno de los artistas más destacados del Siglo XVIII.

108 *Sporttagblatt*, 20 de julio de 1937, página 2.

109 *Sporttagblatt*, 22 de julio de 1937, página 2.

dos y anotó 24 goles. En la edición de 1937 convirtió en todos los encuentros, una marca que no había alcanzado en los años anteriores.

Sindelar no volvió a Viena con la delegación del Austria, sino que se quedó en Budapest para participar junto a Géza Toldi, el delantero del Ferencváros que días atrás lo había tenido a maltraer en la semifinal de la Mitropa, en el rodaje de la película *"3 a 1"*, que popularmente fue conocida como *"Roxy und ihr Wunderteam"*. Desde la capital húngara se trasladaron al lago Balaton, uno de los más imponentes de Europa Central, ubicado en el oeste de Hungría. Sindelar, vivió, así, su primera y única experiencia en el mundo del cine. De todos modos, cabe destacar que solo tuvo una pequeña participación en el comienzo.

En la Liga, el Austria fue muy irregular; en momentos clave no pudo superar a rivales en apariencia inferiores y terminó en el tercer lugar. En la Copa, cayó inesperadamente ante Schwarz-Rot, de Segunda División, y quedó eliminado en la primera ronda. Aún más sorpresivo fue que Schwarz-Rot ganara el certamen.

Sindelar tuvo otra temporada productiva desde el punto de vista individual. Nuevamente fue el goleador del equipo y su nivel alcanzó picos muy altos. Marcó 9 goles en 15 partidos de Liga. Sumados a los seis que señaló en la Mitropa, más el cotejo por la Copa de Austria, da un total de 15 goles en 22 partidos.

SENTENCIA DE MUERTE

La situación política del país era agobiante. La presión ejercida por la Alemania de Adolf Hitler era incesante y el canciller austríaco, Kurt von Schuschnigg, en funciones desde el 29 de julio de 1934, estaba cada vez más rodeado. Sus convicciones de mantener una Austria independiente se convertían, irremediablemente, en un laberinto de utopías. Schuschnigg glorificaba la memoria del asesinado Engelbert Dollfuss. Ambos compartían el deseo de mantener la independencia y la soberanía de una patria austríaca y libre. Sin Dollfuss, Schuschnigg era la esperanza de quienes seguían esa línea de pensamiento.

Hitler tenía el objetivo de anexionar Austria al Tercer Reich: "El destino de Austria está tan íntimamente ligado a la vida y al crecimiento del pueblo alemán, que una separación entre la historia alemana y la historia austríaca parece imposible"[110].

Después de mensajes, amenazas y advertencias, el 12 de febrero de 1938 se produjo un acontecimiento que marcó un punto de inflexión en la tortuosa relación entre los dos países: Hitler y Schuschnigg se reunieron cara a cara en la residencia de montaña que el Führer tenía en Berchtesgaden, una ciudad ubicada en los Alpes de Baviera, cerca de la frontera con Austria. "Solo necesito dar una orden y en una noche todos sus ridículos mecanismos de defensa volarán en pedazos. No creerá que puede detenerme o incluso retrasarme media hora, ¿verdad?"[111], desafió Hitler a Schuschnigg.

Tres días después de ese encuentro, Schuschnigg llamó a celebrar un referéndum el 13 de marzo para escuchar la voz del pueblo austríaco. La consigna era clara: "¿Está usted a favor de una Austria libre y alemana, independiente y social, cristiana y unida?".

Hitler consideró que la maniobra de Schuschnigg era una provocación y actuó rápidamente. Joseph Goebbels, ministro de Propaganda, le acercó una propuesta, que pedía al Canciller austríaco aplazar dos semanas el referéndum, que renunciara a su cargo y le dejara el lugar a Arthur Seyss-Inquart[112], un político austriaco ligado al nacionalsocialismo. Schuschnigg aceptó posponer el referéndum pero manifestó que no iba a dimitir. Hasta que no soportó más y se retiró. El presidente Wilhelm Miklas se negó, al menos por un rato, a nombrar a Seyss-Inquart. La tensión aumentó a tal punto que a Miklas no le quedó otra alternativa que ceder y poner a Seyss-Inquart en el sitio que le pertenecía a Schuschnigg. Alemania había ganado.

Las tropas alemanas comenzaron a avanzar sobre Austria a las 5:30 de la mañana del 12 de marzo. Cerca del mediodía, la caravana pasó por Mühldorf am Inn, una ciudad en Baviera cerca de la frontera austríaca, y fue recibida con honores. Siguió hasta Linz, la capital de Alta Austria, y desembocó en Viena.

Hitler hizo su desembarco triunfal en Viena recién el lunes 14, escoltado por 13 coches de policía. El 15 de marzo se produjo "la

---

110 Adolf Hitler, *op. cit.* supra, nota 46, página 18.

111 Ramón Pérez-Maura, *Del Imperio a la unión europea: La huella de Otto de Habsburgo en el siglo XX*, Ediciones Rialp, Madrid, 1997, página 183.

112 Hitler confiaba en Arthur Seyss-Inquart como una figura fuerte para posicionarse en Austria.

presentación en sociedad". Hitler encabezó un acto multitudinario –hubo aproximadamente 250 000 personas– en la *Heldenplatz* (Plaza de los Héroes), un punto neurálgico. La Anexión (*Anschluss*, como se la conoce por su nombre en alemán) era tangible. El clima festivo y la alegría de gran parte del pueblo austríaco se notaron en cada uno de los rincones de la capital. Austria, que a partir de ese momento pasaría a llamarse *Ostmark* (Marca del Este), se había convertido en una provincia alemana.

Hitler tenía que legalizar la Anexión y darle un marco formal. Contó con el apoyo de Benito Mussolini, quien años atrás se había manifestado en contra del avance alemán y había expresado que Italia estaba a disposición de lo que necesitara su amigo Dollfuss. Los tiempos cambiaron y Mussolini, al ser consultado por Hitler, recomendó que materializara la Anexión definitiva.

La estocada final se produjo el 10 de abril de 1938, cuando se celebró en Viena un referéndum sobre la Anexión en Austria. La idea fue impulsada por el propio Hitler. La consigna era la siguiente: "¿Estás de acuerdo con la reunificación de Austria con el Imperio Alemán efectuada el 13 de marzo de 1938 y votas en favor de la lista de nuestro Führer Adolf Hitler?". El líder alemán brindó 14 discursos propagandísticos en distintos puntos del país.

El resultado del plebiscito fue abrumador. Más del 99% votó a favor de la Anexión. La boleta era absolutamente tendenciosa: el círculo para elegir el "sí" era mucho más grande que el del "no". Hitler logró el apoyo masivo que necesitaba. Austria, además de su nombre, perdió su fisonomía, su ritmo de vida y su identidad. Una etapa nefasta, que tuvo un desenlace aún más aterrador, estaba por comenzar.

El deporte austríaco en general y el fútbol en particular no estuvieron exentos a las cuestiones políticas de la época. Por su popularidad, el fútbol se hacía muy atractivo para los nazis, que sabían que sus banderas trasladadas a los estadios podían darle mayor difusión y poder.

Apenas tomaron el control, los nazis inundaron con propaganda fascista las páginas del *Sporttagblatt*, el diario deportivo por excelencia. Arriba del nombre del periódico, en la primera plana, resaltaba la cruz esvástica. La información principal que antes estaba relacionada al fútbol austríaco ahora se entremezclaba con los intereses de Hitler y del deporte alemán. Eran frecuentes las palabras de Hans von Tschammer und Osten, el dirigente nazi con mayor influencia en el deporte.

Para Hitler, tanto el marxismo como el judaísmo eran dos peligros que atentaban contra la vida del pueblo alemán. Según él, los judíos no eran alemanes. Años antes de la Anexión, aún en tiempos de Dollfuss, Hitler dijo en una merienda en la cancillería: "Esa Austria se ha judaizado. Viena ya ha dejado de ser una ciudad alemana. No se ven más que mestizos eslavos. El buen alemán allí es nada. Gobiernan los curas y los judíos. ¡Debemos aplastarlos!"[113].

Se calcula que en tiempos de la Anexión la comunidad judía en Austria tenía más de 200 000 integrantes, lo que representaba aproximadamente el 10,8% de la población del país. La mayoría vivía alrededor de Viena. En gran medida, los judíos austríacos fueron exterminados en el Holocausto, lo que causó una considerable disminución en la colectividad. Del censo poblacional de 2001 se dedujo que quedaban unos ocho mil. También hay que contemplar los casos de los que escaparon y perdieron todos sus bienes[114].

El Austria era un club con claro predominio judío, sobre todo en los cargos directivos. Alcanza con volver a las raíces para observar que Erwin Müller, el primer presidente de la institución, por entonces llamada Wiener Amateur-Sportverein, era judío. Un hombre muy cercano a Müller era el delantero Ludwig Hussak, también de origen judío, quizás el "primer Sindelar" que deslumbró en la institución.

Hugo Meisl pertenecía a esa camada de pioneros que eran judíos. A través de una gestión suya se incorporaron al plantel los hermanos húngaros Jenö y Kalman Konrad, dos judíos que dejaron una huella indeleble. Emanuel *Michl* Schwarz era otro de los judíos que contribuyó para hacer del Austria un club poderoso, sobre todo en el plano internacional. Cuando los nazis invadieron Austria, Schwarz vivió un calvario que más adelante se detallará.

El mismo día que las tropas alemanas avanzaron, la Junta Directiva del Austria se reunió en un café ubicado en el centro de Viena para evaluar los pasos a seguir. Sabían que la ascendencia judía de la mayoría de los integrantes de la Comisión, liderada por Schwarz, era una amenaza ante la maquinaria antisemita de Hitler.

Cuatro días después de la Anexión, el 17 de marzo, el club fue intervenido por los nazis, que como primera medida buscaron ex-

---

113 Hermann Rauschning (Versión castellana de Enrique Marti), *Hitler me dijo: confidencias del Führer sobre su plan de conquista del mundo*, Librería Hachette, Buenos Aires, 1940, página 85.

114 Alejandro Torres Gutiérrez, *op. cit.* supra, nota 54, página 157.

pulsar a todos los dirigentes judíos. Dos días después, Hermann Haldenwang, un comandante de la unidad de asalto de la SA, una de las principales milicias nacionalsocialistas, asumió como "director interino". La designación de Haldenwang no era casual porque se trataba de un hombre ligado al fútbol: de joven fue jugador de la institución en la época del Amateure y también fue árbitro.

Incluso Haldenwang integró una especie de comité que dirigió al equipo durante algunos partidos de la Liga. Junto a él estuvieron Nausch, Sindelar, Sesta y Mock, los hombres más influyentes del plantel. Mock tenía un plus: era un nazi enfervorizado y no lo ocultaba, al punto de presentarse a los entrenamientos con el brazalete de la SA.

Los activos del club y los bienes muebles e inmuebles que estaban en el estadio fueron confiscados. La secretaría fue cerrada y los directivos judíos no pudieron ingresar a ninguna instalación ni participar en cualquier actividad relacionada a la institución. Como fueron desposeídos del espacio físico para reunirse, los dirigentes tuvieron que juntarse en la calle o en los parques. Incluso se les prohibió a los futbolistas saludar a los dirigentes judíos. Sindelar hizo caso omiso a la orden y le dijo a *Michl* Schwarz, con quien mantenía una excelente relación: "Yo, Doctor, siempre lo voy a saludar".

Franz Schwarz, hijo de Emanuel Schwarz, recordó: "De repente, Haldenwang se presentó y dijo que él era el nuevo director en funciones. Lo primero que he experimentado en 1938 fue cómo el señor Haldenwang y nuestro mediocampista Johann Mock venían con su uniforme nazi. A mi padre le habían quitado un trofeo de oro que era una réplica de la Copa Mitropa"[115].

El presidente Schwarz fue el primero en escaparse. A pesar de estar casado con una mujer que no era judía, inició gestiones para irse a Estados Unidos, pero los papeles no llegaron a tiempo. Gracias a la colaboración de la Federación Italiana de Fútbol, llegó a Bolonia. Tiempo después, con la ayuda de Jules Rimet, mandatario de la FIFA y de la Federación Francesa, partió rumbo a París. Nunca encontró tranquilidad. Ya durante la Segunda Guerra Mundial, la ocupación alemana en Francia hizo que tuviera que vivir en la clandestinidad. Franz contó que en 1944 su padre fue arrestado por fuerzas alemanas y logró escapar a través de la ayuda de un desconocido, y añadió que fue interrogado por la Gestapo (policía secreta de la Alemania nazi) pero nunca reveló a dónde estaba su padre.

---

115 Revista *Ballesterer*, edición 10, página 42.

La salida de Schwarz posibilitó el ascenso de Bruno Eckerl, un abogado que asumió como presidente y se mantuvo hasta 1945, cuando Schwarz regresó a Viena y volvió a conducir al Austria a partir del año siguiente. Los investigadores Georg Spitaler y David Forster, en la revista *Ballesterer*, afirmaron que Eckerl se unió al partido nazi en 1941.

La persecución se extendió hacia otra personalidad destacada del Austria: el manager Robert Lang, quien se escapó a Yugoslavia, luego fue capturado y posteriormente asesinado por los nazis el 14 de noviembre de 1941.

Inmediatamente después de la invasión, el Estadio del Prater, donde el Austria solía hacer de local, se utilizó como cuartel temporal de las Fuerzas Armadas de Alemania. El desembarco militar provocó que el Austria no tuviera espacio para practicar, por lo que transitoriamente entrenó y jugó los encuentros de la Liga en la cancha del Vienna Cricket.

Haldenwang gozaba de tanta impunidad que hasta se dio el lujo de utilizar al club para obtener beneficios personales. El oficial nazi era propietario de una casa de artículos deportivos, pero no le iba bien. Para repuntar la economía de su comercio, Haldenwang destinó plata del Austria para comerciar con clubes alemanes. "En aquel momento teníamos dinero. Las victorias en la Mitropa nos permitieron pagarles los premios a los jugadores. En total había 60 000 chelines. Inmediatamente desapareció el dinero porque el señor Haldenwang llevó materiales deportivos por vía aérea a Gelsenkirchen, para el Schalke 04. Todo con nuestro dinero"[116], comentó Egon Ulbrich, secretario del Austria en ese momento.

No era casual que Haldenwang eligiera al Schalke 04. La institución de Gelsenkirchen, con gran arraigo en la clase trabajadora, fue vista por los nazis como una buena vidriera para acercarse al estrato popular. Casualmente el Schalke 04 obtuvo seis ligas alemanas entre 1934 y 1942, años en que el esplendor nacionalsocialista podía respirarse con intensidad. Incluso se llegó a decir que Hitler era hincha del club, aunque esto forma parte más de un mito que de una realidad comprobable.

La humillación de Haldenwang no tenía límites. En uno de sus viajes a Gelsenkirchen acordó dos partidos amistosos entre el Austria y Schalke 04. El ganador se llevaría una pequeña réplica de oro de la Mitropa, la misma que le habían robado a Emanuel

116 Matthias Marschik, *op. cit.* supra, nota 28, página 75.

Schwarz, quien la recibió como premio en una de las conquistas del club. Esa réplica de Schwarz fue rescatada por dirigentes del Austria y devuelta a su dueño después de la Segunda Guerra Mundial.

Aún había más: a mediados de abril se cambió el nombre del club. El Austria pasó a llamarse Ostmark, igual que la "nueva provincia" anexada al territorio alemán el 13 de marzo. Con esa denominación disputó los últimos tres cotejos de la Liga.

Egon Ulbrich fue uno de los pocos sobrevivientes a la renovación que impusieron los nazis. Era secretario del Austria desde 1933 y tenía un gran vínculo con Sindelar. Ulbrich detestaba que Haldenwang utilizara el club para gritar su admiración por Hitler y contó que este dirigente nazi le ordenó que sacara una foto de Schwarz que estaba colgada en la secretaría y la reemplazara por una del Führer. El secretario cumplió a regañadientes y colocó el retrato tapando la imagen del expresidente: "Si la de Hitler se caía, (Haldenwang) me hubiera llevado al consejo de guerra"[117].

Ulbrich tenía un cargo importante dentro de la estructura dirigencial y a Haldenwang eso no le agradaba. Un día, el director interino se presentó ante el secretario y le advirtió[118]:

—Le voy a decir una cosa: usted también debe irse.

—¿Qué significa eso? ¿Estoy despedido, licenciado o qué?

—No, se tiene que ir porque usted también es judío.

Ulbrich se quedó perplejo. Haldenwang retrucó antes de que su interlocutor pudiera emitir respuesta: "Usted se llama Egon y ése es un nombre judío, por lo tanto tiene que marcharse".

Ulbrich no accedió al pedido de Haldenwang pero sabía que no podían coexistir. Era uno u otro. Al cabo de tres arduos meses de convivencia forzada, desde Berlín llegó una notificación que tranquilizó al secretario del Austria. La *Nationalsozialistischer Reichsbund für Leibesübungen* (Liga Nacionalsocialista del Reich para la Actividad Física, también conocida por su sigla NSRL), que legisló el deporte durante los años del nazismo, destituyó oficialmente a Haldenwang como director interino del club.

El cargo fue ocupado por Richard Ziegler, quien en el pasado había sido dirigente activo de Favoritner AC y conocía el ambiente porque también había participado en la política del Austria.

---

117 Ibid., página 74.

118 Ibid. página 76.

TEMPORADA 1938/39: DE FUTBOLISTA A LEYENDA

Los escombros del derrumbe provocado por los nazis aún estorbaban el camino del Austria, que después de tres meses de disfrazarse de Ostmark volvió a su nombre habitual. Egon Ulbrich y Bruno Eckerl fueron grandes responsables de que todo retrocediera. La recuperación de la denominación no era un hecho menor: era la identidad que representaba al club desde el 28 de noviembre de 1926. De todos modos, el contexto no permitía celebrar. Los nacionalsocialistas cada vez apretaban más. Deteriorado a nivel institucional, la crisis a partir de la temporada 1938/39 comenzó a erosionar a un equipo que en un pasado no muy lejano había deslumbrado a Europa.

Camillo Jerusalem dejó el club a raíz de una situación que tuvo un trasfondo ajeno al fútbol. Como era judío no le quedó otra alternativa que irse al exterior. Lo contrató el FC Sochaux, de la Primera División de Francia. Forzado, cerró un ciclo que duró siete temporadas: registró un total de 65 cotejos de Liga y señaló 26 goles. Su cabezazo goleador en la final de la Mitropa ante Sparta, que valió el título, quedó grabado en la historia grande del club. Después de la Segunda Guerra Mundial, en 1945, Jerusalem retornó a Viena y fue rápidamente incorporado a las filas del Austria.

La irregularidad del Austria volvió a caracterizar una campaña en la Liga llena de altibajos deportivos e institucionales. Terminó sexto, a siete puntos de Admira, el campeón. La Copa de Austria no se disputó –ni se disputaría hasta la temporada 1944/45– porque Austria no existía más como país independiente.

En la triste lista de exiliados le tocó el turno a uno de los principales referentes del club: Walter Nausch. Llegó en 1923 y jugó 13 temporadas: obtuvo dos Ligas (1923/24 y 1925/26), dos Mitropa y seis Copas de Austria. Disputó 185 partidos de Liga (su estadía en la institución estuvo interrumpida por cuatro años en los que pasó por Wiener AC) y relució por su polifuncionalidad, su clase para desenvolverse en la cancha y su condición de líder.

Si bien tenía 31 años y resto para seguir jugando, Nausch recibió una propuesta del régimen para ser entrenador de un equipo regional de Ostmark. Hasta ahí nada fuera de lo normal. La trampa estaba en la condición: debía divorciarse de su esposa judía Margoth, una eximia nadadora. Nausch se negó rotundamente y se fue a Zúrich con Margoth. Seis días después de su llegada a Suiza, Nausch comenzó a jugar en Grasshopper y se insertó como asis-

tente técnico en las divisiones juveniles[119]. En 1939, conducido por el vienés Karl Rappan, conquistó la Liga. En diciembre de ese año inició su carrera como entrenador en Young Fellows.

Después de ocho años al frente del Young Fellows, Josef Gerö, el presidente de la Asociación de Fútbol de Viena, lo convocó para que dirigiera la Selección de Austria, cargo que asumió en 1948. Como director técnico consiguió el mayor hito en la historia de la Selección junto a futbolistas de la talla de Gerhard Hanappi, Ernst Ocwirk, Ernst Stojaspal y Robert Dienst, por citar solo algunos: el tercer puesto en la Copa del Mundo Suiza 1954.

En 1952, cinco años antes de su temprana muerte por un ataque al corazón cuando había cumplido medio siglo de vida, Nausch fue nombrado capitán honorario del Austria. En 2001, con motivo del 90 aniversario del club, fue elegido para integrar un equipo simbólico que reunió a los mejores 11 jugadores de la historia del club hasta ese momento.

El 11 de diciembre de 1938, el Austria visitó y venció a Grazer SC con un claro 6-2. Era la última fecha del año en la Liga y nada hacía presumir que ese cotejo entraría en la posteridad casi dos meses después. En aquella tarde destinada al olvido, Matthias Sindelar, con pocos pelos en la cabeza pero con la calidad técnica intacta, jugó su último partido oficial con la camiseta del Fußballklub Austria.

Aún más privilegiados fueron los siete mil espectadores que el 26 de diciembre de 1938 presenciaron el amistoso que el Austria jugó ante Hertha Berlín, como visitante. A Sindelar no lo detuvo el intenso frío alemán y anotó el empate transitorio. Este cotejo firmó dos hechos trascendentales en la carrera de Sindelar: convirtió el último gol y disputó el último partido de su vida. Casualmente uno de los testigos presenciales fue Josef Herberger, entrenador de la selección de Alemania, quien después de la Anexión había intentado sin éxito convencer a Sindelar para que se pusiera la camiseta germana.

En la mañana del 23 de enero de 1939, Matthias Sindelar, a los 35 años, fue hallado muerto en un departamento ubicado en Annagasse 3, en pleno centro de Viena. A su lado agonizaba su novia, Camilla Castagnola, quien fallecería a las pocas horas. El Austria perdía, así, al mejor jugador de toda su historia.

---

119 David Forster, Bernhard Hachleitner, Robert Hummer, Robert Franta, *"Die Legionäre"*. 2. *Auflage: österreichische Fußballer in aller Welt*, Editorial Lit, Viena, 2013, página 197.

Sindelar jugó 15 temporadas en el Austria, desde la 1924/25 hasta la 1938/39. Fue goleador del equipo en diez de ellas: 1926/27, 27/28, 29/30, 30/31, 32/33, 33/34 (consiguió el mejor registro de su carrera), 34/35, 35/36, 36/37 y 37/38. Ganó una Liga, cinco Copas de Austria (en la 1924/25 no jugó ningún partido) y dos Mitropa.

La reconstrucción de las estadísticas arroja los siguientes números:

- Liga: 265 partidos y 156 goles
- Copa de Austria: 53 partidos y 46 goles
- Mitropa: 31 partidos y 24 goles
- Total: 349 partidos y 226 goles

Foto del equipo de la Reserva de Hertha en la temporada 1921/22. Sindelar es el cuarto de la derecha.

(Crédito: Bezirksmuseum Favoriten)

Sindelar, Wszolek y Schneider. Amigos, aprendices de Karl Weimann, compañeros en Hertha e hijos de Favoriten (1921).

(Crédito: Bezirksmuseum Favoriten)

De brazos cruzados, Sindelar, el primero de los sentados de la derecha, con sus compañeros de las divisiones inferiores de Hertha.

(Crédito: Bezirksmuseum Favoriten)

Sindelar en su segundo año en Amateure, rodeado de grandes jugadores como Morocutti, Reiterer, Wieser y Lohrmann, entre otros (1925/26). Este plantel en esa temporada ganó la Liga y la Copa.

(Crédito: Bezirksmuseum Favoriten)

Sindelar y la pelota van para un lado; el defensor del Slavia Praga queda desairado y se va para el otro. Cuartos de final de la Mitropa 1935/36.

(Crédito: Bezirksmuseum Favoriten)

El Austria campeón de la Mitropa en 1936. Sindelar es, desde la derecha, el quinto de la fila del medio.

(Crédito: Bezirksmuseum Favoriten)

Sindelar dentro del área, siempre con la pelota como objetivo. Partido contra Vienna en 1937.

(Crédito: Bezirksmuseum Favoriten)

El plantel del Austria regresa de Turin, en 1933, tras el partido de vuelta de la semifinal ante Juventus. Estaba en la final de la Mitropa de ese mismo año. Al lado de Sindelar, con moño, Michl Schwarz, presidente del club.

(Das interessante Blatt, 20 de julio de 1933, página 8)

1 de octubre de 1933. Antes del partido ante Hungría, Sindelar estrecha la mano con el canciller Dollfuss.

(Crédito: Bezirksmuseum Favoriten)

Sindelar y Nausch conversan con el periodista Wilhelm Schmieger en la previa al amistoso ante Inglaterra de diciembre de 1932.

(Crédito: Bezirksmuseum Favoriten)

Jugadores austríacos con el uniforme que utilizaron en el Mundial de 1934. Sindelar es el tercero de la derecha. (Crédito: Bezirksmuseum Favoriten)

La esquina donde estaba el Annahof, que luego fue el Café Sindelar.
(Crédito: Bezirksmuseum Favoriten)

Sindelar en la puerta del café, en tiempos de remodelación, en agosto de 1938.

(Crédito: Bezirksmuseum Favoriten)

El Café Sindelar en 1939.

(Crédito: Bezirksmuseum Favoriten)

Sindelar recibía en su café todo tipo de obsequios.

(Crédito: Bezirksmuseum Favoriten)

Sindelar atendiendo una mesa en su casa de café.

(Crédito: Bezirksmuseum Favoriten)

Otto Naglic, de la Juventud Hitleriana, lee una carta de despedida a Sindelar el día del funeral.

(Crédito: Bezirksmuseum Favoriten)

Brüder Schafranek, empresa en la que Sindelar fue aprendiz de cerrajero (1921).

(Crédito: Bezirksmuseum Favoriten)

Sindelar con su madre (1938).
(Crédito: Bezirksmuseum Favoriten)

Marie pegada a la radio. Cruza los dedos e implora. Juega su hijo (1935).
(Crédito: Bezirksmuseum Favoriten)

Johann Sindelar, en la Primera Guerra Mundial. Es el que tiene un circulo sobre la cabeza.

(Crédito: Bezirksmuseum Favoriten)

La natación, una de las grandes pasiones de Sindelar.

(Crédito: Bezirksmuseum Favoriten)

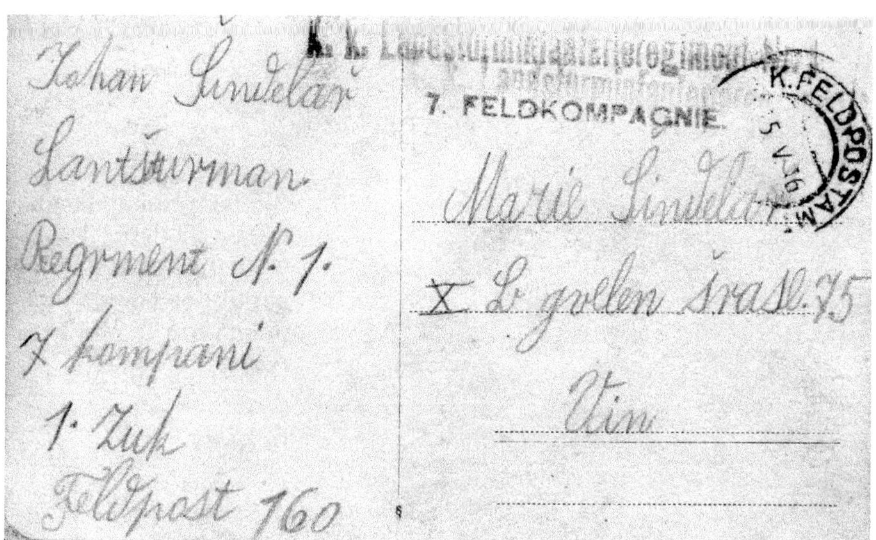

7. FELDKOMPAGNIE

K. FELDPOSTAMT

Johan Sindelář
Lantšturman
Regiment N. 1.
7 kompani
1. Zuk
Feldpost 160

Marie Sindelar
X. L. gvellen šrasse 75
Vin

Carta que envió Johann a su familia mientras estaba en el frente de combate. Se nota que no sabía escribir en alemán.

(Crédito: Bezirksmuseum Favoriten)

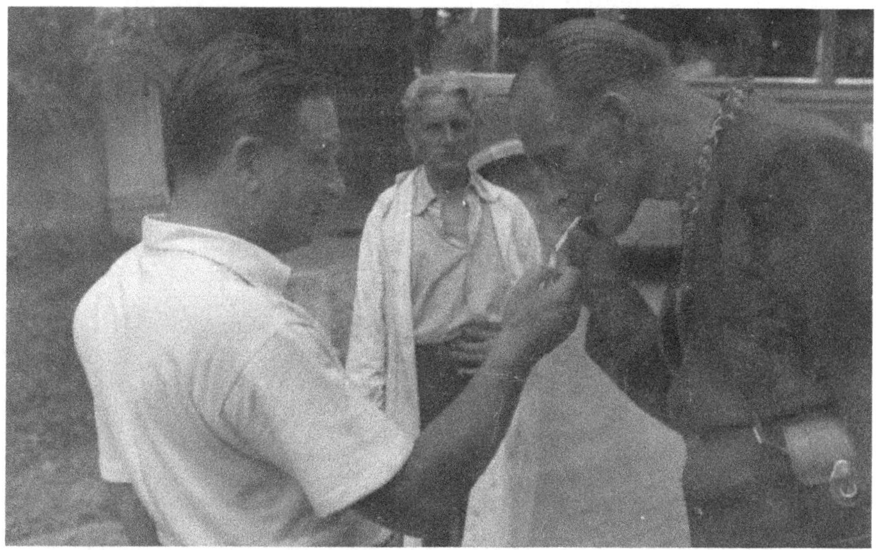

A Sindelar le encantaba fumar.

(Crédito: Bezirksmuseum Favoriten)

Sindelar trabajaba en la casa de deportes Wilhelm Pohl, atendía al público y tenía una pelota con su nombre (1933).

(Crédito: Bezirksmuseum Favoriten)

Modelo publicitario (1936).

(Crédito: Bezirksmuseum Favoriten)

Afiche de Miag Fru-Fru, la campaña más relevante que hizo Sindelar en el mundo de la publicidad.

(Crédito: Bezirksmuseum Favoriten)

Sindelar camina por una calle vienesa embanderada con esvásticas junto a su amigo Mock, nacionalsocialista convencido (1938).

(Crédito: Bezirksmuseum Favoriten)

CAPÍTULO 5

SELECCIÓN AUSTRÍACA

Sindelar en primera persona. Un retrato único.

(Archivo Bezirksmuseum Favoriten)

LA REVOLUCIÓN SILENCIOSA

El fútbol austríaco sufrió un quiebre decisivo cuando entró en escena Hugo Meisl. Hasta ese momento la Selección era conducida por las decisiones de la Asociación Austríaca de Fútbol, desde los pequeños detalles hasta la elección de los jugadores. Meisl generó una revolución sin precedentes. Se transformó en el máximo referente de la Asociación a partir de mayo de 1913, aunque en 1911, a los 30 años, ya era uno de sus principales dirigentes.

Meisl trabajaba en un banco, pero al tiempo renunció para dedicarse de lleno al fútbol, su gran pasión. Tenía dos capacidades que lo catapultaban: por un lado, una inmensa habilidad para la administración y para aprovechar relaciones personales e institucionales; por el otro, claridad conceptual para transmitir sus conocimientos a los jugadores. Uno de sus grandes méritos fue abrir las fronteras del fútbol austríaco, que hasta su llegada eran acotadas. Hablar ocho idiomas –alemán, checo, italiano, francés, inglés, sueco, español y holandés– lo ayudó enormemente.

En mayo de 1912, después de un costoso 1-1 ante Hungría, Meisl se encontró con un panorama desalentador. Quedaban seis semanas antes de que comenzaran los Juegos Olímpicos de Estocolmo y la Selección no tenía regularidad en sus resultados. Después del empate con los magiares, Meisl le preguntó a James Howcraft, el árbitro del encuentro, si podía recomendarle algún entrenador de su confianza para dirigir a la Selección en la capital sueca. Sin dudar, Howcraft le aconsejó que convocara a su amigo y compatriota Jimmy Hogan, un joven de 28 años que ya tenía experiencia internacional trabajando en el club holandés Dordrecht, también apadrinado por Howcraft.

Meisl nunca imaginó que de ese contacto surgirían los cimientos de una de las épocas más significativas del fútbol austríaco. Hogan, quien antes de asumir en la Selección había conducido al Amateure en la temporada 1911/12, aceptó el desafío.

Hogan nació el 16 de octubre de 1882 en Nelson, Lancashire, Inglaterra. Como no se destacó como futbolista, empezó a desandar el camino de director técnico en Holanda. Como buen británico, tenía preferencia por la vieja escuela de juego escocesa. La "forma escocesa" proponía un fútbol unido, en la que un juego de equipo sólido permitiría la explosión de las habilidades individuales. Era un fútbol vertiginoso, con cambios de tiempo y pases precisos y cortos. Escocia ponderaba la habilidad del jugador. La intención era que la pelota se mantuviera plana. El futbolista, en ese contexto, debía aprender a generar espacios libres para deteriorar las barreras defensivas del rival.

Al desembarcar en Austria, Hogan insistió en dejar atrás los entrenamientos sobrecargados de trabajo corporal que relegaban las tareas con pelota. Meisl, que supervisaba y acompañaba cada movimiento de Hogan, cumplió un rol fundamental. Juntos confeccionaron un plan para darle un toque propio al estilo vienés. Se orientaba en ponderar la técnica por sobre cualquier otro aspecto del juego. La práctica en el manejo de la pelota se tornó un eje. "Hay que hacerse amigo del balón", decía Hogan. Hogan y Meisl cambiaron los paradigmas.

Para llevarlo a la cancha, emplearon un esquema 2-3-5, muy utilizado por clubes y selecciones en los años venideros. El sistema tenía un secreto: las características atribuidas al mediocampista central. Su función no iba a ser solo la marca y la recuperación, sino también la distribución de la pelota, en lo que sería el primer paso de la confección ofensiva. El volante Josef Smistik, de Rapid, lo interpretó a la perfección.

En 1929, según reconstruyen Wolfgang y Andreas Hafer, nietos de Meisl, su abuelo declaró: "Nuestra escuela de fútbol ha surgido porque el jugador vienés y los dirigentes del fútbol han mirado con los ojos abiertos los sistemas de las otras naciones futbolísticas y tomaron lo bueno de ellos, rechazando lo malo. Los habitantes de la ciudad del Danubio (por Viena) lo coronaron con encanto, ligereza, picardía e ingenio".

En un viaje a España para disputar un amistoso, Meisl declaró al diario *Mundo Deportivo*: "Me atrevo a asegurar, sin temor a pecar de inmodesto, que poseemos una escuela de juego que siendo similar a la checa y a la húngara, superamos a ambas, según se desprende de los resultados de los últimos encuentros internacionales con los equipos representativos de estas naciones. Ello nos da derecho a conceptuar nuestro juego como uno de los mejores del continente. La campaña internacional de Austria en los últimos años no ha podido ser más satisfactoria".

Meisl también contó cómo era el proceso de captación de juveniles y su cercanía con los jugadores: "En cuanto un club de la capital (Viena) tiene entre sus jugadores un muchacho joven, de 15 o 16 años, en el que parece haber facultades para obtener de él un buen rendimiento, los clubes me lo comunican y a partir de aquel momento si reúne las condiciones necesarias, ya no lo pierdo de vista

y poniéndome en relación directa con él, con mis consejos y mis enseñanzas, voy formándolo como futuro jugador internacional. Este sistema tiene la ventaja de que los jugadores empiezan pronto a respetarme y mi autoridad sobre ellos es absoluta, tanto es así que tengo confianza absoluta en ellos y en su disciplina. Ésa es la base primordial sobre la que está basada mi permanencia en el difícil puesto de seleccionador. Yo soy para los jugadores un verdadero amigo; con ellos comparto penas y alegrías y con ellos compartiría las mayores privaciones si fuese necesario. Pero siempre a condición de que reine entre ellos la mayor disciplina".

PRIMEROS PASOS

La Selección de Meisl en 1926 invitaba a entusiasmarse, aunque una caída 3-2 ante Hungría alteró la calma, sobre todo por la debilidad en la delantera. Sin referentes inamovibles en la zona ofensiva, se despejó el camino para la convocatoria de Matthias Sindelar. Disconforme con la labor de sus jugadores, Meisl decidió probar nuevas variantes.

Austria debía enfrentar a Checoslovaquia. "La elección (del entrenador) probablemente recaiga en Sindelar, que de un modo altruista puede contribuir con su técnica de balón refinada a la conducción del éxito individual"[1], consideró *Sporttagblatt*. Las presunciones se confirmaron cuando Meisl oficializó la convocatoria del centrodelantero del Austria.

Cinco años después de su debut en el Hertha, Sindelar, que tenía 23 años, se presentó en la Selección el martes 28 de septiembre de 1926. La cita fue en Praga, ante 15 000 espectadores. Austria formó con Heinrich Lebensaft; Johann Tandler; Josef Blum; Johann Richter, Leopold Resch, Josef Schneider; Ignaz Siegl, Johann Klima, Matthias Sindelar, Siegmund Wortmann y Franz Wesely.

El primer partido de Sindelar con la Selección no pudo ser mejor: abrió el marcador después de desairar a dos defensores y al arquero František Plánička, uno de los mejores del mundo, y fue el líder en la ofensiva. Austria ganó 2-1. "El debut internacional de Sindelar fue un éxito de la excelente técnica con la pelota. De hecho

1 *Sporttagblatt*, 22 de septiembre de 1926, página 4.

Sindelar ya ha participado en numerosos partidos entre ciudades[2], pero el destino no había querido que entrara en el equipo nacional. Ahora llegó al objetivo, y esto es de interés tanto para él como para el equipo, porque gracias a su calma y su sangre fría supo mantener la pelota cerca del arco rival y así aseguró el triunfo vienés", reflejó *Sporttagblatt*.

En octubre, Austria venció 7-1 a Suiza con dos anotaciones de Sindelar. El segundo gol fue "un solo de ballet", según reseñó *Sporttagblatt*: desde la mitad de la cancha, gambeteó a toda la hilera de suizos que se lanzaba para robarle el balón, engañó al arquero con elegancia y empujó la pelota al arco desguarnecido. "Los defensores rivales no estaban armados para contrarrestar los trucos originales de Sindelar", fue el comentario final de la prensa especializada.

El último partido de 1926 fue contra Suecia, en noviembre, en Viena. Austria ganó 3-1 con una joya de Sindelar, que tenía el arco a 40 metros de distancia, pero igual se animó a rematar y concretó un golazo.

En la primera convocatoria de 1927, Sindelar estuvo en duda por una lesión en la rodilla derecha, pero finalmente fue titular en la derrota 2-1 frente a Checoslovaquia –le hicieron un penal que erró Siegl–. Otra molestia física menor lo marginó del partido contra Hungría, aunque Meisl lo convocó para integrar el "banco de suplentes" (en esa época no existía como tal, sino que eran dos o tres jugadores de relevo). Karl Jiszda, su reemplazante, también se lesionó y fue sustituido por Sindelar. "Su ingreso se hizo sentir de tal manera que le valió la ovación del público", sintetizó *Sporttagblatt*. Austria ganó 6-0.

AL RINCÓN

Pasada la euforia absoluta que se desató con su llegada a la Selección, las participaciones de Sindelar comenzaron a menguar llamativamente, sobre todo entre 1927 y 1931. Después del 6-0 ante Hungría solamente fue convocado para 4 partidos de los 28 jugados.

---

2 Era muy común en esos años que se disputaran partidos entre ciudades, como podía ser Viena contra Praga, que en muchos casos servían para probar a los "equipos B" de las selecciones. No se consideraban cotejos oficiales.

Si bien el cambio generacional que se venía produciendo era evidente, Meisl aún insistía con delanteros que pronto serían desafectados y que, en ese momento, taparon a Sindelar, aunque es cierto que dieron resultados. Los casos más relevantes fueron los de Karl Jiszda y Ferdinand Wesely, quienes sumaron muchos minutos pero no lograron sostenerse en el tiempo y jugaron en la Selección hasta 1927 y 1930, respectivamente.

Meisl era un entrenador que no se ataba a ninguna formación. Las variantes eran constantes y solo algunos futbolistas experimentados jugaban con regularidad. El resto rotaba, aparecía y desaparecía. Sindelar tenía 24 años recién cumplidos e ingresaba en el cambio de nombres permanente. Lo mismo ocurrió, por ejemplo, con Anton Schall, una bestia del gol que asombraba a todos en Admira.

La ausencia de Sindelar no era por bajo rendimiento en el Austria ni por un impedimento físico. En la primera mitad de 1927 había convertido 13 goles en 16 partidos entre la Liga y la Copa de Viena.

Evidentemente la elección de Meisl fue táctica. En el debut de la Copa Internacional de 1927, Meisl optó por Jiszda como centrodelantero. Jiszda representaba el estereotipo del atacante inglés; era una maquinita bien aceitada que economizaba energía con movimientos cortos, tenía poder de penetración, fuerza y potencia. Sindelar, portador del estilo escocés por el que tanto bregó Jimmy Hogan, era la antítesis: se caracterizaba por su habilidad y su capacidad para moverse, generar espacios y quitarle referencias a los defensores.

Más adelante, Meisl le dio el puesto a Friedrich Gschweidl, del First Vienna, con quien Sindelar competiría en los años posteriores. Gschweidl era un centrodelantero alto que le aportaba al equipo mayor potencia física que Sindelar, en un caso similar al de Jiszda. Lo curioso es que Gschweidl hizo muy pocos goles en la Selección –en total, 12 en 44 partidos–. De todos modos, a pesar de este dato estadístico, al entrenador lo seducían las condiciones de Gschweidl.

La Copa Internacional[3] fue otro de esos inventos geniales de Hugo Meisl. Así como a nivel de clubes instituyó la Mitropa, buscó un plan parecido para potenciar la competencia a nivel de selecciones. Originalmente participaron Austria, Hungría, Checoslovaquia, Italia y Suiza, pero en la última edición se incorporó Yugoslavia. No tenía un período de tiempo estipulado pero en general duraba más de dos años. Los equipos se enfrentaban dos veces, alternando

---

3 También se la conoció como la Copa Švehla, en honor a Antonín Švehla, el primer ministro de Checoslovaquia que donó el trofeo.

localía. Se disputó en tres ocasiones y luego, mientras se desarrollaba la cuarta, la Anexión de Austria al territorio alemán llevó a la suspensión.

La reaparición de Sindelar se dio el 6 de mayo de 1928, contra Yugoslavia, después de ocho partidos y a más de un año de su último cotejo. Ambos equipos presentaron alineaciones alternativas. Meisl viajó a Budapest para dirigir al conjunto titular que ese mismo día se enfrentaba a Hungría (igualaron 5-5) y Yugoslavia no consideró este encuentro como oficial. Sin dificultades, Austria ganó 3-0.

A pesar de que el rendimiento de Sindelar en el Austria era óptimo, Gschweidl lo eclipsaba en la Selección. Meisl se encontró en una encrucijada: teniendo dos centrodelanteros en gran nivel, ¿por qué había que incluir a uno y descartar al otro? ¿No podían jugar juntos? El entrenador comenzó a considerar esta última alternativa como una salida razonable en el contexto de las pruebas que venía haciendo.

Teniendo en cuenta que no podía convocar a los jugadores de Rapid porque estaban con su club en Budapest para definir la Mitropa ante Ferencváros, que en la delantera se traducían en las bajas de Wesely, Franz Weselik y Johann Horvath, Meisl se decidió: era el momento justo para probar con Sindelar y Gschweidl. El dilema a resolver, ahora, era cómo iban a distribuirse las posiciones. Meisl hizo la siguiente lectura: Gschweidl seguiría siendo el centrodelantero titular porque había hecho méritos suficientes; el que debía adaptarse era Sindelar, que finalmente se movió por el sector derecho en compañía de Siegl.

Austria se enfrentó a Suiza el 28 de octubre de 1928. El partido correspondía a la Copa Internacional, un certamen en que el equipo de Meisl registraba tres caídas y dos victorias. A juzgar por los hechos, Meisl no quedó conforme y dio marcha atrás, a pesar de que Austria ganó 2-0. En el siguiente amistoso, ante Italia, en lo que sería el último partido del año, puso a Franz Runge, de Admira, en lugar de Sindelar. Gschweidl continuó siendo el centrodelantero titular.

¿NUNCA MÁS SINDELAR?

Nürenberg fue el escenario de un partido que marcó a fuego la trayectoria de Sindelar en la Selección. El 6 de enero de 1929, un combinado de Viena dirigido por Meisl enfrentó a otro de Alemania del Sur, compuesto por jugadores del FC Nürnberg y del Greuther Fürth. El entrenador insistió nuevamente con Sindelar como interior derecho y Gschweidl como centrodelantero.

Alemania del Sur vapuleó a Viena con un contundente 5-0. La nieve y el hielo no fueron un obstáculo. Los vieneses regresaron a casa con una derrota durísima. Las consecuencias se hicieron sentir y Meisl no ocultó su descontento.

Wolfgang Hafer, nieto de Hugo Meisl, analiza: "Austria (por Viena) fue mejor en el primer tiempo pero perdió 5-0. ¿Por qué? Meisl estaba convencido de que mucho dribbling y pases cortos no iban a ser satisfactorios en un terreno de juego en esas condiciones. Se comentó que Sindelar le dijo a Meisl que debían haber jugado con pases más cortos, algo que al parecer disgustó bastante a Meisl"[4].

Extraoficialmente también se instaló que Meisl sentenció después del partido: "Nunca más Sindelar". Como bien aclara Hafer, esto es más un mito que una realidad comprobable. "Es erróneo decir que Meisl sacó a Sindelar por mucho tiempo. Desde marzo de 1929 Meisl estuvo enfermo en estado crítico y cuando se repuso, a principios de 1930, volvió a convocar a Sindelar. Así que no es cierto que lo relegó. Creemos que la frase 'nunca más Sindelar' es solo una leyenda", agrega Hafer.

Sin embargo, las estadísticas indican que Sindelar jugó un solo partido de los cinco que disputó la Selección de Austria en 1930. De este modo prolongó una ausencia coherente con el pasado: en 1929 no había sido convocado; en 1928, había jugado dos de ocho; y en 1927, dos de siete.

El amague de Meisl con no volver a utilizar a Sindelar, sea cierto o no, presentaba otra lectura: el técnico no estaba conforme con la dupla que hacía con Gschweidl y se vio en la obligación de elegir a uno o al otro. La caída ante Alemania del Sur era una herida honda para el fútbol austríaco y las secuelas tenían que hacerse sentir. Como se advirtió, a Meisl le agradaba más el juego de Gschweidl y, a pesar de los pocos goles que había marcado –3 en 17 partidos–, lo volvió a elegir.

---

4 Entrevista a Wolfgang Hafer realizada el 2 de abril de 2013.

Consultado sobre la relación entre Meisl y Sindelar, Hafer subraya: "Es difícil de decir. Sindelar se convirtió en 'estrella' no antes de 1931. En los años anteriores fue solo uno de los tantos futbolistas talentosos que había. De vez en cuando Meisl lo convocaba, pero ni los periodistas ni él estaban convencidos. En los años del Wunderteam Sindelar se convirtió en la imagen del equipo. Respetaba mucho a Meisl como una autoridad absoluta, y Meisl respetaba a Sindelar como un genio del fútbol. Pero no hubo contacto privado".

La participación de Sindelar en la Selección, si antes era esporádica, en 1929 pasó a ser nula. La determinación de Meisl puede explicarse con dos argumentos: a Sindelar le jugó en contra el regreso de los futbolistas del Rapid (Wesely, Horvath y Weselik), titulares en la concepción del director técnico; y también que su nivel individual en el Austria no fue sobresaliente. Para ganarse un puesto debía mostrar un rendimiento superlativo.

Austria disputó seis partidos en 1929 y los resultados fueron fructíferos: ganó tres, empató dos y perdió uno. Estuvo muy cerca de ganar la Copa Internacional. Todo parecía marchar del modo que planeaba Meisl. Sindelar, mientras tanto, permanecía invisible hasta para el combinado de Viena. De afuera observaba cómo los delanteros que ponía Meisl hacían escalar a Austria a fuerza de goles.

Como dijo Wolfgang Hafer, Meisl tuvo serios problemas de salud en marzo de 1929 e incluso se fue de Viena[5]. El proceso de recuperación le demandó casi un año. Hafer intenta despegar a su abuelo cuando le atribuyen responsabilidades sobre la ausencia de Sindelar: "Meisl estaba completamente afuera de cualquier asunto. Sus posibilidades de tener influencias en la elección del equipo eran pobres. Tan pronto como estuvo de vuelta en el trabajo nominó para el próximo partido a nadie más que Sindelar. Creo que eso es una prueba que lo del 'nunca más Sindelar' era solo una leyenda".

Si bien es lógico comprender cualquier decisión táctica o preferencia por otro jugador, no había manera de omitir el presente de Sindelar. Desde el 23 de marzo de 1930 hasta el 16 de mayo de 1931, Sindelar estuvo afuera de la Selección. Mientras tanto, en el Austria no daba tregua: en ese periodo convirtió 25 goles en 31 partidos entre la Liga y la Copa.

---

5 Hugo Meisl estuvo en un hospital en Wiener Neustadt, una ciudad situada en Baja Austria, y luego completó la recuperación en Arosa, una pequeña comuna suiza.

De esos números elocuentes se desprendió el preludio de lo que sería el inicio del ciclo más exitoso del fútbol austríaco hasta entonces. Hacia fines del siglo 19, las casas de café tomaron un rol preponderante en la vida artística, intelectual, cultural y social de Viena. Además de las clásicas ofertas gastronómicas, servían como punto de encuentro de partidos políticos, clubes de fútbol y todo aquel que buscara un núcleo para relacionarse. También se podían leer los diarios, jugar a las cartas u otros juegos de mesa y discutir temas de actualidad. Incluso ofrecían servicio de lavandería.

El Ring Café fue un sitio en el que se gestó buena parte de la historia. Por ejemplo, la Asociación Austríaca de Fútbol realizó allí sus primeras reuniones. Hugo Meisl era otro de los tantos fanáticos del fútbol que frecuentaban el Ring. A medida que aumentó su popularidad, más se solicitaba su presencia.

En una entrevista de la revista *Ballesterer*, Andreas Hafer confiesa que Meisl era "un padre ausente, que casi nunca estaba en casa"[6]. En su libro, los hermanos cuentan que si alguien quería reunirse con Meisl debía buscarlo en el Ring y no en las oficinas de la Asociación. El periodista deportivo sueco Tore Nilsson describió la adoración que generaba Meisl cada vez que ingresaba al Ring. El entrenador llegaba con su sombrero, su abrigo negro, su bastón con pomo de plata y los dejaba junto al guardarropa. Lo acompañaba su inseparable cigarrillo metido en la boquilla. "La Corte rindió homenaje a su Emperador"[7], metaforizó Nilsson.

Austria debía recibir a Escocia, un equipo con mucha tradición que había perdido solo cinco partidos de los últimos 36 (25 victorias y 6 empates), considerando los disputados entre febrero de 1921 y marzo de 1931. El andar irregular de Austria generaba dudas: en los siete cotejos que Sindelar no fue convocado, los de Meisl ganaron dos, empataron dos y perdieron tres. La mesa de periodistas que discutía de fútbol con Meisl no entendía cómo el entrenador podía prescindir de Sindelar. No pedía excluir a Gschweidl, el centrodelantero titular, sino la reinvención de la dupla entre ambos.

Aunque no estaba convencido, tanta fue la insistencia que un día Meisl, cansado, bajó de un taxi, ingresó al Ring y tiró sobre

---

6 Revista *Ballesterer* número 48, página 25.

7 Wolfgang Hafer y Andreas Hafer, *Hugo Meisl, Die Erfindung des modernen Fußballs*, Verlag die Werkstatt Göttingen, 2007, página 110.

la mesa un papel con once nombres: "¡Aquí tienen su equipo!"[8], le espetó a los periodistas. Según cuenta Gerhard Urbanek en su libro *Österreichs Deutschland-Komplex: Paradoxien in der österreichisch-deutschen Fußballmythologie* (El complejo de Austria-Alemania: Paradojas de la mitología del fútbol austroalemán), estaban los siguientes jugadores: Rudolf Hiden; Roman Schramseis, Josef Blum; Johann Mock, Josef Smistik, Karl Gall; Karl Zischek, Friedrich Gschweidl, Matthias Sindelar, Anton Schall y Johann Horvath. Meisl se volvió a subir a un taxi y se dirigió a la Asociación.

Como a Meisl no le había gustado el rendimiento de la dupla Gschweidl-Sindelar, cambió los roles: Sindelar pasó a ocupar el centro del ataque y Gschweidl se corrió a la derecha.

EL WUNDERTEAM I

Austria y Escocia se enfrentaron el 16 de mayo de 1931, en Hohe Warte, el estadio de First Vienna. La alineación que adelantó Meisl en el Ring no se pudo respetar por las lesiones de Mock y Zischek, pero el resto se mantuvo. Como no hubo citados de Celtic y de Rangers, los dos colosos del país, los escoceses presentaron una formación sin sus figuras.

Con un repertorio de lujo, Austria aprovechó las ventajas y se lució con un 5-0 en el que Sindelar marcó el último gol. La vieja escuela de juego escocesa, importada por Hogan y explotada por Meisl, era ahora el nuevo modelo vienés. Los goles de Austria, inspirados en la concepción de pases y asociaciones, demostraron que el libreto había sido bien enseñado por los entrenadores y bien ejecutado por los futbolistas. En Austria comenzó a rondar el pensamiento de que el equipo tenía los "mejores futbolistas del mundo". Josef Gerö, presidente de la Asociación de Fútbol de Viena, declaró que fue el mejor triunfo del país en partidos internacionales.

Una foto enmarcada de esa goleada inolvidable frente a Escocia vivió durante años en el departamento de Meisl. La leyenda que acompañaba la imagen era elocuente: "En recuerdo de los días de gloria".

---

8 Popularmente se dice que Meisl dijo: "¡Aquí tienen su *Schmieranski-Team*!". Según explica Wolfgang Hafer, *Schmieranski* viene de *"schmieren"*, que significa mala escritura, porque Meisl se dejó guiar por los periodistas.

Sindelar opinó tras la victoria: "Creo que la gente esperaba demasiado de los escoceses. Los pases largos de ellos con avance desde el medio fueron demasiado evidentes y aburridos. Pero técnica y tácticamente fuimos mucho mejores".

El comentario de Ivan Sharpe para *Athletic News*, que adquiere relevancia por tratarse de un medio británico, alertó sobre el potencial del fútbol austríaco en el camino hacia la cúspide de su rendimiento: "En los años 1920 y 1921 el fútbol inglés y escoses estaban en su máximo florecimiento. Por aquel entonces, en el estadio de Wembley, Inglaterra le ganó a Escocia 5-1; en la revancha, Escocia se impuso 5-1 en Glasgow. Los equipos que ganaron estos dos grandes partidos jugaron muy bien, pero yo estoy convencido de que la selección nacional austríaca es mejor que esos dos equipos".

Debido a los numerosos elogios recibidos desde el exterior, el equipo de Meisl que cautivó al mundo fue bautizado como *Das Wunderteam* (El Equipo Maravilla). Así se dio comienzo a una etapa regada de gloria. La victoria ante Escocia fue un punto de inflexión en la historia del fútbol austríaco. El impacto que causó en Sindelar fue el mismo: salvo una meseta prolongada entre marzo de 1935 y mayo de 1936, solo la Anexión de Austria al territorio del Reich lo alejó de la Selección.

Austria visitó a Alemania y le propinó un 6-0 que duplicó el entusiasmo. Meisl no ocultó su felicidad: "Casi todos nuestros jugadores alcanzaron su mejor forma. No debemos pasar por alto el hecho de que el equipo contrario tenía debilidades. En tal caso, la habilidad y la inteligencia de los jugadores nos han posibilitado obtener un gran triunfo"[9].

La Selección le ganó 2-0 a Suiza, sin Sindelar, que regresó para la revancha frente a Alemania. Austria le volvió a dar una lección al pobre conjunto alemán, que se renovó prácticamente en su totalidad con respecto al del último partido. Los 50 000 espectadores que reventaron el Prater deliraron con una nueva sinfonía. Sindelar fue la figura excluyente de la tarde y marcó tres goles en el 5-0 final.

En la reanudación de la segunda edición de la Copa Internacional, que se desarrolló entre febrero de 1931 y octubre de 1932, Sindelar debutó en el certamen en un cotejo ante Hungría. El equipo de Meisl había disputado tres partidos en los que obtuvo una victoria, un empate y una derrota. El empate 2-2 fue anecdótico al lado del escándalo que se desató cuando terminó el partido y los hinchas

9 *Sporttagblatt*, 26 de mayo de 1931, página 3.

húngaros quisieron linchar al árbitro por supuestos fallos que perjudicaron a su equipo.

La fría Basilea recibió al conjunto de Meisl en lo que sería la última presentación de 1931. En la previa, *Sporttagblatt* le comunicó a sus lectores los comentarios del exterior sobre el presente de la Selección: "En el extranjero, injustamente, se entusiasmaron con el Wunderteam, conociendo y apreciando en todo el fútbol europeo cada movimiento de nuestro equipo, pero sobre todo de nuestra delantera; pero este reconocimiento casi unánime es un grave peligro ya que actualmente no es suficiente si nuestro equipo gana un partido, sino que se le exige que lo haga en un rendimiento de alto nivel"[10].

La postura de *Sporttagblatt* sirve para explicar una realidad insoslayable. El seudónimo Wunderteam surgió de la admiración de la prensa extranjera por las buenas actuaciones del equipo de Meisl, pero en Austria era un rótulo que no gustaba. Ni los jugadores ni el entrenador ni los medios de comunicación austríacos se referían al rendimiento con arrogancia y elevación. Era un mecanismo de resguardo porque, sabían, nada dura para siempre.

Austria pulverizó a Suiza con un lapidario 8-1 y Sindelar se dio el lujo de marcar un hermoso gol con un disparo fortísimo tras una jugada individual a pura gambeta. Los de Meisl, que tenían un partido más, quedaron punteros con Italia, con seis puntos.

A partir de mayo de 1931, la historia del fútbol austríaco dio un vuelco rotundo. Las semillas que décadas atrás plantaron Hogan y Meisl se cosechaban con un equipo de excelencia. Para Sindelar significó la consolidación como referente de la Selección. Lo curioso es que el esplendor del Wunderteam coincidió con una de las crisis económicas más grandes a nivel mundial, que también estalló en mayo de 1931.

El primer compromiso de 1932 fue de alta complejidad. Italia visitó Viena, por la Copa Internacional. Si Italia emergía como un rival de sumo cuidado era en gran proporción por el trabajo que venía realizando el entrenador Vittorio Pozzo, que tuvo tres ciclos al frente de la selección. El tercero, que empezó en 1929, fue el más exitoso. Se quedó hasta 1948 y durante los 19 años de gestión el fútbol italiano vivió una absoluta revolución. En ese tiempo, Italia conquistó dos Mundiales (1934 y 1938), una medalla de oro en

10 *Sporttagblatt*, 28 de noviembre de 1931, página 1.

los Juegos Olímpicos de Berlín 1936 y dos Copas Internacionales (1927/30 y 1933/35).

Austria ganó 2-1 con dos tantos de Sindelar: el primero de cabeza y el otro después de una jugada personal que empezó en la mitad de la cancha y definió con un gran remate esquinado.

Austria siguió pisando cabezas. En Hohe Warte, a los 33 minutos, le ganaba 4-1 a Hungría. El gran responsable fue Matthias Sindelar, autor de tres goles (segundo y último *hattrick* en la Selección) y partícipe necesario en el cuarto. Consumado el tiempo reglamentario, la voracidad austríaca se tradujo en un aplastante 8-2.

El nivel de Sindelar fue recompensado con numerosos elogios. Richard Eberstaller, el presidente de la Asociación Austríaca de Fútbol, declaró: "(...) A mi gusto, los mediocampistas húngaros estuvieron muy bien, mientras que los mejores nuestros fueron Sindelar y Gschweidl". El entrenador de Hungría, Lajos Máriássy, reconoció que Sindelar era de una "clase superior" y que eso se potenció porque "jugó en su mejor forma"[11]. En un comentario para *Der Kicker*, Max Johann Leuthe, exdirigente del Amateure, escribió después: "Ese día Sindelar fue realmente un centrodelantero como la fantasía de cualquier soñador del fútbol no podría imaginarlo mejor".

Reichspost destacó que 60 000 personas "aclamaron al rubio centrodelantero" y que esa gente, a pesar de los comicios (ese mismo día hubo elecciones municipales en Austria) en los que dispusieron de una amplia gama de alternativas, en la cancha solo tuvieron una opción: Sindelar. "Se suele poner al futbolista inglés como el tipo ideal, pero después de lo que se vio el domingo podemos quedarnos tranquilos de que tenemos nuestra mejor marca austríaca"[12], agregó. *Wiener Sonn- und Montags-Zeitung* aseguró que "Sindelar fue el héroe de la jornada" y *Arbeiter-Zeitung* destacó que Sindelar fue quien "venció a Hungría".

Por la penúltima fecha de la Copa Internacional, Austria visitaba a Checoslovaquia y tenía la posibilidad de alcanzar la cima en soledad. Italia había empatado contra Hungría y, en caso de vencer a los checoslovacos, los de Meisl quedarían al borde del título.

En una cancha llena de charcos, Sindelar anotó un gol de cabeza pero Austria no logró sostener la ventaja y František Svoboda sen-

---

11 *Sporttagblatt*, 25 de abril de 1932, página 3.

12 *Reichspost*, 26 de abril de 1932, página 11.

tenció la igualdad definitiva. Austria e Italia lideraban la tabla con nueve puntos.

El 17 de julio, en Estocolmo, Austria enfrentó a Suecia en un amistoso. *Sporttagblatt* reflejó el beneplácito con que fue recibido el conjunto austríaco: "Aquí el aprecio al arte del fútbol vienés es particularmente alto, y el centrodelantero de la Selección, Sindelar, goza de extraordinaria popularidad en Suecia"[13]. Los visitantes se impusieron 4-3 con un gol de Sindelar.

Aunque el partido quedó "en el olvido", incluso para la prensa, que hizo una cobertura muy acotada, hubo una anécdota pintoresca. Sindelar era un hombre introvertido, de pocas palabras. Antes de que comenzara el cotejo, Gustavo V, el rey de Suecia, le preguntó:

—¿Se siente a gusto en Estocolmo? ¿Le gusta la ciudad?

Después de pensarlo bastante, Sindelar respondió con tibieza:

—Sí.

Los compañeros lo felicitaron por el honor que había recibido por parte del monarca y él les aclaró sin dudarlo: "Está bien, pero que después uno esté obligado a dar un discurso..."[14]. Cuando todos esperaban una contestación más extensa y protocolar, Sindelar apeló a su esencia para salir del apuro. La timidez lo embargaba.

Dos semanas antes del cierre de la Copa Internacional, Austria debía rendir un examen complejo: un amistoso ante Hungría, en Budapest. El triunfo 3-2 tuvo un valor extra porque Austria no volvió a ganar en tierras magiares hasta el 11 de junio de 1961.

Austria recibió a Suiza con el objetivo de dar un paso decisivo en la Copa Internacional. Los vieneses ganaron 3-1. Sin embargo, a juzgar por la reacción de algunos sectores de la prensa y fundamentalmente de los hinchas que asistieron al estadio, el rendimiento del equipo no fue el esperado y comenzaron a florecer críticas que parecían injustas. Por primera vez en mucho tiempo la Selección de Meisl fue silbada por su propio público. "Los ganadores fueron abucheados"[15], testimonió *Wiener Sonn- und Montags-Zeitung.*

Meisl, el gran apuntado por las miradas inquisidoras, se hizo cargo de la situación: "Fue un día muy débil de la Selección". Enseguida buscó fundamentos en la 'caída' de Leopold Hofmann (por el bajo nivel del volante de First Vienna), que según su opinión afectó a todos sus compañeros. "El juego de Sindelar fue desastroso

13 *Sporttagblatt*, 18 de julio de 1932, página 3.

14 *Illustrierte Wochenpost*, 23 de diciembre de 1932, página 5.

15 *Wiener Sonn- und Montags-Zeitung*, 24 de octubre de 1932, página 13.

para nuestra delantera. Pero también hubo otros que no estuvieron a la altura. Hay que reconocer el valor de la actuación de los suizos"[16], apuntó sin anestesia. En privado, también admitió que su equipo dio un paso en falso a pesar del triunfo. Le escribió una carta a su amigo inglés Herbert Chapman, entrenador del Arsenal, y asumió sin tapujos que "fue un partido bastante pobre"[17].

El periódico *Das Kleine Blatt* no tuvo reparos en responsabilizar a Meisl por la reprobación de la gente: "Esta sed de demostración fue más dirigida al entrenador que a los jugadores"[18]. "Una victoria que parece demasiado pequeña para 55 000"[19], tituló *Neue Freie Presse* en referencia a la desazón de los espectadores. *Reichspost* gritó alarmado: "¡Un equipo fuera de forma!"[20].

Entre tanto agobio mediático y popular, hubo una bocanada de aire fresco. Italia necesitaba ganarle a Checoslovaquia pero regresó de Praga con una derrota que coronó campeón a Austria, que conquistó así su primera –y única– Copa Internacional.

Austria, con 11 puntos, producto de cuatro victorias, tres empates y una derrota, fue el equipo más goleador y el menos goleado. Schall, con cinco tantos, fue el máximo anotador de Austria, mientras que Sindelar lo secundó con cuatro en cinco partidos.

Los diarios que pocos días atrás criticaban la labor del equipo, ahora valoraban el título. "Austria, a la cabeza del fútbol de Europa"[21], afirmó *Sporttagblatt*. "¡Austria, ganador de la Copa de Europa!"[22], festejó *Reichspost*, que en el cuerpo del artículo amplió: "Sin lugar a dudas fue el mejor equipo durante los dos años que duró la competición, y este reciente triunfo del fútbol austríaco encuentra la resonancia más fuerte a nivel internacional".

16 *Sporttagblatt*, 24 de octubre de 1932, página 3.

17 Wolfgang Hafer y Andreas Hafer, *op. cit.* supra, nota 7, página 233.

18 *Das Kleine Blatt*, 24 de octubre de 1932, página 12.

19 *Neue Freie Presse*, 24 de octubre de 1932, página 7.

20 *Reichspost*, 25 de octubre de 1932, página 13.

21 *Sporttagblatt*, 29 de octubre de 1932, página 1.

22 *Reichspost*, 29 de octubre de 1932, página 11.

UNA CITA CON LA HISTORIA

A principios de 1932, Inglaterra confirmó que a fin de año iba recibir a Austria. Era un lujo que solo se habían dado Bélgica (1923) y España (1931), los únicos invitados a jugar ante Inglaterra en tierras británicas. Finalmente, el partido quedó pautado para el miércoles 7 de diciembre de 1932, en Stamford Bridge, la casa del Chelsea.

Austria podía hacer historia: Inglaterra nunca había perdido de local ante una selección no británica. Meisl no estaba dispuesto a ceder terreno: "Nos aprovecharemos de la oportunidad para demostrar a los señores del otro lado del canal lo que vale el auténtico fútbol del continente"[23]. Los ingleses lo desafiaron: "¿Es verdad que Meisl tiene once fieras? Que vengan..."[24].

Herbert Chapman, el entrenador del Arsenal, admiraba el estilo de juego escocés. Chapman fue un revolucionario de la táctica. El esquema que predominaba en esa época era el 2-3-5, pero él incorporó un volante defensivo que se acoplaría a la última línea como líbero y dos de los cinco delanteros retrocedieron unos metros. Como consecuencia, el 2-3-5 pasó a ser un innovador 3-2-2-3, más conocido como la WM. Su sistema sería imitado en el resto del mundo.

Meisl y Chapman intercambiaron una extensa correspondencia en los meses previos al partido. El austríaco no dudó en expresarle a su amigo inglés toda la felicidad por la realización del cotejo: "Sentimos una gran satisfacción por jugar por primera vez en Gran Bretaña, y en particular en Londres. Puedo apreciar cuán grande va a ser la tarea que nos espera. Sin embargo, todavía hay mucho tiempo hasta diciembre y espero sinceramente poder visitarte de nuevo en Londres o tener el placer de recibirte aquí en Viena"[25]. Los encuentros al parecer no se produjeron, pero el contacto por vía escrita fue permanente.

Chapman puso a disposición las instalaciones del Arsenal para que Austria tuviera todas las comodidades, recomendó alojarse en el Hotel Oddenino y se encargó de informarle a Meisl cómo sería la alimentación de los futbolistas durante la estadía, algo que para el entrenador austríaco era fundamental. También le envió información previamente solicitada, como por ejemplo las medidas del

---

23 ABC (Madrid), 24 de febrero de 1932, página 49.

24 ABC (Madrid), 3 de diciembre de 1932. página 45.

25 Wolfgang Hafer y Andreas Hafer, *op. cit.* supra, nota 7, página 238.

campo de juego de Stamford Bridge, el tamaño del estadio con fotos y el estado del césped.

Meisl pensó en Jimmy Hogan para colaborar con la preparación del equipo. Chapman estaba de acuerdo y sus relaciones jugaron un papel preponderante. No fue tarea sencilla porque Hogan acababa de ser contratado por el Racing Club de París, pero Chapman viajó a la capital de Francia para dialogar con Hogan y presentarle una propuesta. El entendimiento fue inmediato y Racing aceptó liberar a Hogan por diez días.

Meisl tomó una determinación inusual para la época. Concentró al plantel desde el 10 hasta el 28 de noviembre e impuso reglas estrictas que, por ejemplo, les impedían a los jugadores tener contacto con sus familiares. El diario español *Blanco y Negro* detalló: "Meisl dará a sus muchachos tres conferencias semanales sobre la historia del fútbol británico. Solo una vez por semana se utilizará el balón. En estas sesiones se procurará inculcar en los jugadores los métodos británicos y el juego duro con la parte superior del cuerpo. En fin, se intentará hacer un gran conjunto y se harán indicaciones a los jugadores en sesiones a puertas cerradas"[26].La recompensa, en caso triunfar, iba a ser un premio económico equivalente a un mes del sueldo que los futbolistas percibían en sus respectivos clubes[27].

Chapman elogió a los futbolistas austriacos: "Estoy convencido de que tienen una noción del fútbol que hemos creído que es la herencia de la juventud británica. Los jugadores de Austria son muy estudiosos del juego y consideran sus giras con el valor educativo que tienen. Todos tienen un gran deseo de aprender a hablar inglés y, a diferencia de los ingleses cuando están en el extranjero, no tienen miedo de cometer errores en el intento. Para aprender como futbolistas son igual de ansiosos"[28].

La comitiva de Austria, que se trasladó en el tren Orient Express, partió rumbo a Londres el jueves 1 de diciembre desde *Westbahnhof,* una de las estaciones más emblemáticas de Viena. Miles de hinchas enfervorizados, que se animaron a desafiar las bajas temperaturas, acompañaron a la delegación. Se acercaron mujeres, hombres y niños. Una filmación que registró aquella partida muestra a los futbolistas entre la muchedumbre. El arquero Rudolf Hiden sonríe y se

26 Blanco y Negro (Madrid), 20 de noviembre de 1932, página 135.

27 Ibíd., página 136.

28 *Herbert Chapman on Football, The reflections of Arsenal´s greatest manager,* GCR Books, Inglaterra, 2010, página 178.

divierte. Mira a la cámara, se levanta el sombrero y vuelve a sonreír. Walter Nausch hace lo mismo que su compañero. La gente arma un pasillo por el que los jugadores caminan rumbo al tren. Los andenes lucen abarrotados. Los hinchas saludan a los futbolistas. Sombreros al viento, pañuelos blancos, brazos en el aire. Los jugadores, por su parte, retribuyen desde el vagón, con sus cuerpos fuera de las ventanillas. A Sindelar, que viaja en el primer asiento, se lo ve agitando su sombrero de arriba hacia abajo, incansablemente[29].

El periodista inglés Geoffrey Simpson, del periódico *Daily Mail,* pidió respeto para los centroeuropeos: "No debemos olvidar que los austríacos disponen de jugadores brillantes. Yo sé, por ejemplo, que su delantero Sindelar es igual que los mejores especialistas ingleses: es brillante en el control del balón y remata tan bien con un pie como con el otro. Y Zischek es un jugador de primer orden, igual que Hiden"[30].

En la edición del día del partido, *Sporttagblatt* publicó una foto en la primera plana que mostraba a algunos futbolistas austríacos mientras desayunaban. Aparecían Anton Janda, Gschweidl, Nausch, Hiden, Georg Braun, Johan Mock, Sesta... y Sindelar, que fue captado en una situación particular: fumando a pesar de que Meisl lo había prohibido. Sindelar era amante del cigarrillo; fumaba un par por día. Una sonrisa se dibujaba en su rostro cuando alguien le ofrecía uno como gesto de admiración o reconocimiento.

En la última reunión del equipo, en la víspera del partido, Hogan reunió a los jugadores y delante de una pizarra les explicó los movimientos que pretendía y las distintas variantes tácticas que iban a implementar. El periodista vienés Arthur Steiner, que acompañó a la delegación austríaca en esta aventura, escribió sobre la charla técnica: "Se examinó cuidadosamente lo que tenían que hacer los mediocampistas y la labor de nuestros delanteros. La pizarra fue muy famosa"[31].

Un Meisl íntimo también puso su cuota motivacional y apuntó al corazón de sus hombres: "Van a jugar el partido de sus vidas, un juego que va a beneficiar tremendamente la carrera de todos ustedes (...) El mundo del deporte los está mirando (...) Así que ahora

---

29 DVD 1 *Eine Kulturgeschichte des österreichischen Fussballs,* de Verlag Filmarchiv Austria, Viena, 2008.

30 Mundo Deportivo, 20 de noviembre de 1932, página 1.

31 Arthur Steiner, *Das Londoner Wunderspiel,* Viena, 1932, página 11.

se van a acostar, duermen bien y mañana juegan a toda máquina. Buenas noches, mis caballeros"[32].

La alineación inicial estuvo integrada por Rudolf Hiden; Karl Rainer, Karl Sesta; Karl Gall, Josef Smistik, Walter Nausch; Karl Zischek, Friedrich Gschweidl, Matthias Sindelar, Anton Schall y Alfred Vogl.

Las inmediaciones del estadio colapsaron de gente y por los accesos, devenidos en pasarelas, desfilaban miles de hinchas que buscaban su ubicación. Para matizar la espera, en uno de los accesos al estadio, se montó un show de equilibrismo en el que un hombre sostenía con su cabeza a otro que estaba subido a un monociclo. Las tribunas reventaban. La recaudación llegó a las 5626 libras esterlinas[33].

La repercusión en Austria alcanzó límites insospechados. Miles de ciudadanos se congregaron en la *Heldenplatz* (Plaza de los Héroes) para escuchar los comentarios en vivo de los periodistas Wilhelm Schmieger y Balduin Naumann, quienes relataron las acciones desde el estadio del Chelsea. En la plaza colocaron tres parlantes de largo alcance para que los presentes disfrutaran la jornada[34]. Tal era el entusiasmo que el Comité Financiero interrumpió la sesión parlamentaria, los funcionaron se dirigieron a la plaza y se plegaron a la multitud[35].

Los hombres de Meisl, que vistieron camisetas rojas y pantalones blancos, empezaron muy nerviosos. Hiden cometió errores impropios de un arquero de su jerarquía y los jugadores de campo fueron apabullados por el ritmo frenético que impuso el anfitrión. A los cinco minutos, Jimmy Hampson encontró una pelota suelta en el área y señaló el primer gol de la tarde. El delantero del Blackpool aumentó la cuenta a los 27'.

En los primeros instantes del complemento, Zischek combinó con Sindelar y descontó con una definición baja. Pero a los 77', William Houghton, de tiro libre, anotó el 3-1.

Tres minutos después del gol de Houghton, Sindelar encaró hacia el arco, ningún inglés pudo detenerle la marcha y él, astuto,

---

32 Ibíd., página 12.

33 *ABC* (Sevilla), 11 de diciembre de 1932, página 35.

34 Roman Horak y Wolfgang Maderthaner, *A culture of urban cosmopolitanism: Uridil and Sindelar as Viennese coffee-house heroes*, International Journal of the History of Sport, Viena, 1996, página 151.

35 Matthias Marschik, *Even the Parliament interrupted its session…: Creating local and national identity in Viennese Football*, Journal of Sport and Social Issues, 2001, página 199.

cerca del área grande, remató en el instante preciso: 3-2. Iban 80'. "Fue una obra maestra que nadie podría haber marcado contra Inglaterra, ni antes ni después. Capturó el balón en su propio campo y comenzó a avanzar lentamente, de un modo extraordinariamente lánguido. Luego envió la pelota al gol con un disparo magnífico", describió el árbitro del partido, el belga John Langenus[36].

El anhelo del empate se desvaneció en 120 segundos. Samuel Crooks estiró la diferencia y otra vez Zischek acercó a los austriacos cuando quedaban dos minutos por jugar. El 4-3 final terminó con una serie invicta de 13 partidos.

Los diarios austríacos celebraron la tarea de la Selección. "El Wunderteam ha demostrado en la gran batalla en Londres que es de la misma clase que los ingleses y que con un poco más de suerte pudo haberle ganado a los temidos británicos"[37], expresó *Das Interessante Blatt*. "¡Inglaterra ya no es más el maestro! Austria perdió 4-3 pero ganó para sí mismo al fútbol mundial"[38], consideró *Das Kleine Blatt*. *Reichspost* valoró: "La Escuela Vienesa encantó al público inglés"[39]. *Sporttagblatt* enalteció la "heroica resistencia del equipo austríaco"[40] y recalcó que Austria estaba a la misma altura que Inglaterra.

La prensa internacional también realzó la actuación de Austria y le adjudicó el "triunfo moral". El periodista Frank Carruthers, del *Daily Mail*, afirmó: "Sindelar, Smistik, Nausch y Vogl pueden figurar entre los jugadores más grandes del mundo. Yo no creo que en el fútbol británico haya hombres en esos puestos capaces de sostener su comparación..., al menos por el momento"[41]. "Los ingleses, que tanto menospreciaron al fútbol continental, han abierto los ojos en estas horas. El resultado que ha obtenido Austria es magnífico"[42], recalcó el *Heraldo de Madrid*.

Cuando los austríacos retornaron a Viena, los hinchas prepararon un gran recibimiento. "Todo el mundo quería vernos y darnos la mano. Creo que ese día no se trabajó en Viena", recordó Sesta tiempo después.

---

36 members.kabsi.at/pescara/news/4-4-2/4-4-2.html

37 *Das interessante Blatt*, 15 de diciembre de 1932, página 3.

38 *Das Kleine Blatt*, 8 de diciembre hasta 1932, página 2.

39 *Reichspost*, 8 de diciembre de 1932, página 6.

40 *Sporttagblatt*, 8 de diciembre de 1932, página 1.

41 ABC (Sevilla), 11 de diciembre de 1932, página 35.

42 El Heraldo de Madrid, 8 de julio de 1932, página 13.

Por la noche, el plantel fue homenajeado con una recepción oficial. El canciller Engelbert Dollfuss habló sobre el gran logro y destacó la admiración y el aprecio que sentía por los protagonistas de la gesta. Al día siguiente, el ministro de Educación, Anton Rintelen, recibió a Meisl para conversar sobre el partido y la FIFA mandó a Austria un telegrama de felicitación por la actuación del equipo.

Sindelar fue uno de los grandes ganadores del conjunto austríaco. Incluso se dijo que el Arsenal llegó a ofertar 40 000 libras esterlinas para contratarlo y que Manchester United también se interesó en sus servicios. En 20 partidos con la Selección, llevaba marcados 17 goles.

EL WUNDERTEAM II

Después de la derrota ante Inglaterra y antes del regresar a Viena, la Selección disputó un amistoso frente a Bélgica, que sería el último de 1932. Sindelar no pudo jugar debido a una pequeña molestia física y fue reemplazado por Franz Weselik, de Rapid. Fue un trámite: Austria ganó 6-1.

El 12 de febrero de 1933 comenzó un nuevo año. La Selección visitó a Francia –cuya Liga aún era amateur– en el Parque de los Príncipes y le ganó con un contundente 4-0. Sindelar marcó el primer gol.

Marcel Langiller, capitán de Francia, dijo que a nivel individual, del lado de Austria "Sindelar y Smistik fueron los mejores jugadores"[43]. El diario deportivo francés *L'Auto* también destacó a Sindelar como uno de los puntos altos del equipo y Paul Nicolas, exdelantero de la selección francesa, valorado como uno de los mejores del país en el período de entre guerras, aseveró: "Si alguien del equipo austríaco hay que destacar, ése es Sindelar. Es un excelente delantero que sabe ensamblarse en conjunto, pero también le aporta al juego su toque personal. En Londres no lo hizo tan bien como en el partido de París. Su forma de engañar a los rivales y su dribbling infalible me hacen creer que es imposible que haya un delantero mejor"[44].

No fue una victoria más para Austria. Si bien no existe unanimidad en el criterio, muchos consideran que este fue el último par-

---

43 *Sporttagblatt*, 14 de febrero de 1933, página 2.

44 Ibíd.

tido del Wunderteam. Otros dicen que la racha terminó con la caída ante Inglaterra, e incluso están los que estiran la vigencia hasta el Mundial de 1934. El establecimiento de las fechas es totalmente subjetivo. De lo que no quedan dudas es que sí fue el último triunfo de una serie de presentaciones inolvidables. A juzgar por los resultados, Austria perdió el siguiente partido, ante Checoslovaquia, el 9 de abril de 1933, y no volvió a caer hasta la semifinal de la Copa del Mundo, el 3 de junio de 1934. En el medio jugó 12 encuentros.

Suponiendo que la goleada conseguida en Francia fue la última del Wunderteam, vale la pena observar conceptos que sirven para explicar el éxito de un equipo que causó un revuelo impropio para la época.

La táctica fue fundamental. Sindelar, sin hacerlo explícito, respaldó la decisión de Meisl y Hogan de profundizar el estilo propio y no copiar lo de afuera. En un artículo que escribió en 1937 para el semanario *Sportzeitung am Sonntag* (más tarde llamado *Fussball-Sonntag*), Sindelar admitió que la discusión sobre los esquemas se había vuelto una gran moda en los últimos años y opinó: "Pasaron una gran cantidad de sistemas y pequeños sistemas que he visto en el transcurso de los años, incluso observados en equipos del extranjero, pero en mi opinión solo hay dos sistemas que deben tomarse en serio: la Escuela de Viena y el Sistema-W (más conocido como la WM)"[45].

Cabe aclarar que la Escuela de Viena no tenía, en principio, una disposición numérica determinada. Hay que entenderlo como un estilo de juego aplicado al viejo 2-3-5 (la pirámide). La mutación innovadora sí la hizo Herbert Chapman con la WM, cuando movió piezas con el fin de llegar al 3-2-2-3. Hasta mediados de la década del veinte, cuando Chapman comenzó a mostrarle al mundo su nueva creación, la pirámide era el esquema predilecto de los entrenadores, y el caso de Austria no fue la excepción. En esa época Sindelar daba sus primeros pasos en el Amateure. A juzgar por la información de los diarios austríacos de entonces, tanto los clubes como la Selección no se movieron del 2-3-5. La Escuela de Viena fue una adaptación genuina de la vertiente histórica.

"Para utilizar el Sistema-W con éxito se necesitan jugadores extremadamente ágiles, especialmente los extremos. Todo lo que puedo decir sobre la base de mis largos años de experiencia es que sería un desastre si quisieran probar este sistema con nosotros en

45 *Sportzeitung am Sonntag*, 28 de marzo de 1937, página 4.

Viena. No es propio de nuestros jugadores. Ellos no son tan rápidos como los italianos y los ingleses, y probablemente nunca lo serán. También la media de nuestros futbolistas carece de la condición física necesaria para este juego. Pero no necesitamos esta velocidad y esta dureza, porque tenemos nuestro sistema, la Escuela de Viena, que con una velocidad más lenta y menor esfuerzo físico puede alcanzar grandes éxitos. Por supuesto que la condición física es requisito previo para el éxito del juego de Viena, pero también buscamos, con rapidez, combinaciones precisas que en lo posible sorprendan, además de numerosas variantes. Es el pequeño hándicap que tenemos para compensar nuestra menor velocidad y dureza"[46], agregó Sindelar.

La atracción del Wunderteam estaba en los delanteros. En los 15 partidos que jugó Austria entre el 16 de mayo de 1931 (ante Escocia) hasta el 12 de febrero de 1933 (contra Francia), marcó 57 goles. A nivel individual hubo un hombre que descolló: Anton Schall, quien hizo 19 goles en 13 cotejos. De los habituales titulares, Sindelar lo siguió con 13, Zischek con 9, Gschweidl con 6 y Vogl con 4. Waitz, Molzer, Müller y Weselik fueron los otros atacantes que convirtieron. Georg Braun fue el único futbolista que no era delantero y que señaló un gol.

Ludwig Leinberger, capitán de Alemania en la derrota 5-0 frente a Austria en septiembre de 1931, reconoció que aquella tarde se impresionó por la movilidad constante de los delanteros austríacos. Era algo en lo que Meisl hacía hincapié. Las progresiones en velocidad a los espacios vacíos era otra de las características del Wunderteam. La aceleración de los extremos, Zischek y Vogl, fue bien aprovechada.

Karl Heinz Schwind fue durante muchos años jefe de deportes del diario *Kronen Zeitung* y aunque no vio en vivo ningún partido del Wunderteam, tiempo después conoció a muchos de sus integrantes. "A Meisl todos lo han adorado. Hoy en día, los jugadores se quejan de los entrenadores. Smistik dijo una vez: 'Meisl era nuestro Dios'. Ellos aceptaban sus decisiones, aunque había muchos jugadores que eran igual de buenos. Por ejemplo, el arquero suplente era Peter Platzer, un portero de clase mundial, pero seguía siendo el número dos detrás de Hiden. Nunca hubo problemas. Meisl era un prócer absoluto, por eso podía permitirse muchas cosas. Hay una anécdota de la preparación antes de un partido. Meisl le dijo

46 Ibíd., páginas 4 y 5.

a Hoffmann: '¿Hoffmann, usted entrenó adecuadamente?'. 'Sí, por supuesto', respondió. 'Bueno, entonces hoy juega Smistik', le dijo Meisl. Él podía salirse con la suya. Una vez, en Budapest, estaba tan enojado por un regate que terminó con pérdida de Wudi Müller, justo delante de Meisl, que el entrenador irrumpió en el campo de juego y persiguió furiosamente al delantero. En una mano llevaba su sombrero negro y en la otra el bastón, mientras gritaba: '¡Usted, bandido!'. Müller dijo después que nunca había corrido tan rápido. En otra ocasión, en un partido internacional contra Suiza en Basilea, Austria se fue al entretiempo ganando 2-1 pero Meisl, disconforme con el nivel irregular del equipo, descargó su bronca y revoleó un tapón de goma que pasó peligrosamente cerca de los jugadores. Al final, Austria ganó 8-1. Sin Meisl no hubiera habido lugar para ningún Wunderteam. En su tiempo fue un adelantado"[47], contó Schwind.

Schwind también se refirió a cómo se llevaban los jugadores entre sí y si alguna vez hubo envidia hacia Sindelar: "En realidad, nunca hubo ninguna estrella, ni siquiera Sindelar, que fue llevado a ese rol por la prensa. Él era una estrella contra su voluntad y cuanto menos hablaba, más contento estaba. Sindelar siempre ha estado rodeado porque era una persona muy afable, amigable con el medio ambiente y con los niños. Sesta tenía un carácter más fuerte. El resto eran 'chicos buenos'. En primer lugar, eran muy buenos amigos unos con otros. A menudo se sentaban en las tabernas a tomar vino y se daban lugar a los abusos. No de un modo malicioso, sino en un tono amistoso. Las tabernas eran el segundo departamento de los jugadores, pero no en el mal sentido. Hay unos pocos que han estado bebiendo mucho. De los jugadores del Wunderteam no lo sé. Por ejemplo, Smistik era chofer de una compañía de bebidas alcohólicas y nunca ha bebido una gota de alcohol"[48].

El 21 de abril de 2013, el programa televisivo *Panorama*, emitido por la Österreichischer Rundfunk (ORF), le rindió homenaje al Wunderteam y compartió entrevistas antiguas con algunos protagonistas de aquel proceso, ya retirados del fútbol.

A Karl Zischek, en 1973, trabajando como ascensorista y vestido con un ambo azul marino, le preguntaban:

—¿Quién era el jugador que más le gustaba del Wunderteam?

—Sindelar. Él era realmente uno de los mejores (de la época).

---

47 Recuperado de: www.*ballesterer*.at/aktuell/den-meisl-haben-alle-verehrt.html

48 Ibíd.

—¿Qué tenía de especial su estilo de juego?

—Tenía idea, la capacidad para generar ilusiones. Podía jugar sin ataduras. Tenía la capacidad de hacer todo perfecto.

—¿Cree que no habrá nunca más un Wunderteam en Austria?

—Definitivamente no. Difícilmente sea posible.

El triunfo 8-2 ante Hungría (con tres goles de Sindelar), el 24 de abril de 1932, es centro de atención del informe. Dice la voz en off: "Matthias Sindelar proporcionó ese día el mejor partido de su carrera". Y agrega sobre ese encuentro: "Los críticos vieron en el juego un buen ejemplo del *Scheiberlspiel*[49] austríaco. El ímpetu, la forma física y el temperamento fueron decisivos. El término Wunderteam no solo fue aceptado por el mundo del fútbol local, sino de toda la prensa deportiva europea. Un equipo que se había convertido en un monumento para la posteridad, pero ya en su apogeo".

Leopold Hofmann también recordó la victoria ante los magiares: "Sindelar estuvo en buena forma, como Schall (cuatro goles) y Gschweidl (un gol). Pero si uno tenía un pequeño altibajo, otro aparecía mejor. Mi esposa terminó llorando de alegría. Entonces le pregunté por qué lloraba y me dijo: 'Por lo bien que han jugado'".

El último sobreviviente del Wunderteam, Josef Smistik, tenía 68 años al momento del reportaje y vivía jubilado en Viena: "Las indicaciones que nos dio Hugo Meisl fueron bastante correctas. Él era un gran especialista. Nosotros jugamos, luchamos. Si hubiéramos jugado peor, hubiésemos perdido. Eso hubiera sido amargo. Todos hemos luchado por la camiseta".

Karl Rainer valoró la unidad que tenía el grupo y que si en el equipo no imperaba el conjunto, el éxito que tuvieron nunca hubiera llegado. Karl Sesta, por su parte, se refirió al sentido de pertenencia: "Nosotros teníamos un sueldo de 300 chelines (unos 22 euros actuales). De ese equipo, Rudi (Hiden) es el único que se tuvo que marchar a Francia. Yo soy vienés. Fuera de mi casa no me siento bien".

49 Cuando se menciona el *Scheiberlspiel* no se hace más que evocar el juego plano del balón, la sofisticación, la elegancia, la ligereza en el campo. El *Scheiberlspiel* remite a la formación callejera de los futbolistas criados en los suburbios de Viena. Las pelotas de trapo, la repentización y la inocencia fueron los cimientos de la Escuela de Viena.

LA BASE SE DESMEMBRA

"Tengo curiosidad de saber cuántos de los que están hoy acá permanecerán leales a nosotros cuando el coche ruede hacia atrás"[50], le dijo Hugo Meisl al periodista sueco Tore Nilsson mientras los hinchas, eufóricos, recibían a la delegación en el regreso de Londres. Meisl presentía que el triunfalismo podía ser contraproducente. A fin de cuentas, 1933 sería un año negativo para una Selección que tenía la vara muy alta. La base del Wunderteam comenzó a desmembrarse lentamente.

Austria perdió 2-1 con Checoslovaquia en Viena y la prensa local, un tanto desmemoriada, no tuvo piedad. En definitiva, Austria hacía más de dos años que no perdía de local. *Sporttagblatt* golpeó con ironía: "Había una vez un Wunderteam"[51]. "Un día negro de los austríacos"[52], categorizó *Das Kleine Blatt. Neue Freie Presse* utilizó la palabra "deprimente"[53]. Meisl fue, otra vez, el blanco de todas las críticas.

Una semana después de la dolorosa derrota, Meisl le escribió una carta a Herbert Chapman en la que admitió que hubo defectos tácticos. Si bien no lo explicitó, una de esas fallas era haber incluido a Otto Kaller y a Josef Adelbrecht, dos apuestas muy objetadas por la opinión pública. Meisl creía que necesitaba algunos meses para poder recuperar la solidez del equipo[54].

Para el siguiente partido, ante Hungría, Meisl sacó a Kaller y a Adelbrecht y rearmó la delantera. De los cinco fantásticos del Wunderteam (Zischek, Gschweidl, Sindelar, Schall y Vogl) sólo quedaron Sindelar, Zischek y Schall. Nunca más volvieron a compartir una cancha. A pesar del 1-1, la actuación del equipo fue valorada por la prensa, que de inmediato reconoció que se había dado un paso adelante con respecto a los últimos dos encuentros. El próximo rival, Bélgica, en Viena, aparecía como una inmejorable ocasión para redimirse ante el público austríaco.

Aunque empezó perdiendo, Austria apabulló a los belgas 4-1. Con momentos de calidad que rememoraron lo mejor del Wunderteam,

---

50 Wolfgang Hafer y Andreas Hafer, *op. cit.* supra, nota 7, página 253.

51 *Sporttagblatt*, 11 de abril de 1933, página 1.

52 *Das Kleine Blatt*, 10 de abril de 1933, página 12.

53 *Neue Freie Presse*, 10 de abril de 1933, página 7.

54 Wolfgang Hafer y Andreas Hafer, *op. cit.* supra, nota 7, página 254.

y liderados por un Sindelar intratable –y autor del tercer gol–, los locales dieron vuelta el resultado.

Con vistas al cotejo ante Checoslovaquia, en Praga, Meisl había manifestado que el equipo estaba demasiado lento. El triunfo frente a Bélgica no lo colmó. Por eso siguió probando jugadores. Se hablaba de "la nueva selección nacional". Empataron 3-3, Sindelar hizo dos goles, jugó en gran nivel y alimentó todas las premoniciones de lo que sería la mejor temporada de su carrera, la 1933/34, que recién desandaba los primeros pasos. A esa altura, Sindelar, que iba a disputar su partido 26 en la Selección, era el hombre de mayor experiencia, un referente indiscutido. Llevaba marcados 21 goles.

Austria empató 2-2 ante Hungría y *Sporttagblatt* reafirmó la idea del nuevo equipo: "Nuestro gran equipo ya no existe más. Este resumen de las más diversas individualidades, que consiguió un irresistible efecto global debido al contraste de sus talentos, tuvo que armar una nueva formación"[55]. Frente a Escocia, aunque el resultado fue el mismo, la valoración fue más positiva.

El trabajo de Meisl, si pretendía clasificar al Mundial de 1934, era fortalecer la columna vertebral del equipo. Austria atravesaba una etapa de transición, que tenía ojos melancólicos para añorar los años del Wunderteam y una luz de esperanza para obtener los pasajes para la Copa del Mundo de Italia.

"Wunderteam, ¿dónde estás?", se preguntó *Wiener Sonn- und Montags-Zeitung*. *Reichspost* fue mucho más duro: "La crisis del Wunderteam"[56]. El desfasaje de la prensa austríaca con la actualidad de la Selección era notorio. El Wunderteam cerró una etapa después de ganarle 4-0 a Francia, o a más tardar después de perder 2-1 contra Hungría. A partir de entonces, la estructura que popularmente se conoció como el Wunderteam se fue desintegrando poco a poco. Lo que le dio a la Selección austríaca ese rótulo fue el rendimiento superlativo de sus jugadores, y esos jugadores, en gran medida, ya no formaban parte del equipo.

El Wunderteam no estaba en crisis: el Wunderteam no existía más porque el tiempo había pasado. La prensa no lo entendía. Tampoco el panorama era tan desalentador como lo describían. Sin brillar, Austria no pasaba papelones ni era humillado. Meisl estaba empecinado –y con razón– en adaptar su idea futbolística a los nue-

---

55 *Sporttagblatt*, 30 de septiembre de 1933, página 1.

56 *Reichspost*, 3 de octubre de 1933, página 11.

vos futbolistas que surgían, y esa búsqueda inevitablemente conllevaba sudor y lágrimas.

En una columna que escribió para el diario húngaro *Nemzeti Sport* después del empate contra Escocia, Meisl fue lapidario al referirse a Sindelar: "Nuestros delanteros han jugado sin corazón, pero ¿qué podían hacer si su centrodelantero estuvo inmóvil cuarenta y cinco de noventa minutos? Yo había ya decidido no llevar a Sindelar a Inglaterra, pero cedí ante numerosas instancias y lo lamento. Sindelar no jugará jamás en un equipo seleccionado por mí. Estoy del mismo modo descontento con Schall. De los delanteros, solo Bican jugó bien"[57].

Así se reaviva un viejo interrogante: ¿el director técnico convocaba a Sindelar por convicción o porque el nivel del delantero no le dejaba alternativa? Si bien Sindelar no dejó de ser citado, las declaraciones de Meisl son contundentes. La reconstrucción de los hechos lleva a la conclusión que Meisl aceptaba a Sindelar pero era evidente que su estilo de juego no lo representaba.

El último partido de 1933 fue un opaco triunfo 1-0 ante Holanda, en Ámsterdam, que no fue derrota solo por la enorme actuación del arquero Peter Platzer.

El balance del año dejó la enseñanza de que era tiempo de volver a empezar. Meisl, que fue muy criticado, lo sabía perfectamente. La sombra del Wunderteam fue un karma del que a la Selección austríaca le costó deshacerse. El gran desafío de 1934 era la participación en la Copa del Mundo. Ya no había Wunderteam pero sí una base de jugadores que generaba esperanzas.

Sindelar había sido convocado a 18 partidos de los últimos 19, con 16 goles anotados. Después de las declaraciones de Meisl tras el partido contra Escocia se abrió un pequeño paréntesis. Sindelar era el centrodelantero titular de la Selección, pero el entrenador decidió mover algunas fichas y el primero en salir fue justamente él. Llamativo porque Sindelar, en el Austria, tenía 10 goles en 11 partidos, todavía con media temporada por jugar. Los motivos de la ausencia de Sindelar eran futbolísticos: no estaba lesionado ni en baja forma.

Meisl, que puso como centrodelantero a Josef Bican, goleador de Rapid, se hizo cargo de su decisión y justificó la salida de Sindelar: "Se debe a la necesidad de darle nuevos glóbulos rojos a la sangre del anémico viejo grupo austríaco. El tiempo pasa para

57 Mundo Deportivo, 16 de diciembre de 1933, página 1.

todos y, desgraciadamente, Sindelar tampoco puede escapar a tal desagradable circunstancia. Los fatigosos y repetidos encuentros con su club en los últimos meses, en continuo peregrinar por el mundo, me han inducido al gran paso".

Sindelar volvió a la Selección en un triunfo amistoso ante Hungría, a cuarenta días del comienzo de la Copa del Mundo. "Después de la victoria conseguida por los austríacos sobre los húngaros, por 5-2, se comenta con satisfacción el juego brillante del veterano Sindelar, que condujo de una manera magistral el ataque austríaco y anuló por completo a Sárosi, el fenómeno magiar"[58], sostuvo un medio español.

EN LOS OJOS DEL MUNDO

Benito Mussolini estaba decidido a otorgarle valor a una Copa del Mundo que le daría más popularidad a un régimen signado por el autoritarismo. Italia recibió la confirmación oficial de que sería el país organizador después de la reunión de la FIFA, el 8 de octubre de 1932, en Zúrich.

"La Copa del Mundo será un éxito, al que habrá contribuido en gran parte Italia. El Comité Organizador despliega una actividad difícil de igualar, y la FIFA no puede menos que reconocer y proclamar las buenas disposiciones tomadas por los italianos dentro y fuera del terreno de juego", declaró el presidente de la FIFA, Jules Rimet, que además era el creador de la Copa. Rimet aprovechó para promocionar un mensaje que desnudaba el sentido real del torneo: "Mi gran favorita es Italia. Además del deseo de superar a todos, vibran los deseos de superarse a sí mismos, en el afán ferviente de servir a la patria en todos y en cada uno de sus actos".

Este Mundial fue el primero en que se implementaron Eliminatorias para clasificar. El cuadro principal tenía que estar compuesto por 16 países. Uruguay, campeón en 1930, se convirtió en el gran ausente: "No iremos, en rechazo al régimen fascista italiano y a la utilización política que se hará del evento".

Austria pidió –sin éxito– la postergación del Mundial hasta 1936 y sustentó su postura en la "inestabilidad de las condiciones financieras". Razón no le faltaba: el contexto político, inmerso en los

58 ABC (Sevilla), 20 de abril de 1934, página 41.

vaivenes del Austrofascismo de Engelbert Dollfuss, era alarmante. Entre el antisemitismo y el desequilibrio económico y social, el aroma de la Anexión al territorio alemán como solución a los problemas asomaba por Viena.

Sobre las posibilidades de Austria, Rimet opinó: "La ubico atrás de Italia. El virtuosismo austríaco no es igualado por otro equipo del continente". Manuel *Nolo* Ferreira, delantero argentino que por esa época brillaba en River Plate, afirmó que los austríacos eran los indicados para disputarles el título a los anfitriones. Austria gozaba de una enorme reputación.

En las Eliminatorias europeas hubo ocho zonas. Austria integró el Grupo 8 con Hungría y Bulgaria. Los dos primeros de cada zona de tres equipos (había otras que tenían solo dos) serían los clasificados para octavos de final. Debían jugar partidos ida y vuelta. En la jornada inicial, Hungría le ganó 4-1 a Bulgaria, en Sofía.

Austria debutó en el Estadio del Prater ante el golpeado conjunto búlgaro y le ganó 6-1: Horvath hizo tres goles y Zischek, Viertl y Sindelar completaron la goleada.

Hungría, con una formación suplente, se volvió a enfrentar con Bulgaria y le ganó 4-1. Los búlgaros, sin posibilidades de acceder al Mundial, desistieron de jugar su revancha contra Austria. Así, Austria y Hungría, que disputarían su primer Mundial, accedieron a la Copa del Mundo.

El sorteo de octavos de final, con Austria como una de las cabezas de serie, le asignó como adversario a Francia. La fecha del debut era el 27 de mayo, en el Estadio Mussolini, en Turín.

Se sabía que la situación económica de la Asociación Austríaca no era la mejor. "Tendremos que recorrer el mundo para darle al fútbol austríaco los medios financieros que necesita", avisó Meisl. En primera instancia, la intención de volver a contar con los servicios de Jimmy Hogan se esfumó por escasez de recursos económicos. Ante la imposibilidad de contratar a Hogan, Meisl eligió a Franz Hansl, quien jugó en Amateure y la Selección. La elección de Hansl no fue improvisada. Como entrenador había dirigido al Torino, Alessandria, Livorno y Salernitana. Conocía muy bien el fútbol italiano y las costumbres de ese país.

La preparación de Austria dejó mucho que desear. El cansancio con el que llegaron los futbolistas generó preocupación de antemano. En el caso de Sindelar, el Austria jugó su último partido de la temporada el 13 de mayo, es decir, 14 días antes del comienzo del Mundial. El plantel que viajó a Italia estuvo integrado por 16 juga-

dores, mientras que selecciones como Italia y Hungría llevaron 22. De todos modos, a la Copa hay que darle la dimensión que realmente tuvo. Pensarla con la perspectiva actual sería un error. La explosión de los medios de comunicación no era la de estos tiempos, no había televisación y los beneficios económicos eran pequeños. El Mundial era importante para Austria, pero no era prioritario.

Los 16 futbolistas eran Peter Platzer, Franz Cisar, Karl Sesta, Franz Wagner, Josef Smistik, Johann Urbanek, Karl Zischek, Josef Bican, Matthias Sindelar, Anton Schall, Rudolf Viertl, Willibald Schmaus, Leopold Hofmann, Georg Braun, Johann Horvath y Friedrich Franzl. Walter Nausch se perdió el Mundial por lesión.

Austria se desplazó a Italia en tren. Salió de *Südbahnhof*, que era la estación más grande del país. Los vagones tenían coche-cama y los compartimentos eran para dos personas: Sindelar viajó con Viertl, su amigo y compañero en el Austria. Arribaron a suelo italiano el 22 de mayo, se alojaron en el Hotel Dock, ubicado en el centro de Turín, y comenzaron los trabajos de acondicionamiento físico.

Sesta había llegado con un dolor de muelas y unas horas más tarde Sindelar fue atacado por el mismo mal. Ambos fueron a un dentista para que les hiciera una revisación exhaustiva: Sindelar mejoró al poco tiempo y se liberó de sus padecimientos; Sesta tuvo que hacer un tratamiento continuo.

El calor italiano complicó la preparación. Meisl asumió que el cansancio podía atentar contra el acondicionamiento de los jugadores. Por eso les recomendó que intensificaran el descanso en los ratos libres, que no se expusieran a los fotógrafos, a los hinchas sedientos de autógrafos ni a los periodistas. Sin embargo, las prácticas se realizaron al mediodía, con el sol en su máximo esplendor, para que los jugadores se aclimataran. Los entrenamientos en el estadio del Torino se caracterizaban por la intensidad y la disciplina, y generalmente eran comandados por Hansl. Meisl hablaba con los jugadores en los ratos de distensión y les daba indicaciones. La relajación en la pileta cubierta y la sesión de masajes complementaron la rutina.

En la última práctica antes del debut, los futbolistas hicieron dos competencias de velocidad y Meisl fijó un premio para los seis primeros que cruzaran la meta: una pluma estilográfica para cada uno. Bican arrasó en las dos pruebas y se llevó las bromas del director técnico: "Cuando hay para ganar, a éste le viene bien cualquier cosa". El ánimo del plantel era excelente, de hecho antes de regresar

al vestuario los jugadores dieron una vuelta a la cancha cantando. Meisl reconoció la importancia de la unión grupal. De paso le pidió a Zischek que se cortara el cabello porque consideraba que el flequillo le obstruía la visión. El hombre de Admira cumplió cuando regresó al hotel.

"Sindelar está en gran forma ahora. El domingo, si está en un buen día, maravillará a la multitud turinesa. Dicen que yo lo obstaculizo. Nada más falso que eso. Lo saqué del equipo cuando no funcionaba, y ahora que está en forma lo llamé nuevamente. Es una lástima que tenga ya 31 años pasados, porque ases como él no aparecen muchos, ni siquiera en Austria. La exclusión del equipo en algún encuentro le fue favorable. Ahora tiene más voluntad: se atreve más, juega, combate, se compromete, aun si en cada partido tiene por lo menos dos 'ángeles de la guarda' que le contienen el paso", subrayó Meisl.

Llegó el domingo 27 de mayo. Austria formó con Platzer; Cisar, Sesta; Wagner, Smistik, Urbanek; Zischek, Bican, Sindelar, Schall y Viertl.

El técnico de Francia era el inglés George Kimpton, quien sabía de la importancia de Sindelar. Por eso tomó recaudos y le ordenó al mediocampista central Georges Verriest que le hiciera marca personal: "Usted debe seguir a Sindelar a cualquier parte que él vaya... ¡Incluso al baño!"[59].

El centrodelantero francés Jean Nicolas abrió el marcador a los 18 minutos. Veinte segundos antes de que finalizara el primer tiempo, Sindelar se acomodó y ejecutó un remate potente desde veinte metros que se metió sobre el palo izquierdo del arquero Alex Thépot. El complemento no tuvo emociones y la definición quedó para el tiempo suplementario. En la prórroga volvió a relucir el talento de Sindelar, la figura de la tarde, quien asistió a Schall y a Bican para que le dieran la ventaja al conjunto austríaco, que finalmente ganó 3-2.

Tras superar el escollo francés, Austria se trasladó a Bolonia, desde donde partió hacia Casalecchio, un pequeño municipio boloñés. Allí aguardó el compromiso correspondiente a los cuartos de final. Esperaba Hungría, que venía de vencer 4-2 a Egipto.

Los imponderables físicos de algunos jugadores complicaron el panorama. "Las lesiones son en la espalda, al parecer provocadas

---

59 Pierre Delaunay, Jacques de Ryswick y Jean Cornu, *100 ans de football en France*, Atlas, Paris, 1982, página 135.

por patadas o puñetazos", le avisó Sindelar a Meisl sobre la situación de Schall, quien finalmente no llegó en condiciones y fue reemplazado por Horvath.

El cotejo ante Hungría, en el Estadio del Littoriale, se desarrolló con la incómoda compañía de una llovizna intermitente. A los cinco minutos, después de una jugada elaborada entre Bican y Sindelar, Horvath marcó para Austria. Apenas comenzado el segundo tiempo, Zischek se burló de un diluvio que había dejado de ser discontinuo y culminó una estupenda maniobra individual: Austria ganaba 2-0.

A pesar de que la expulsión de Imre Markos (la única que hubo en todo el Mundial) y la lesión de István Avar complicaron la situación, Hungría descontó a través de un penal ejecutado por Sárosi. Austria contrarrestó los ataques del rival con solidez en el mediocampo y aseguró un triunfo que le permitió continuar en la Copa. "Este partido fue un regalo para los amantes del juego bello, reposado, científico. El equipo húngaro más entusiasta y agresivo, sucumbió ante el de Austria, más hábil, más científico", opinó Jules Rimet, el presidente de la FIFA. La publicación local *Il Tifone* eligió a Sindelar como el mejor jugador de su equipo.

En la semifinal estaba Italia, que eliminó a España después de una definición escandalosa por los fallos arbitrales que favorecieron a los locales. Italia tenía un plantel imponente en el que se destacaba el delantero Giuseppe Meazza. También había aporte extranjero: los argentinos Luis Monti, Enrique Guaita, Raimundo Orsi y Atilio Demaría; y el brasileño Anphiloquio Guarisi Marques (italianizado como Anfilogino Guarisi).

Para el cotejo ante Austria nombraron al árbitro sueco Iván Eklind. Cuenta la leyenda que en la noche previa al partido frente a los austríacos, Mussolini cenó con Eklind, aunque nunca se pudo comprobar si esta versión fue cierta.

En Milán, el contexto era claramente desfavorable. En condiciones normales, Austria era más equipo que Italia. La estadística era elocuente: de las 13 veces que se habían enfrentado, Austria ganó ocho, perdió uno y empataron cuatro. Pero en este caso rondaban muchas suspicacias. Los equipos tenían dos estilos antagónicos: Austria era elegancia técnica y progresión en base al juego asociado; Italia prevalecía por su fortaleza física y por la rigidez del sistema defensivo.

En la previa surgieron problemas para Meisl porque Horvath, decisivo en el partido contra Hungría, no estaba en plenitud física.

En su lugar volvió Schall, recuperado de los golpes franceses. Horas antes del encuentro, el canciller Engelbert Dollfuss envió un telegrama para desearle suerte a la Selección y para anunciar que iba a presenciar la final si el equipo vencía a Italia.

En San Siro, a pesar de la llovizna incesante, 35 000 fanáticos colmaron las tribunas. El clima no implicaba un dato menor: si bien intentaron disimular con aserrín las zonas anegadas, el estado de la cancha era muy malo.

A los 19 minutos Enrique Guaita convirtió un gol polémico. Los austríacos le reclamaron al árbitro un claro empujón de Angelo Schiavio a Platzer cuando el arquero saltaba para atrapar una pelota que flotaba en el aire, a la altura del área chica. El arquero, desestabilizado, intentó recuperarse pero Meazza, en el afán de convertir, lo atropelló. Guaita, que venía corriendo de atrás, metió el balón dentro del arco. Eklind no vio nada. O no quiso ver.

Italia propuso un juego brusco y Austria no se quedó atrás. Las patadas, los codazos y los golpes abundaron. En el visitante terminaron lastimados Sesta, Wagner, Sindelar y Platzer, mientras que el local perdió a Meazza. La violencia hizo que Eklind detuviera el juego para advertir a los futbolistas, sobre todo a los italianos Monti y Schiavio.

Monti maltrató a Sindelar durante todo el partido. La rivalidad venía de los duelos anteriores que enfrentaron a los dos países y también de los choques entre el Austria y Juventus. En su columna en *La Stampa,* Pozzo hizo una mención insoslayable: "No se querían para nada, era mutuo. Representaba una de esas antipatías naturales, instintivas, irresistibles. Al vienés no le gustaba el tono macho, positivo y decidido de Luisito. El italiano no gozaba con esa danza de bailarín que se le daba adelante como una burla. Tres cuartos de la impopularidad de Monti en las canchas del exterior fue debido a la campaña que se le hizo porque había osado abatir materialmente a un ídolo como Sindelar".

Austria no encontró los caminos para llegar al empate e Italia se replegó para cuidar el 1-0. La eliminación frustró el sueño del Mundial. Para Sindelar era la peor despedida: terminó con el físico diezmado y con la pálida imagen que dejó en un partido trascendental.

Meisl abandonó la cancha sin saludar a Pozzo y declaró enojado: "Ha resultado lo que me esperaba. Es imposible ganar a Italia en el ambiente que se han preparado. Hay que resignarse y dar el título a los azules. Ello, no obstante, no nos impedirá aclarar que su fútbol

no es el mejor, y que el título haya sido ganado con justicia". Bican, hasta su muerte en 2001, denunció una versión contundente: "Por Meisl sabíamos que el árbitro estaba comprado y que iba a arbitrar a favor de los italianos. Hasta llegó a jugar con ellos. Cuando pasé un balón al ala derecha, uno de mis compañeros, Zischek, corrió para agarrarlo, pero el árbitro se lo devolvió a los italianos. Fue una vergüenza".

El compromiso por el tercer puesto, en el Estadio Ascarelli de Nápoles, fue frente a Alemania, que había caído 3-1 ante Checoslovaquia en semifinales. Sindelar no jugó porque su físico había terminado maltrecho. El inicio del partido se demoró porque ninguna selección había llevado casaca alternativa (eran blancas las dos), por lo que Austria vistió unas camisetas azules que le cedió el Napoli.

Alemania fue superior y ganó 3-2. Los de Meisl se quedaron sin el podio y redondearon una participación colmada de oscilaciones.

Con el regreso de la delegación al país recrudecieron las críticas.

El periodista Wilhelm Schmieger, uno de los más reconocidos de la época, hizo una recopilación de la travesía de los jugadores. Los cuestionamientos a las condiciones a las que fueron sometidos los jugadores se hicieron oír: hoteles caros y pocos confortables y la mala alimentación fueron ejes centrales de la discordia[60]. Otros medios, como el caso de *Das Kleine Blatt*, apuntaron contra los futbolistas de recambio y preguntaron por qué no fueron utilizados Josef Stroh y Karl Gall. Quedó claro que la prensa austríaca no fue complaciente con la actuación del equipo y que el cuarto puesto no conformó.

A la hora de personificar la culpa, Meisl se convirtió en una diana llena de dardos. Las principales responsabilidades que le achacaban era la dilapidación del prestigio de los clubes austríacos, la incompatibilidad entre su tarea como entrenador y secretario de la Asociación y el trajín de partidos con que llegaron los jugadores al Mundial. Esta última discusión, como se advirtió antes, generó mucha discordia. Algunos creían que Meisl había privilegiado los ingresos económicos que se producían por los partidos por sobre la condición física de los futbolistas, sin prever su recuperación.

El punto más álgido se produjo cuando se especuló con la renuncia de Meisl. Hubiera sido desproporcionado e injusto, pero como escribió el investigador austríaco Gerhard Urbanek, "como

60 *Reichspost*, 13 de junio de 1934, página 12.

siempre en estos casos no estuvo claro si Meisl había expresado tales intenciones o si las habían traído los medios de comunicación con la referencia habitual a informantes 'anónimos'"[61].

En la final, Italia le ganó 2-1 a Checoslovaquia y se consagró campeón del Mundial. Mussolini entregó la Copa y celebró en silencio. Los jugadores eran soldados al servicio de la patria; Italia exportaba un modelo político infalible, al menos eso pretendía. Los ojos del mundo veían un país moderno y ganador, pero no la barbarie que se escondía detrás del jolgorio. A la larga terminarían perdieron todos.

EL SEGUNDO WUNDERTEAM

El Mundial, el último apéndice de los años del Wunderteam, cerró una etapa. Del pasado quedaba la recta final de la Copa Internacional. Austria, que era el que menos partidos tenía, debía ponerse al día. La defensa del título era el principal objetivo. El rival, Checoslovaquia, subcampeón mundial, llegaba a Viena con la necesidad de ganar para recuperar terreno perdido después de una derrota y un empate. Los checoslovacos eran el rival más incómodo de Austria en el último tiempo: hacía más de tres años que no podía superarlo.

El 2-2 generó disgusto. "¡Rara vez fue tan fácil ganar un partido internacional!"[62], tituló *Sporttagblatt*, que informó que los jugadores se retiraron al vestuario en medio de "expresiones de disgusto"[63] emitidas por un público molesto por el juego del conjunto austríaco. La igualdad marcó un desnivel que cada vez se hacía más evidente. En el corto plazo, el nivel de la Selección comenzó a declinar. Ese declive se trasladó a 1935.

Austria se topó con Hungría con la misión de cambiar la imagen pero se volvió con una derrota 3-1. A Sindelar le anularon un gol cuando el partido iba 2-1 y no ocultó su bronca: "Hemos merecido el empate. El gol, que el árbitro cobró posición adelantada, fue totalmente legítimo. El no reconocimiento de este gol nos ha

61 Gerhard Urbanek, *Österreichs Deutschland-Komplex: Paradoxien. Paradoxien in der österreichischdeutschen Fußballmythologie*, Editorial LIT, Viena, 2009, página 140.

62 *Sporttagblatt*, 24 de septiembre de 1934, página 1.

63 Ibíd., página 2.

desanimado"[64]. *Wiener Sonn- und Montags-Zeitung* brindó un punto de vista muy interesante: "Sindelar realmente necesita reposo. En este momento está falto de dinamismo, juega suave, irresoluto, lento"[65].

Mientras la delegación austríaca regresó a Viena a la mañana del día siguiente al partido, Sindelar se trasladó desde Budapest hasta Dubrovnik, en el sur de Croacia, para reponer energías. El calendario de 1934 fue desgastante para el físico de Sindelar: disputó 30 partidos entre la Selección y las tres competencias con el Austria (21 goles). Solo se perdió tres cotejos de Liga y cuatro de la Selección. Exactamente 13 días después del Mundial inició una nueva Mitropa con el Austria.

Sindelar cumplió 32 años el 10 de febrero de 1935. El tiempo pasó también para él. Su nivel permaneció intacto y las lesiones no lo perjudicaron, pero la competencia que tenía dentro del plantel era un obstáculo indisimulable. Llegó un punto en el que Sindelar y Bican dejaron de ser compatibles, al menos en la visión de Meisl. Hasta ese momento el entrenador creía que ambos podían convivir: Bican era el interior derecho y Sindelar el centrodelantero. Así lo dispuso en el Mundial. A partir de 1935 se produjo un cambio drástico que le quitó espacio al hombre del Austria.

Meisl entendió que Bican debía ser el centrodelantero de la Selección y le sobraban motivos. Sindelar era un centrodelantero más "moderno", que podía volcarse hacia atrás para conducir el balón y generar espacios para la velocidad de sus compañeros; Bican era más "inglés", poseía una contextura física envidiable, era alto y se movía en el área como pocos.

No obstante, Bican, que ya coqueteaba con Slavia y después de haberse ido de Rapid esperaba insertarse en Admira, terminó siendo una solución pasajera. El 14 de abril de 1935 fue su primer partido como centrodelantero de la Selección; el 8 de noviembre de 1936 se despidió para siempre tras partir a Checoslovaquia y pasar a representar a ese país. No obstante, en ese tiempo le dio la razón a Meisl: metió ocho goles en nueve partidos.

Solo una vez Sindelar y Bican volvieron a jugar juntos fue precisamente en uno de los triunfos más resonantes de los últimos años, quizás de la historia: 2-1 ante Inglaterra, en Viena y por primera

---

64 *Sporttagblatt*, 8 de octubre de 1934, página 2.

65 *Wiener Sonn- und Montags-Zeitung*, 8 de octubre de 1934, página 13.

vez. Cuando Bican se fue a Checoslovaquia, Meisl volvió a convocar a Sindelar, quien dio sus pasos finales en 1937.

Meisl asumía el riesgo de la transición pero se mostraba esperanzado con vistas al futuro: "Los viejos son demasiado viejos y los jóvenes todavía no pueden sustituir a los otros. Para un segundo Wunderteam necesitamos todavía dos años"[66]. Lo que el entrenador no se imaginaba era que en dos años su vida se extinguiría por un ataque al corazón, y que un año después el fútbol austríaco sería sepultado por la Alemania nazi. El sueño del "segundo Wunderteam" quedó trunco.

Sindelar jugó un solo partido en 1935: en la derrota 2-0 ante Italia, en Viena. La Selección, sin Sindelar en la consideración del entrenador, continuó a la deriva. En 1935 disputó cinco partidos más: ganó uno, empató dos y perdió dos. Las dos igualdades, ante Checoslovaquia y Hungría, fueron en la Copa Internacional. Austria terminó en la segunda colocación con nueve puntos, la misma cantidad que Hungría pero con diferencia de gol favorable. Italia se consagró campeón por segunda vez.

UN LUGAR EN LA HISTORIA

El compromiso más importante que afrontó la Selección en 1936 fue recibir a Inglaterra. Por quinta vez, los británicos pisaban suelo vienés. Aunque en la Liga no se destacó, Sindelar venía de ser goleador de la Copa de Austria que conquistó con su club. De acuerdo a la exigencia que conllevaba un partido contra Inglaterra, Meisl congeló el cambio generacional y decidió volver a convocar a Sindelar, de 33 años, después de nueve partidos –un año y dos meses–.

"¿Decayó el fútbol inglés o adelantó el de Europa Central?"[67], planteó el diario español *Mundo Deportivo*. Hugo Meisl opinó: "(...) Sin temor a equivocarnos, la técnica, especialmente en las líneas de ataque, señala un evidente progreso en favor de los europeos. No negaré el mérito y la ventaja que tienen los ingleses en las defensas, ya que por su juego recio, empleando el cuerpo y como luchadores, son mejores que los de Europa Central (...) Los últimos resultados del cuadro austríaco en Inglaterra también me demostraron que los ingleses no son ya los maestros indiscutibles, como en años anterio-

66 ABC (Madrid), 27 de marzo de 1935, página 49.

67 Mundo Deportivo, 2 de enero de 1935, página 1.

res, y que solo conservan íntegramente sus grandes facultades para luchar duramente y a veces encarnizadamente"[68].

En cuanto a la preparación del equipo, como ya lo había manifestado en otras ocasiones, Meisl creía que la velocidad de sus jugadores era fundamental para contrarrestar a los ingleses. Como consecuencia, estableció un premio económico para el futbolista más rápido en 60, 100, 200 y 400 metros.

Inglaterra tenía un equipo muy bien formado, con futbolistas de jerarquía. De los 11 titulares, 6 eran del Arsenal, la máquina de Herbert Chapman que aún seguía pisando fuerte en su tierra.

Más de 60 000 espectadores vibraron en el estadio. Austria presentó una camiseta nueva: toda roja con bordes blancos. Los jugadores recibieron un apretón de manos del presidente de la nación, Wilhelm Miklas, y del vicecanciller, Ernst Rüdiger Starhemberg, y el partido comenzó.

La delantera de Austria tuvo un primer tiempo formidable y Sindelar, con una media hora inicial devastadora, condujo la ofensiva y asistió a Viertl y a Geiter en los goles que convirtieron antes de los veinte minutos. Inglaterra descontó en el inicio del segundo tiempo pero el resultado no se movió. Austria consiguió el triunfo histórico que tanto anhelaba. Después de cinco intentos fallidos, por primera vez quebró la supremacía de Inglaterra, casi 28 años después del primer enfrentamiento.

El entrenador elogió la claridad conceptual de sus jugadores y distinguió la labor de "Sindelar, Nausch, Mock y especialmente de la defensa"[69]. Stanley Rous, secretario general de la Asociación Inglesa de Fútbol, declaró: "(…) Sindelar estuvo mucho mejor que aquella vez en Stamford Bridge (en alusión al partido de 1932 que Inglaterra ganó 4-3) y Nausch sería el mediocampista ideal para todos los equipos de la Liga inglesa"[70].

Para Meisl significó un triunfo personal después de tantas críticas recibidas. Años atrás, en Austria por poco lo trataron de conspirar contra la patria por contratar a un entrenador inglés -Jimmy Hogan- y por embanderar una supuesta predilección por lo de afuera, en detrimento del crecimiento de los clubes austríacos. Si algo hizo Meisl fue observar un modelo más desarrollado que el local para lograr la superación interna. Y lo consiguió con creces.

---

68 Ibíd.

69 *Reichspost*, 7 de mayo de 1936, página 15.

70 Ibíd.

EL PRÓCER SE APAGA

En la mañana del 17 de febrero de 1937, el fútbol austríaco perdió, quizás, al dirigente más influyente de su historia. A las 11.30, en las oficinas de la Asociación, Meisl estaba reunido con Richard Fischer, joven promesa del First Vienna, quien escuchó la pregunta de su interlocutor: "¿Verdaderamente, qué edad tiene usted? Porque su entrenador hace tres años que viene diciendo que usted tiene 17 años". Tímido, Fischer sonrió y atinó a responder, pero Meisl lo interrumpió, le pidió disculpas y se sentó. Tan pronto como se sentó, se desplomó sobre el escritorio. Fischer salió corriendo para buscar auxilio: "¡Ayuda, el señor Meisl está mal!".

Desesperados, quienes asistieron a Meisl en primera instancia, entre los que se encontraba el secretario de la Asociación, Josef Liegl, requirieron la presencia de Emanuel Schwarz, médico y presidente del Austria, quien estaba en su casa. Cuando Schwarz llegó, confirmó el desenlace irremediable: Meisl, a los 55 años, había muerto producto de un ataque al corazón. Fue demasiado para un hombre que convivía con el estrés profesional –en 1929 estuvo muy enfermo– y que nunca pudo menguar el consumo excesivo de café y cigarrillos, sus dos grandes placeres.

"En este momento no podemos apreciar plenamente la magnitud de su pérdida, pero los méritos de Meisl son para valorar completamente. Así que solo puedo expresar mi dolor personal y el luto que embarga a todos los miembros de la Asociación, así como también a toda la inmensa comunidad del fútbol. Él fue la esencia del entusiasmo que se generó por el fútbol, no solo en nosotros sino en el mundo entero. Como gran especialista que era, orientó en el fútbol toda su capacidad"[71], enfatizó el presidente de la Asociación, Richard Eberstaller.

A las 15:20, la Asociación envió un telegrama escueto pero contundente dirigido a las oficinas de la FIFA, en Zúrich, donde el secretario general, Ivo Schricker, recibió la mala noticia: "Hugo Meisl falleció hoy de un ataque al corazón". El francés Jules Rimet, presidente de la FIFA, envió sus condolencias y días más tarde viajó a Viena.

El shock fue tal que Schricker le envió un mensaje a Eberstaller: "(...) No puedo creer que este hombre que tanto le ha dado a este deporte no esté más entre nosotros. Es una pérdida lamentable no

---

71 *Sporttagblatt*, 18 de febrero de 1937, página 2.

solo para su Asociación, sino para nuestro deporte en general. La temprana muerte de este hombre significa una pérdida agobiante. Era una persona inteligente y experta en su tarea. Su nombre quedará ligado para siempre con la historia del fútbol austríaco y europeo. En nombre del Comité Ejecutivo de la FIFA, le expreso el más sincero y profundo pésame"[72].

Así como cientos de clubes europeos y personalidades del fútbol manifestaron su pesar por la muerte de Meisl, diversos diarios del exterior también recordaron al entrenador austríaco. "No sin razón se denomina a Meisl como el Napoleón del fútbol de Austria. Su memoria vivirá en el glorioso recuerdo del Wunderteam, su creación maestra", publicó *Excelsior* de París. *La Gazzetta dello Sport* lamentó: "No hay ningún hombre del deporte italiano al que la muerte de Meisl no lo haya conmovido hasta lo más profundo. Italia perdió no solo un amigo, sino también un compañero de lucha que se comprometió con toda su energía para favorecer los intereses del fútbol italiano". *Prager Presse*, de Checoslovaquia, consideró que "el fútbol europeo perdió a su más grande organizador" y subrayó que Meisl, "el padre del Wunderteam", fue el responsable "de la fama del fútbol austríaco y centroeuropeo". Desde Hungría, *Nemzeti Sport* consideró: "Con Hugo Meisl, una personalidad excepcional del fútbol internacional se va a la tumba. Él fue el representante más notable que tuvo el fútbol. Su principio fue trabajar para promover el frente internacional con la comunicación entre las naciones"[73].

El 21 de febrero, en el Cementerio Central de Viena, se realizó el funeral. Entre la multitud que acompañó la ceremonia hubo representantes de clubes de casi todos los países de Europa. Eberstaller, Gerö, Schwarz, Rimet, Jimmy Hogan, Wilhelm Morocutti, la familia Lanzer, amigos y colegas del exentrenador, directivos de otros deportes, delegaciones de dirigentes de Italia, Hungría, Francia, Alemania, Suiza, Checoslovaquia y políticos de toda índole le dieron el último adiós a Meisl.

Sindelar fue uno de los que asistió acompañado por otros integrantes del plantel del Austria como Sesta, Nausch y Viertl, más el manager Robert Lang. También estuvieron Theodor Wagner, Rudolf Raftl, Peter Platzer y Josef Bican, jugadores del Wunderteam. En nombre de todos ellos, Nausch tomó la palabra y dio un breve discurso, a pesar de la conmoción que lo invadía. El mediocam-

---

72 Wolfgang Hafer y Andreas Hafer, *op. cit.* supra, nota 7, página 307.

73 *Sporttagblatt*, 19 de febrero de 1937, página 2.

pista elevó el tono e hizo resonar la sala: "Me acerco al féretro en nombre de la Selección que Hugo Meisl creó; en nombre de todos los futbolistas activos. Nos despedimos para siempre de nuestro querido amigo Hugo Meisl. Los futbolistas austríacos nunca lo olvidaremos".

LA VIDA CONTINÚA

La vida después de Meisl continuó el 21 de marzo. Austria recibió a Italia por la Copa Internacional. Richard Eberstaller eligió a los once titulares, entre los que estaba Sindelar. En el Estadio del Prater se hizo un minuto de silencio en homenaje a Meisl. Luego, el bochorno se adueñó del espectáculo. Cansado de tanto juego brusco, cuando iban 73 minutos y Austria ganaba 2-0, el árbitro sueco Otto Olsson abandonó la cancha y el partido se suspendió.

"El último domingo, en el memorable partido entre Austria e Italia, los espectadores pudieron estudiar los dos sistemas (por la Escuela de Viena y la WM) en su estado puro. Austria triunfó de acuerdo al sistema de la Escuela de Viena, mientras que nuestros adversarios se han inclinado por un bastante rígido Sistema-W. El triunfo se basó 100% en nuestro sistema, ante 50 000 personas que fueron capaces de evaluar los méritos y deméritos de los dos sistemas. A pesar de todas las tribulaciones de ese 21 de marzo, fue un triunfo para la Escuela de Viena"[74], declaró Sindelar, embebido en el debate sobre estilos de juego.

El próximo obstáculo era Escocia –empataron 1-1 y Sindelar fue figura–. En la previa al cotejo, Sindelar hizo un comentario interesante sobre el pasado, el presente y el cambio de paradigmas tácticos que atravesaba el fútbol: "Es interesante que los escoceses, que fueron nuestros maestros, y de quienes tomamos nuestro sistema vienés, hoy día han renunciado a su propio sistema y ahora rinden homenaje al Sistema-W, al igual que los equipos ingleses. Lo hemos notado en nuestra última gira por Escocia. El 9 de mayo, en el partido entre Austria y Escocia, los vieneses serán capaces de asistir de nuevo a una lucha entre dos sistemas, por supuesto, y estoy convencido, que será sin los efectos secundarios vergonzosos que se dieron frente a Italia"[75].

74 *Sportzeitung am Sonntag*, 28 de marzo de 1937, página 4.

75 Ibíd., página 5.

La Asociación oficializó la llegada del sustituto de Meisl: Heinrich Retschury, quien ya había dirigido la Selección cuando Meisl se vio obligado a interrumpir su labor para combatir en la Primera Guerra Mundial. Retschury iniciaría una nueva etapa que tenía como principal objetivo el Mundial de 1938.

El debut de Retschury fue ante Hungría, en Budapest, el 23 de mayo de 1937. A medida que avanzaba su historia en la Selección, Sindelar repetía una tendencia: era más asistidor que goleador, más generador que rematador, cuando en sus primeros años, entre 1926 y 1933, se destacó por su poder goleador. El partido concluyó 2- 2 y pasó sin mayores repercusiones.

A pesar de la edad, *Sporttagblatt* le mandó un mensaje a Retschury en la previa a un encuentro ante Suiza, en Viena: "Los delanteros han demostrado sus aptitudes. Sindelar está en forma, y si él está en forma, tiene que ser nuestro centrodelantero, en especial porque es el único hombre que se puede candidatear para ese puesto, considerando que Bican está en el exterior"[76].

El público lejos estuvo de agotar las localidades como sí lo había hecho en otras jornadas gloriosas. Nadie sabía que aquella tarde sería el último partido oficial de Sindelar en la Selección. Ni siquiera él. Se despidió con un triunfo 4-3 y marcó el primer gol.

La reconstrucción de las estadísticas personales arroja los siguientes números:

- Amistosos: 27 partidos y 17 goles
- Copa Internacional: 12 partidos y 7 goles
- Eliminatorias: 1 partido y 1 gol
- Mundial: 3 partidos y 1 gol
- Total: 43 partidos y 26 goles

BIENVENIDOS AL INFIERNO

Después de Matthias Sindelar, cuando corría 1937 y la sombra de Alemania era una amenaza inconclusa, Austria jugó la clasificación al Mundial de 1938, que iba a realizarse en Francia a partir de junio. El sorteo ubicó a Austria, cabeza de serie, en el Grupo 8 junto a Letonia y Lituania. El Grupo tuvo dos instancias. Primero se enfrentaron Letonia y Lituania en partidos de ida y vuelta: los

76 *Sporttagblatt*, 15 de septiembre de 1937, página 1.

letones golearon en Riga y en Kaunas y accedieron al cruce decisivo con Austria, a partido simple. Heinrich Retschury no convocó a Sindelar porque el centrodelantero presentaba una contusión en una de sus rodillas. Austria ganó 2-1 y obtuvo su pasaje para la Copa del Mundo.

El 24 de octubre de 1937, cuando Austria cayó ante Checoslovaquia, en lo que fue el último partido del año, quedó escrita la sentencia de muerte de la Selección. La Anexión abrió una grieta que resultó devastadora. No solo desapareció la Selección, sino que también desapareció Austria como país. Ahora era Ostmark, la nueva denominación impuesta por los nazis.

En Alemania, los nazis, atentos a los beneficios que el deporte podía ofrecerles, encabezaron una reorganización interna. En diciembre de 1933, cuando la posibilidad de incorporar a Austria era un anhelo lejano, finalizó el proceso. El ministro del Interior del Reich, Wilhelm Frick, un hombre de amplia trayectoria en el Partido Nacionalsocialista Alemán (NSDAP), presentó al flamante líder del *Deutschen Reichsausschuss für Leibesübungen* (Comité del Reich para la Educación Física, o más conocido por sus siglas DRL), Hans von Tschammer und Osten: "La estructura de la vida de Gimnasia y Deportes alemán ha recibido una nueva base integral y permanente a través de la creación de la figura del líder de Deportes de Reich. Así, cumplirá la función de Comisario de Deportes del Reich que yo mismo le he encomendado. En su cualidad estará todo el carácter de la gimnasia y el deporte alemán"[77].

A partir de la insistencia de Tschammer, el 21 de diciembre de 1938, se firmó el cambio de nombre de la DRL, que pasó a llamarse *Nationalsozialistischen Reichsbund für Leibesübungen* (NSRL, Liga Nacionalsocialista del Reich para el Ejercicio Físico). Los nazis acorralaron a las federaciones deportivas que se oponían a sus ideas y se aseguraron, así, centralizar el control absoluto en la órbita de la NSRL.

Tschammer tendría influencia directa con lo que pasaría en Austria tiempo después. Luchó en el frente durante la Primera Guerra Mundial, se unió al NSDAP en 1929 y en enero de 1931 se convirtió en coronel de la milicia nazi SA, donde alcanzó el rango de teniente general en marzo de 1932. Tschammer ejerció un rol

---

77 Arnd Krüger: *Sport und Politik. Von Turnvater Jahn zum Staatsamateur*, Editorial Fackelträger, Hannover, 1975, página 66.

preponderante para esparcir las políticas del NSDAP y contagiar al público el entusiasmo hacia el régimen a través del deporte[78].

LOS PRIMEROS CAMBIOS

Uno de los preceptos de la Asociación Alemana de Fútbol fue promover el amateurismo. Siguiendo el caso de Austria en 1924, otros países se plegaron a la idea de adoptar el profesionalismo. No fue el caso de Alemania. Incluso la Asociación dispuso que la selección nacional no se enfrentara a oponentes que tengan un sistema de remuneración económica a los futbolistas.

En 1934, Alemania obtuvo el tercer puesto en el Mundial y las expectativas con vistas a los Juegos Olímpicos de Berlín, en 1936, eran inmensas. Otto Nerz era el entrenador de la selección desde 1926 y como era afín a los ideales del nazismo nunca se consideró removerlo del puesto. Nerz era un ferviente defensor de la WM. No obstante, el fracaso en los Juegos provocó que su renuncia fuera la única salida posible para descomprimir tanta presión[79]. En su reemplazo asumió Josef Herberger, exasistente de Nerz. Herberger tenía credenciales: desde el 1 de mayo de 1933 era el afiliado 2 085 548 del NSDAP.

El fútbol austríaco desapareció cuando los nazis oficializaron la Anexión y Austria pasó a ser Ostmark (Marca del Este): la Asociación Austríaca de Fútbol fue disuelta el 28 de marzo de 1938. Eberstaller lo formalizó con un telegrama que envió a la FIFA ese mismo día: "En el día de la fecha la *Österreichischer Fußball-Bund* finaliza su existencia como federación autónoma, y por lo tanto su calidad de miembro de la FIFA debe ser considerada como extinta". Además, el profesionalismo fue abolido de inmediato.

---

78 Robert S. Wistrich, *Who's who in Nazi Germany*, Editorial Routledge, Nueva York, 2001, página 263.

79 Cabe aclarar que la dimisión de Nerz no fue instantánea. Fue una renuncia paulatina. Según explica Ulrich Hesse-Lichtenberger en *Tor! The Story Of German Football*, los nazis no querían asumir el riesgo de despedir a Nerz porque, creían, no valía la pena. Nerz deseaba trabajar codo a codo con Herberger y Herberger guardaba un enorme respeto por Nerz. Si bien Herberger era la cabeza del proyecto, Nerz lo acompañó a su manera. "El 12 de mayo de 1938, Otto Nerz renunció oficialmente a todos sus deberes en la selección nacional, por lo que Herberger quedó a cargo en soledad. A Nerz le tomó más de dos semanas informarle personalmente su decisión a Herberger. La relación entre los dos se había deteriorado con el paso de los años", concluye el autor.

El NSRL, liderado por Tschammer, dinamitó la Unión de Fútbol Profesional y Entrenadores de Austria. El fútbol profesional era una actividad "inmoral" e "indigna de un hombre alemán", por lo tanto el 31 de mayo de 1938 se rescindieron los contratos vigentes de los futbolistas profesionales de Austria[80]. Para que la maniobra no pareciera tan burda, Tschammer y Thomas Kozich, vicealcalde de Viena y hombre fuerte del Deporte del Tercer Reich, emplearon a algunos jugadores en cargos en el municipio de Viena, como ocurrió con Leopold Hoffman y Willibald Schmaus. Kozich lo confirmó en sus Memorias[81].

Karl Adamek, Johan Pesser y Stefan Skoumal fueron ubicados en centrales de gas; Binder consiguió trabajo como asistente en una oficina; Wilhelm Hahnemann y Anton Schall, figuras de Admira, lo hicieron en la cancillería; Josef Stroh fue empleado en una gasolinera; Karl Sesta, al igual que Sindelar, recibió la concesión para administrar una casa de café; y Johann Mock, nacionalsocialista confeso, abrió una taberna[82].

EL PARTIDO DE LA ANEXIÓN

El 3 de abril, una semana antes de que se celebrara el plebiscito que ordenó Hitler para legitimar la Anexión, los nazis montaron una puesta en escena en el Estadio del Prater con el fin de demostrar que todo marchaba a la perfección. La selección de Alemania iba a festejar la Anexión con un partido frente a la selección de Austria. En realidad, no existía más la denominación "Austria", sino que se hizo referencia al equipo austríaco como "austroalemán".

En una trama repleta de mitos nunca comprobados ni corroborados, circularon versiones de todo tipo. Uno de los rumores que se instalaron indicaba que se había arreglado de antemano un empate, para que ningún equipo se sintiera superior al otro y que se demostrara, así, que entre los alemanes y austríacos no existían desniveles.

---

80 Walter Sturm, *Matthias Sindelar: Ein kind aus Favoriten*, Museumverein Favoriten, Viena, 2003, página 46.

81 Thomas Kozich, *Erinnerungen* (Memorias), del *Kriegsarchiv* (Archivo de Guerra) del *Österreichisches Staatsarchiv* (Archivos Estatales Austriacos), B/1166, publicado en 1980, página 50.

82 Gerhard Urbanek, *op. cit.* supra, nota 61, página 180.

También se dijo que Sindelar le pidió a los organizadores que el equipo austríaco jugara con la vestimenta con los tradicionales colores rojo y blanco, aunque no hay posibilidades de que haya sido cierto. Equivocadamente, durante décadas se pensó en Austria que Sindelar fue aquella tarde el exponente de la resistencia austríaca, quien empuñó el grito de los que estaban en contra de Hitler. Alejandro Peña, de 40 años, es argentino y trabaja en la municipalidad de Viena, pero sus padres, chilenos, se exiliaron a Austria cuando él tenía un año y medio, víctimas del régimen de Augusto Pinochet. En una charla muy cordial en un pequeño bar vienés, cuenta su experiencia: "En el colegio, cuando era chico, recuerdo que nos contaban la historia de la vida de Sindelar, a quien resaltaban como una figura de la resistencia austríaca al nazismo. Era un ejemplo en ese sentido".

Más de 60 000 personas abarrotaron el estadio del Prater. Los brazos extendidos, típica imagen del saludo fascista, adornaron el paisaje. Se vieron banderas con la cruz esvástica, al igual que pancartas que insistían con el nuevo lema: *Ein Volk, ein Reich, ein Führer* (Un pueblo, un imperio, un líder). Alemania presentó el atuendo tradicional: camiseta blanca y pantalón negro. Richard Eberstaller habló de "fiesta del deporte" y aseveró que los futbolistas austríacos promoverían el referéndum.

Austria vistió camiseta roja con pantalón blanco y formó con Peter Platzer; Karl Sesta, Willibald Schmaus; Franz Wagner, Johann Mock, Stefan Skoumal; Wilhelm Hahnemann, Josef Stroh, Matthias Sindelar (capitán), Franz Binder y Johann Pesser.

Apenas iniciado el partido, Sindelar demostró que a pesar de sus 35 años seguía marcando la deferencia. Austria ejerció el dominio y tuvo muchas situaciones de gol que no pudo convertir. Quienes creían que el empate estaba arreglado se valieron de la ineficacia de los austríacos para justificar su pensamiento. El primer tiempo terminó 0-0.

En el entretiempo, los nazis le hablaron al público y le enseñaron el único camino posible: decirle que sí a la Anexión. Tschammer tomó la palabra: "¡Mis queridos camaradas del fútbol vienés y amigos del fútbol, querida comunidad del fútbol! (...) He leído que el fútbol austríaco está muerto. Declaro que eso es una gran mentira. Declaro además que el fútbol austríaco vivirá, junto con el alemán. El arte del fútbol vienés y la Escuela de Viena son únicos en el mundo, seríamos necios si lo destruyéramos. Por lo tanto, el fútbol vienés seguirá viviendo, así como también los compañeros que jue-

gan aquí (...) El día de hoy es, en el desarrollo de la gran vida del deporte alemán, un día histórico. Cuando el partido termine, los futbolistas alemanes les darán la mano a sus camaradas austríacos. Así, el deporte alemán y austríaco trabajará eternamente para el gran Reich. Nuestro pueblo debe unirse a través de la vida deportiva. ¡Viva Alemania, el deporte alemán y el Führer!"[83].

Además, mientras los jugadores descansaban, Otto Marischka y Rudolf Zöhrer, dos de los suplentes de Austria, dieron una vuelta por la circunferencia de la cancha con un cartel que decía: "Los deportistas votan 'Sí'".

En el segundo tiempo, Sindelar abrió el marcador. Cuenta la leyenda que Sindelar era un judío que desaprobaba la Anexión de su país a la tierra antisemita del Tercer Reich. Acompañado por Sesta, Sindelar se paró frente al palco de honor donde se ubicaban los jerarcas nazis, entre ellos Adolf Hitler, y festejó el gol con una danza burlona. Sindelar no podía ver cómo los alemanes absorbían sus raíces y perseguían a sus correligionarios. Por ese acto de rebeldía, Hitler firmó su sentencia de muerte.

En un artículo que escribió para la revista *Ballesterer*, David Forster, un especialista en la historia del fútbol austríaco, aseveró: "La celebración de los austríacos, sobre todo la alegría del baile de Sindelar, había sido concebida como una burla a los nazis. Hoy, sin embargo, no se puede juzgar si realmente hubo intenciones políticas detrás del frenesí. Ambos goleadores, Sindelar y Sesta, después fueron beneficiados por la arianización de los bienes judíos"[84].

Casualmente Sesta fue el autor del segundo y último gol de la tarde.

¿Cuánto hubo de fábula y cuánto de verdad? El baile de Sindelar no está documentado en ninguna filmación ni reflejado en las crónicas de los diarios de la época. Por lo tanto, no existió. Tal como se detalló en el primer capítulo de este libro, Sindelar no era judío; y Hitler no estuvo en el Prater aquella tarde. Sí asistieron Tschammer, Eberstaller, Felix Linnemann –presidente de la Asociación Alemana– y Arthur Seyss-Inquart, pero no precisamente Hitler. En medio de una campaña para convencer a la gente que vote a favor de la Anexión, el 3 de abril de 1938 Hitler dio un discurso en Graz, la segunda ciudad del país. Esto sí está certificado.

83 *Fussball-Sonntag*, 10 de abril de 1938, página 2.

84 Revista *Ballesterer*, número 34, página 65.

Gerhard Urbanek derriba todas las especulaciones: "Tampoco fue Matthias Sindelar un héroe de culto del movimiento de resistencia. Sus supuestos gestos patrióticos durante el 'Partido de la Anexión' el 3 de abril de 1938 en el estadio nunca han tenido lugar. El equipo alemán vistió el mismo uniforme que los anfitriones, y Sindelar no pudo haber insistido en el uso de los colores "rojo-blanco-rojo" de la antigua Primera República. Tampoco tuvo la oportunidad de representar una manifestación de alegría patriótica frente a la tribuna de honor nazi. Si él lo hubiera hecho, seguramente el árbitro de Berlín hubiera detenido cualquiera de estos arranques y ningún periódico austríaco censurado podría haber reportado esta historia con impunidad. A pesar de que estos hechos son obvios, muchos todavía recuerdan el 'Partido de la Anexión' a través del prisma de la supuesta resistencia"[85].

"Se vio un juego rápido, agradable, que alcanzó su punto máximo después del entretiempo. Los austríacos jugaron mejor para obtener el éxito final. Los alemanes hicieron buenas combinaciones, pero en el área no pudieron progresar. Estoy muy feliz por la iniciativa del equipo, cada uno dio lo mejor que pudo. Los jugadores estamos muy contentos de que el último partido del equipo austroalemán haya sido un éxito"[86], expresó Sindelar. No parecían declaraciones propias de un judío opositor a los nazis.

Cuando terminó el encuentro, Tschammer se acercó a Sindelar, le dio la mano y lo felicitó por la buena victoria y el hermoso juego desplegado. Fue la última imagen de Sindelar con la camiseta de la Selección.

Quienes aún hoy cuestionan la figura de Matthias Sindelar durante la Anexión, aseguran que se manifestó a favor de los alemanes. La afirmación se sustenta en que en su edición del 10 de abril, justo el mismo día del plebiscito, el semanario austríaco *Fussball-Sonntag*, fiel aliado de los nazis, publicó la firma de Sindelar dentro de una larga lista de futbolistas que alentaban a dar el "sí". Este hecho es real: la rúbrica del centrodelantero austríaco, de puño y letra, estaba impresa en la hoja.

Bajo el título "Nosotros y 600 000 futbolistas alemanes votamos 'sí'", aparecían las firmas de los 22 jugadores que estuvieron en el Prater. ¿Todos eran cómplices del nazismo? Las firmas registradas en *Fussball-Sonntag* parecen un gesto protocolar. Fue en un partido

85 Gerhard Urbanek, *op. cit.* supra, nota 61, página 476.

86 *Sporttagblatt*, 4 de abril de 1938, página 3.

confeccionado únicamente para promover la Anexión. ¿Qué jugador podía a negarse a que apareciera su nombre? Es probable que ninguno tuviera noción de lo que se estaba gestando. En Austria todo era fiesta, alegría y esperanza.

LOS PEORES ANTECEDENTES

El Mundial de Francia empezaba en junio y tanto Austria como Alemania habían ganado la clasificación. Austria, líder del Grupo 8, dejó de existir como nación independiente después de la Anexión, por lo que no podía competir. Alemania pasó a disponer de todos los futbolistas austríacos y Josef Herberger podía utilizar a quienes quisiera para la Copa del Mundo. Muchos se vieron seducidos por los primeros cálculos: Alemania tenía un equipo fuerte, si se le sumaban las estrellas austríacas, ¿había manera de no ganar la Copa o al menos pelearla hasta el final? Los que controlaban el deporte en Alemania creían que el éxito era un hecho, una cuestión de tiempo.

La primera cuestión a considerar –y que evidentemente los dirigentes alemanes no observaron– es que Alemania y Austria tenían estilos de juego antagónicos. A pesar de las críticas recibidas en los últimos tiempos, Otto Nerz había realizado un trabajo muy serio y efectivo, basado en el estilo inglés, con especial énfasis en el físico y en la rapidez. Dentro del torbellino de críticas que recibió una vez consumada la eliminación de los Juegos Olímpicos de Berlín, resaltó el reproche por un entrenamiento casi militar que provocó el agotamiento de sus jugadores. Karl Hohmann, centrodelantero de aquel plantel, recordó: "No teníamos tiempo para hacer una mierda"[87].

Herberger intentó abrir el juego y flexibilizar las estructuras del seleccionado. Friedrich Szepan –relegado por Nerz– era lento, pero poseedor de una técnica y una inteligencia que lo hacían un jugador importante. Con Herberger comenzó a ganar protagonismo y pronto se volvió fundamental en el esquema del entrenador. Herberger no resignó el físico y la rapidez, sino que le agregó una dosis de técnica y virtuosismo a través de la inclusión de jugadores jóvenes y talentosos.

87 Ulrich Hesse-Lichtenberger, *Tor! The Story Of German Football*, WSC Books, 2003, Londres, página 78.

Más allá de que Herberger cambió el panorama, la esencia de los jugadores alemanes estaba más vinculada con la filosofía de Nerz. En Austria se practicaba un fútbol de menor rigor físico y mayor dominio de balón, con progresiones en base a pases cortos y asociaciones, en especial de los delanteros. La Escuela de Viena perseguía desde hace años conceptos diametralmente opuestos a los alemanes. Resultaba evidente que mezclar dos estilos tan diferentes en tan poco tiempo no sería una tarea sencilla.

La irrupción de los nazis fue contraproducente para las aspiraciones de Herberger, que empezó a ver cómo querían interferir en su labor. Pero no podía decir nada porque sabía que le iba a costar su futuro profesional. La primera batalla la perdió: él estaba en contra de fusionar las selecciones alemanas y austríacas, pero debió ceder. El Mundial estaba cada vez más cerca y Herberger no sabía las reglas para conformar el plantel. Por eso se trasladó hasta Szczecin (por entonces capital de la provincia alemana de Pomerania; actualmente parte de Polonia)para reunirse con Linnemann, el presidente de la Asociación Alemana que era manejado a gusto y placer por los nazis.

Linnemann fue muy claro. Le explicó a Herberger que por "órdenes superiores" debía presentar en el Mundial un equipo con seis jugadores de un país y cinco del otro. Herberger quedó atónito. "En nuestro caso debemos dar una expresión visible de unidad en el regreso de los austríacos al Reich", justificó Linnemann. El entrenador quiso volver atrás pero fue frenado por su colérico interlocutor: "Seppl (diminutivo de Joseph), ¿usted vive en la Luna? ¿No sabe lo que ha estado pasando?". El Presidente lo miraba por encima de sus lentes. Herberger, obstinado, insistió sin éxito. "Seppl, ¿usted está loco? ¡El Reichsführer (en alusión a Tschammer) quiere un 6-5 ó 5-6! ¡La historia espera por nosotros!"[88], fue la última contestación de Linnemann.

Herberger vivió la situación con mucho dolor. Sin embargo, el 2 de mayo de 1938 comenzó los preparativos para la Copa del Mundo, cuando faltaban cinco semanas para el inicio del Mundial. Tenía que elegir 22 jugadores para integrar el plantel definitivo. Finalmente, en el plantel hubo nueve futbolistas austríacos: Raftl, Schmaus, Mock (el capitán del equipo), Hahnemann, Pesser, Skoumal, Wagner, Neumer y Stroh.

---

88 Jürgen Leinemann, *Sepp Herberger, ein Leben, eine Legende,* Rowohlt Berlín, 1999, Berlín página 155.

SINDELAR DIJO NO

Aquí se abre el último capítulo en la vida deportiva de Matthias Sindelar y la Selección. A los 35 años aún tenía resto para seguir jugando, a tal punto que a principios de año recibió una tentadora oferta del Charlton Athletic, de Inglaterra, que ofreció 1 750 000 francos para llevárselo. Sindelar rechazó la oferta porque no tenía ninguna intención de irse al exterior.

El deseo de Herberger era contar con Sindelar para la Copa del Mundo y así lo dejó sentado en un documento tan auténtico que tiene anotaciones en los márgenes hechos en lápiz o lapicera, recortes de diarios y acotaciones varias. La importancia de ese manuscrito es que se revela de manera oficial el vínculo que por esos días tuvieron Herberger y Sindelar, las idas y vueltas y las posturas que cada uno defendía.

Herberger empezó contando "la historia con Sindelar". "El nombre de Sindelar está vinculado para siempre con el éxito y la fama de la selección austríaca. Sí, se ha convertido en el prototipo brillante de lo que se entiende como el estilo del fútbol austríaco, que en el mundo del fútbol se conoce como la Escuela de Viena"[89], manifestó el entrenador, que evidentemente tenía un gran respeto por Sindelar. De todos modos, consideró que no se podía "pasar por alto el hecho de que había alcanzado el límite máximo de rendimiento de acuerdo a su edad".

"Esta fue también la opinión de los líderes del equipo nacional de Austria durante los días de mi frecuente estancia en Viena, cada vez que surgía el nombre de Sindelar en la conversación. ¡Su edad!", agrega Herberger. Si bien reconocía que nuevos jugadores ocuparon el lugar de Sindelar en la Selección, para Herberger era justo contemplar todavía "sus brillantes logros".

En los hechos, la intención de Herberger de sumar a Sindelar a su proyecto fue tan fuerte como la negativa del jugador. "En una conversación personal con él me ha pedido no estar en la Copa del Mundo ni ser nominado al plantel. Me hubiera gustado tenerlo aquí", se resignó el entrenador alemán.

Del documento se desprende que Herberger ideó una estructura de equipo en base a la presencia de Sindelar. Lo que hay que aclarar es que es difícil marcar una cronología en cuanto a lo que relata Herberger. No se sabe si esto se debe a un ensayo previo a la

---

89 Josef Herberger, Acta de Propiedad 144, Archivos de la Asociación Alemana de Fútbol.

negativa de Sindelar o a la confianza en que Sindelar reviera su determinación. En todas las formaciones que dispone el entrenador, siempre con un marcado 2-3-5, Sindelar está presente. "Mi prueba con Sindelar", consigna Herberger en la primera alineación que establece, y pone a Jakob; Münzenberg, Janes; Kupfer, Goldbrunner, Kitzinger; Hahnemann, Stroh, Sindelar, Binder, Neumer o Pesser. A un costado de la hoja se lee: "Szepan no está en forma".

A Herberger le informaron que se habían programado dos amistosos: uno contra el Aston Villa y otro ante la selección de Inglaterra. La orden era afrontar un compromiso con un equipo integrado por jugadores alemanes y el otro con jugadores austríacos.

Herberger, otra vez, sufrió las "sugerencias" de los dirigentes nazis, tal como reconoce en primera persona: "Nerz vino y me comentó el deseo del secretario de Estado y líder de Zona del Deporte (en referencia al *Sportgauführer* Friedrich Rainer), quien le prometió a Tschammer que pueda jugar con un equipo puramente austríaco contra Aston Villa en Berlín, y que él anhelaba que en este equipo también alineara a Sindelar y a Sesta. Con Sindelar aceptaría gustoso, pero Sesta…, no hay manera. Sindelar no sale de mi cabeza y está en mis reflexiones una y otra vez: Sindelar (en el apunte aparece más retrasado en la línea de cinco delanteros, como si fuera un enganche), Hahnemann, Stroh, Binder, Pesser (Neumer)".

A principios de mayo, el Austria –en ese momento renombrado Ostmark– realizó una gira por Alemania. El jueves 5, en la ciudad de Krefeld, el equipo disputó un amistoso ante un combinado local. Herberger fue uno de los cinco mil espectadores que asistieron al estadio. Después del partido, el técnico alemán tuvo una conversación con Sindelar, según relata en el documento. Sindelar, el "muchacho apreciado y venerado en los círculos futbolísticos", volvió a insistir en su renuncia al proyecto que le proponía. "¡Como en Viena!", escribe Herberger, en clara referencia a la primera negativa del jugador. "Me fue ganando la impresión de que el rechazo tenía otras razones. Me quedó la impresión de que tuviera cierto malestar en relación a los acontecimientos políticos que lo oprimían, y eso motivó su rechazo", explica Herberger, quien agrega que Sindelar se sintió aliviado cuando él le dijo que entendía su decisión.

Aston Villa y "la Vieja Austria", como mencionaron los diarios de la época, se enfrentaron en la capital alemana. Sindelar finalmente no jugó, en una señal de que no estaba disponible para ponerse la camiseta de Alemania. En el documento de Herberger, debajo de la formación que terminó saliendo a la cancha, aparece escrito a mano: "¡Sindelar no!".

LA MUERTE ES MÁS DIGNA QUE ESTE FINAL

Herberger estaba muy preocupado por las divisiones internas entre austríacos y alemanes. Por eso tuvo largas charlas individuales con los jugadores para tratar de superar las disputas. Herberger, como la lógica indicaba, buscó sostener su idea en los jugadores alemanes más experimentados. Por las noches o cuando encontrara el momento propicio, salía a caminar con sus hombres más importantes. Primero lo hizo con los alemanes Münzenberg, Busch, Janes, Goldbrunner y Lehner. Después habló con Szepan, un joven rebelde que debía ser controlado de cerca. También lo hizo con los austríacos Mock y Schmaus. "Todo terminó en que me gané la colaboración de ambos"[90], concluyó el entrenador.

Alemania debutó en el Mundial ante Suiza, selección dirigida por el vienés Karl Rappan, por octavos de final. La oposición a los nazis se hizo sentir a cada paso a través de murmullos, huevazos, chiflidos y repudio ante cada cruz esvástica que salía a la luz. Raftl, Schmaus, Hahnemann, Pesser y Mock fueron los hombres nacidos en Austria que integraron la formación inicial.

El 1-1 obligó a un partido desempate. Alemania comenzó mejor y a los 22 minutos ya vencía 2-0. Sin embargo, Suiza se recuperó y terminó ganando 4-2.

La eliminación significó el peor desempeño en la historia de Alemania en un Mundial. El fracaso volvió a golpear la autoestima de los nazis. El experimento de mezclar dos culturas futbolísticas tan disímiles desembocó en un resultado previsible. Herberger tomó el camino más fácil: despotricó contra el espíritu de los austríacos y prometió corregir los errores para no repetirlos en el futuro.

Johann Mock, el capitán de esa selección, admitió: "Uno de nosotros tenía el balón y sabía que el compañero del antiguo equipo no era el que iba a pasársela ahora, y viceversa. Los futbolistas vieneses jugamos en el equipo alemán y nos sentimos como en un cuerpo extraño"[91].

---

90 Jürgen Leinemann, *op. cit.* supra, nota 88, página 158.

91 Revista *Ballesterer*, número 22, página 21.

Después de la Segunda Guerra Mundial, los alemanes, cuando se liberaron del dominio nazi, reconstruyeron su fútbol. Con Herberger como entrenador, Alemania conquistó el Mundial de 1954. En 1956, Herberger plantó la semilla que serviría para continuar su legado: incorporó a su cuerpo técnico a Helmut Schön, a quien había hecho debutar como jugador en la selección en 1937. Se puede trazar una analogía entre la relación Nerz-Herberger y Herberger-Schön. En noviembre de 1964, Schön reemplazó a Herberger y recorrió un camino exitoso, tal como lo había hecho Herberger después de suceder a Nerz. Bajo el mandato de Schön, Alemania fue finalista del Mundial de 1966, tercero en el Mundial de 1970, campeón de la Eurocopa 1972, ganador del Mundial de 1974 y finalista de la Eurocopa 1976.

Según contó el propio Schön en su autobiografía, cuando era una joven promesa que empezaba a dar sus primeros pasos como futbolista en el SV Dresdensia, su modelo a seguir era un tal Matthias Sindelar[92].

92 Helmut Schön, *Fußball*, Ullstein Verlag, 1978, Berlín, página 68.

CAPÍTULO 6.

CAFÉ SINDELAR

Sindelar en su casa de café. Atendía el teléfono, recibía a sus clientes y estaba atento a que todo funcionara bien.
(Archivo Bezirksmuseum Favoriten)

ARIANIZACIÓN

La Anexión significó un vuelco en la vida de Sindelar. Las casas de café en Viena eran –y lo son en la actualidad– una referencia cultural. "Hubo aproximadamente 220 cafés que eran propiedad de judíos en el momento de la Anexión"[1], escribe el investigador austríaco David Forster en la revista *Ballesterer*, que en sus ediciones dedicó infinidad de artículos para explicar distintos asuntos relacionados a lo que ocurrió en Austria durante los años de dominio alemán.

De acuerdo a las palabras de Forster en el mismo artículo, hasta diciembre de 1938 no había ningún dictamen oficial que obligara a los judíos a vender sus comercios, pero tuvieron que deshacerse de su patrimonio forzados por la presión política, el boicot y la violencia. Muchos negocios de judíos fueron cerrados y pintados con la Estrella de David para que a nadie le quedara dudas de la identidad.

Antes de enfocar la situación particular de Sindelar, es necesaria una introducción a un concepto vital para comprender los sucesos: la arianización. En esencia, fue una herramienta que emplearon los nazis para la expropiación de bienes judíos. Como puede deducirse, la palabra "arianización" buscaba otorgarle un tinte ario a algo que no lo tenía.

Eric Kandel, científico de origen judío nacido en Viena cuyo padre decidió emigrar a Estados Unidos cuando se consumó la Anexión, describe las arianizaciones con palabras concisas pero muy efectivas: "Forma de robo presuntamente legal"[2].

El historiador austríaco Raul Hilberg, quien junto a su familia judía tuvo que huir de Austria después de la Anexión, hace una buena disección: "El destino de una empresa judía podía ser la liquidación o la arianización. La empresa liquidada dejaba de existir; la arianizada era comprada por una empresa alemana. Las arianizaciones se dividieron en dos partes: por un lado, las denominadas voluntarias (enero de 1933 a noviembre de 1938), que eran transmisiones realizadas de conformidad con acuerdos 'voluntarios' entre vendedores judíos y compradores alemanes; por el otro, las compulsivas (después de noviembre de 1938), que eran transmisiones

1 Revista *Ballesterer*, número 12, página 32.

2 Eric Kandel, *En busca de la memoria*, Katz, Buenos Aires, 2007, página 48.

efectuadas en cumplimiento de órdenes estatales en las que se obligaba a los judíos a vender su propiedad"[3].

En Austria, antes de la Anexión, había 25 895 empresas judías (sin incluir consultorios médicos y despachos de abogados); a finales de 1939 se habían liquidado 21 143[4].

Según explica el francés Georges Bensoussan, colega de Hilberg, una empresa judía por arianizar era "aquella cuyo propietario es judío, aquella que cuenta con un judío en su consejo de administración, aquella en la cual un judío posee más del 25% del capital o más del 50% de los votos"[5].

Más de 140 cafés operaron arianizados, el resto se liquidó en el curso de una industria sacudida por la crisis, es decir que cerraron[6]. La historiadora vienesa Brigitte Bailer-Galanda agrega: "Entre 7000 y 9000 negocios que eran propiedad de judíos fueron arianizados en 1938, el resto (18 800) fueron liquidados. Muchísimos austríacos se vieron beneficiados por esas arianizaciones, así como también del saqueo de otras propiedades de judíos"[7].

EL BOTÍN

Leopold Simon Drill nació el 21 de diciembre de 1867 en Altenmarkt, Baja Austria, pero vivió casi toda su vida en Viena. Drill era ciudadano vienés y la dirección de su hogar era Dampfgasse 1. En 1909 compró una casa de café ubicada en Laxenburgerstrasse 16, en Favoriten, una zona industrial y con muy buena circulación en las inmediaciones.

El local, llamado "Annahof", comenzó a funcionar y a Drill le redituó. El café estaba situado en una esquina y gozaba de una amplitud singular. De acuerdo a la información brindada por el propio Drill, tenía diez ventanas que daban a la calle, un solo piso (planta baja) que incluía un salón principal en el que se atendía a los clien-

3 Raúl Hilberg, *La destrucción de los judíos europeos*, Ediciones Akal, Madrid, 2005, página 106.

4 Ibíd., página 136.

5 Georges Bensoussan, *Historia de la Shoah*, Anthropos Editorial, 2005, Barcelona, página 28.

6 Raúl Hilberg, *op. cit.* supra, nota 3, páginas 108 y 109.

7 Entrevista con Brigitte Bailer-Galanda realizada el 10 de septiembre de 2012.

tes, dos depósitos, una sala de juegos, un baño de hombres y otro de damas y una cocina[8].

Los problemas empezaron a partir del 13 de marzo de 1938, después de la Anexión: Drill era judío.

El 25 de abril de 1938, Franz Reithner, miembro de la milicia nazi *Sturmabteilung* (SA) desde noviembre de 1933 y afiliado al NSDAP un año antes, fue designado administrador interino del Annahof. El primer paso estaba dado. Drill, que perdió el control del Annahof, comenzaba a sentir las llamas del infierno. Era solo el inicio. Lo mismo ocurrió con Robert Drill, hijo de Leopold, nacido el 22 de mayo de 1898, quien también tenía injerencia en los menesteres del negocio. Después del cambio de administración las ventas diarias eran de "Reichsmarks (RM) 130" promedio.

Hay otra cuestión a considerar y que más adelante tendrá un segundo capítulo. Cuando entró en funciones –cuenta Reithner–, fueron incautados 300 chelines que había en la vivienda de Leopold Drill y 442 que estaban en la caja registradora de la casa de café. Si bien el Annahof tenía un solo piso, en las plantas superiores había viviendas. Al menos una de ellas pertenecía a Drill, quien vivía allí. El Annahof estaba en Laxenburgerstrasse 16 y Dampfgasse 1/6. En otros documentos dice que Drill residía en Dampfgasse 1/11, es decir, en el departamento 11 de esa calle.

En un informe final fechado el 9 de agosto de 1938, Reithner presentó un escrito en el que resumió los primeros resultados del proceso de arianización. Reithner aseguró que antes de la Anexión el café fue visitado mayoritariamente por clientes judíos. Además, agregó un detalle que no muchos tuvieron en cuenta en sus análisis posteriores: desde que asumió su función provisional no se atendieron arios, pero sí se seguían atendiendo judíos; el objetivo era perjudicar los ingresos económicos del lugar y también reforzar la ideología, que era que un ario no podía comprarle a un judío. Así se desató una política de asfixie que mostraba una sola vía de escape: que un comprador –ario– se hiciera cargo del negocio[9].

"El propietario judío no tenía intenciones de vender la casa de café porque le daba buenos réditos. Todas mis palabras y la presión posible no tuvieron éxito para convencerlo para que vendiera el café.

---

8 *Berkaufsanmeldung* (Aplicación para Vender) de Leopold Simon Drill ante la *Arisierungsstelle der Gast- und Schankgewerbeinnung* (Oficina de Arianización de Cafés y Otros Negocios Gastronómicos).

9 *Abschlussbericht* (Informe Final), acta número 7689, enviado y firmado por Franz Reithner el 9 de agosto de 1938.

Con la acción de la *Kripoleitstelle* (la Oficina de la Policía Criminal, que se encargó de las investigaciones criminales en la Alemania nazi y dependía de la Oficina Central de Seguridad del Reich) a fin de mayo fue posible inducirlo a venderlo"[10], reveló Reithner.

Cuando tuvo que vender Annahof, Drill declaró que aproximadamente la mitad de la clientela era judía y la mitad aria. La *Kripoleitstelle* envió a la mitad de los clientes judíos al campo de concentración de Dachau. Entre ellos estaba Robert Drill, que en los últimos años fue el que estuvo al frente de la casa de café. Hay que tener en cuenta que Leopold tenía 70 años. El arresto de buena parte de sus concurrentes provocó que el café empezara a generar cada vez menos ingresos. Reithner sentenció sin pudor: "Ahora se alcanzaba una cifra de aproximadamente RM 30 diarios"[11].

El resto de la clientela dejó de frecuentar el café porque eligió ir a otros lugares o directamente no fue a ningún café porque tenía miedo de terminar en un campo de concentración. Por este motivo, al bajar los ingresos, Reithner no pudo pagar las obligaciones económicas que conllevaba el mantenimiento del café.

El Annahof había sido intervenido por los nazis; la influencia de Drill estaba reducida prácticamente a la inexistencia; la maniobra de vaciamiento ejercida por Reithner dio sus frutos; y la situación económica del café era cada vez más comprometida. El combo era letal, pero le faltaba un condimento esencial: el sucesor que se encargue de corregir los despilfarros de Reithner. Ahí es donde apareció la figura de Matthias Sindelar.

PRIMEROS PASOS

El aporte del periodista e investigador austríaco Peter Menasse es fundamental para entender esta etapa de la vida de Sindelar. De origen judío, Menasse puso en el centro de la escena una discusión vinculada al nexo entre Sindelar y los nazis a partir de la polémica adquisición del café de Drill. Hasta ese momento Sindelar era considerado por mucha gente como un ícono de la resistencia austríaca al nazismo.

Ahora bien, ¿qué tiene que ver Matthias Sindelar con Leopold Simon Drill? ¿Cómo llegó uno al otro? Hay dos posibilidades, aun-

10 Ibíd.

11 Ibíd.

que ninguna certificada: que hubiera un conocimiento previo entre ambos o que la casualidad los haya juntado. "¿Hay evidencias reales sobre la relación entre Sindelar y Drill? ¿Eran amigos?", le pregunto a Menasse, quien responde: "Sindelar frecuentaba muy a menudo el Annahof, de ahí que entre él y Leopold Drill se desarrollase una cierta amistad, mejor sería decir que eran buenos conocidos"[12].

En primera instancia, a Sindelar le gustaba concurrir a casas de café con sus amigos y, fundamentalmente, pasar las noches jugando a las cartas, bebiendo y fumando. Entre el Annahof y su vivienda había unas 15 cuadras de distancia, por lo que tranquilamente pudo haber frecuentado o visitado alguna vez el negocio de Drill. En una carta que data de 1946, Leopoldine Sindelar, una de las hermanas del futbolista, escribió que Matthias dudó en comprar el café de Drill porque éste "era un hombre conocido en el ambiente del fútbol". No existen evidencias concretas de una relación fluida o amistad entre Sindelar y Drill.

La otra alternativa es que a Sindelar y Drill no los unía nada, que si existía un lazo, estaba despojado de todo tipo de afecto. A lo sumo existió un contacto casual, pero no más que eso. Que Drill sea conocido en el ambiente del fútbol no implica amistad. Suponiendo que Drill estaba en el Annahof mientras Sindelar era cliente, es probable que el delantero del Austria ni siquiera sepa el nombre del dueño.

Sindelar ya no trabajaba en Wilhelm Pohl. Desempleado y sin ingresos en el fútbol por la prohibición del profesionalismo impuesta por los alemanes, la necesidad lo obligó a buscar nuevos horizontes. Tener una casa de café era una posibilidad viable y seductora, que si se mantenía en el tiempo podía darle tantos frutos como los que disfrutó Drill hasta marzo de 1938.

Como admitió Reithner, Drill había sido sometido a una enorme presión para deshacerse del Annahof. A pesar de un esbozo de resistencia, al final tuvo que ceder ante el poder de los nazis. El 1 de junio de 1938, Drill presentó una aplicación para vender el Annahof en la central de la Oficina de Arianizaciones: quería RM 54 000 por todo concepto para desprenderse del café.

En un formulario de cuatro hojas de extensión, Drill dice que era el único propietario y que siempre fue el jefe del café, que estaba presente en el lugar en los horarios de trabajo y que nunca hubo otro gerente. Frente a la requisitoria "ario o no ario", Drill no ocultó

12 Entrevista a Peter Menasse realizada el 26 de septiembre de 2012.

que no era ario. También declaró que el estado de los ambientes y del inventario era bueno; que en 1937, cuando hizo las últimas refacciones en el café, gastó RM 1700; y que ya no había nada más por modificar. Otro dato que añade es que el Annahof tenía clientes que eran habitués: "Viene gente de clase media, muchos señores de la Policía y funcionarios"[13].

De acuerdo a la declaración de Drill, el volumen de ventas en 1936 fue de RM 55 745; en 1937 bajó a RM 50 439; y en 1938, desde el 1 de enero hasta el 10 de marzo –dos días antes de la Anexión–, alcanzó los RM 10 355, lo que marca una proyección que invita a pensar que de completarse el ejercicio el volumen superaría por buen margen a sus años predecesores. El casillero de 1935 está vacío[14]. Es evidente que el Annahof era un local muy bien concurrido y a la vez muy rentable.

En cuanto a las deudas, Drill asumió que solamente tenía cuentas que aún no había pagado, actuales, equivalentes a RM 800, además de impuestos por RM 1000. Estos números implican sumas menores.

El 15 de junio, la Oficina de Arianizaciones recibió una proposición de compra firmada por Sindelar. Al leer el documento no quedan dudas de que Sindelar se declara "no judío" y "ario". Ante la requisitoria de responder si era miembro del partido nazi, su respuesta fue contundente: "No". El jugador del Austria confesó que no tenía experiencia en administración de locales gastronómicos, pero aclaró que iba a demostrar que estaba capacitado para hacerlo satisfactoriamente[15].

Las incongruencias con respecto a la posición de Drill surgieron a las claras cuando Sindelar dio las primeras referencias económicas. El futbolista especificó que su capital disponible (no solo referido a esta operación, sino en general) era de RM 25 000, de los que ofrecía desembolsar RM 20 000 para adquirir el Annahof. No parecen cifras sinceras para un emprendimiento de este estilo, sobre todo si se tiene en cuenta que al valor neto del inmueble había que agregarle gastos de refacciones e impuestos, entre otras cosas. Con los RM 5000 restantes no le alcanzaba para todo.

---

13 *Berkaufsanmeldung*, *op. cit.* supra, nota 8.

14 Ibíd.

15 *Kaufantrag* (Aplicación para Comprar) de Matthias Sindelar ante la Arisierungstelle *der Gast- und Schankgewerbeinnung* (Oficina de Arianización de Cafés y Otros Negocios Gastronómicos).

¿Cómo pensaba pagarle a Drill? Sindelar propuso abonar RM 15 000 en efectivo y el resto en cuotas semestrales de RM 300, a correr a partir del 1 de enero de 1939. A su vez, dijo que estaba dispuesto a asumir la dirección del café "en cualquier momento"[16].

JULIUS VESELY

La relación de Sindelar con autoridades nazis sobrevoló en todo momento. El primer fundamento aparece el 16 de junio, un día después de la proposición de compra que presentó. La fecha no es casual: denota que alguna maniobra conjunta fue tramada entre Sindelar y el poder. Ese mismo día, en una carta enviada desde las entrañas de la Asociación Austríaca de Fútbol a un funcionario nazi de la Oficina de Arianizaciones, se precisaba que este organismo tenía que ayudar a Sindelar en su intención de comprar la casa de café. La firma de puño y letra era de Hans Janisch, el máximo referente del fútbol de la Gau[17]. Janisch era admirador de Sindelar, y más tarde, con la muerte del delantero, se encargaría de exteriorizarlo.

El perito Julius Vesely confeccionó un dictamen sobre el Annahof. Según se detalla en el reporte, "el café tenía una sala principal amplia, dos pequeñas salas de juegos, un guardarropa, dos baños, una cocina y un pequeño depósito. Sobre la calle desemboca una puerta y once ventanas con vista al exterior, de las cuales tres estaban provistas de brazos de empuje. El suelo está en muy mal estado y necesita reparación. Por otra parte, hay un escaño de 25 metros recubierto con una tela de gamuza (algunas partes deben ser reparadas)". Además, detalló el inventario y muebles (accesorios).

Añadió que las personas que frecuentaban el café eran comerciantes, vendedores a domicilio y pensionistas, y que transeúntes (personas que pasan caminando y entran) no había muchos. La mitad de las personas no eran arios (judíos). "Tiene una ubicación muy buena", afirmó Vesely.

De acuerdo al testimonio de Vesely, en 1937 las ganancias fueron de 75 653 chelines –mucha diferencia con lo declarado por Drill–; y hasta fin de mayo de 1938 tenía 24 118 chelines y RM 2938. En 1938, en comparación con el año anterior, hubo un descenso en los ingre-

16 Ibíd.

17 Las *Gau* eran las subdivisiones administrativas de facto de la Alemania nazi.

sos de un 28 a 30%. Para Vesely había una solución: "Después de la arianización completa más clientes van a visitar el café y así seguro van a recibir el mismo volumen que en años anteriores. La ausencia de judíos no va a ser un problema económico porque los arios van a compensar la baja judía".

En el final del documento, Vesely afirma a modo de conclusión: "El valor del café antes del 10 de marzo de 1938 (el día de la Anexión) era RM 40 000. Y ahora (en referencia a la fecha de emisión del dictamen) el valor es de RM 30 000 a 32 000. La autorización estatal para habilitar el comercio es de RM 5000 a 6000".

Entre lo que Drill pedía y lo que Sindelar ofrecía había RM 34 000 de diferencia, un abismo. Vesely, en su conclusión, seguramente sin ser consciente, benefició la aplicación de Sindelar: la sugerencia del precio de venta era mucho más cercana a lo que Sindelar quería pagar (RM 20 000) que a lo que Drill pretendía recibir por la venta (RM 54 000). Parece increíble, pero el genealogista vienés Christoph Unger cree que Drill fue quien contrató a Vesely para que elaborara el informe.

TRATO HECHO

Todo estaba dado para que Sindelar se hiciera con el Annahof. Julio fue un mes decisivo. Además del dictamen de Vesely, los nazis volvieron a facilitarle los caminos a su oferta.

Tal como exhibe Peter Menasse en la revista *NU*, el 2 de julio (el mismo día que Vesely confeccionó el dictamen sobre el Annahof), Sindelar, de puño y letra, asumió: "Declaro bajo juramento que soy de descendencia aria"[18]. El 8 de julio, desde el NSDAP enviaron una nota en la que se afirmaba que no existía ninguna duda sobre la opinión política de Matthias Sindelar, dejando clara constancia de que no era un problema para el régimen.

El 20 de julio, el Departamento de Bienes del Ministerio de Administración y Trabajo, a través de la Oficina de Arianización de Cafés y Otros Negocios Gastronómicos, se contactó con Sindelar para darle una buena noticia, en referencia "a su petición del 15 de junio", como se lee en el primer renglón del documento.

18 Revista *NU*, número 14, página 9.

"Conforme a la ley del 26 de abril de 1938...", comienza el telegrama de los nazis que Sindelar recibió en su domicilio de Quellenstrasse 75/1. Ese día se dio otro paso para encerrar a los judíos: una disposición del Ministerio del Interior los obligó a registrar oficialmente sus bienes y propiedades. Los nazis tenían que saber qué es lo que iban a expropiar o arianizar.

En referencia a la solicitud del 15 de junio, a Sindelar le otorgaron "la autorización provisional de asunción del negocio de la casa de café 'Café Annahof', en el distrito 10 de Viena, Laxenburgerstrasse 16, perteneciente a Leopold Simon Drill". Y seguía de la siguiente manera:

La concesión de esta pre-autorización está ligada a las siguientes condiciones:

Usted asume la gestión del negocio arriba nombrado desde el momento de exhibición de autorización a propia cuenta y riesgo. Usted recibe con esto el derecho de denominar al establecimiento como establecimiento ario. En la asunción del negocio, usted tiene que, junto a un administrador de comisaría, realizar un balance detallado de los activos y pasivos según la situación en el día de la asunción, y entregarlo al Departamento de Bienes.

En cuanto usted realice actos jurídicos que no excedan el marco de la gestión común del negocio, tiene que tratarlo en conformidad con la Oficina de Arianizaciones.

La pre-autorización otorgada no le da el derecho a la concesión de una autorización definitiva. Puede más bien ser revocada. Me reservo la fijación de condiciones para una autorización definitiva.

Ya no había impedimentos para que Sindelar se hiciera cargo del Annahof. Según la investigación de Brigitte Bailer-Galanda, la concesión del café era por veinte años.[19]

Finalmente, Sindelar pagó RM 15 000 en efectivo y los restantes RM 5000 se comprometió a abonarlos en cuotas semestrales de RM 300 cada una. Sin una coma de diferencia con respecto a lo que propuso el 15 de junio. Algunas fuentes agregan que como no tenía los fondos totales para afrontar la compra, Sindelar tuvo que pedir un préstamo a la cervecería *Gösser*, que a cambio se aseguró la pre-

---

19 Investigación de Brigitte Bailer-Galanda titulada *Der Fall Sindelar- ein kritische Bewertung* (El Caso Sindelar- una valoración crítica), en el *Widmungen von Ehrengräbern durch die nationalsozilistische Stadtverwaltung in Wien von 1938-1945* (Dedicatorias de Tumbas Honorarias por el Gobierno Municipal Nacionalsocialista en Viena entre 1938-1945), por la *Kommissionsbericht an den amtsführenden Stadtrat für Kultur und Wissenschaft* (Informe de la Comisión del Consejo Municipal de Cultura y Ciencia), página 3.

sencia de su producto en el Café Sindelar. También tuvo que pagar el impuesto de arianización por RM 2000. Si era cierto que todo su capital estaba valuado en RM 25 000, entonces comprar el Annahof le demandaría al menos RM 22 000. Como consecuencia, es poco probable que la declaración de Sindelar fuera sincera.

El investigador Walter Sturm defendió al futbolista: "Sindelar pagó RM 20 000, que fueron aceptados por la VVSt,[20]que es la que estipula los precios".[21]

Con los años se comprobó lo que se suponía: ni Drill ni su familia recibieron el dinero que pagó Sindelar. Pero eso lo indagaremos más adelante. Por lo pronto, todo fue una farsa que perjudicó a Drill.

LA NUEVA VIDA

Los diarios de la época, en general, se refirieron a la presentación del Café como el comienzo de la nueva vida de Sindelar tras la prohibición del profesionalismo. El lanzamiento del Café generó gran expectativa en la prensa y en el público. "Mañana es finalmente el gran día para Matthias Sindelar, que tendrá su debut como dueño de una casa de café (...) Los numerosos admiradores del gran jugador de fútbol podrán tomar una Sindelar-Moca el día de la apertura"[22],escribió *Das Kleine Blatt*. *Neue Freie Presse* manifestó que para el "rubio centrodelantero" significaba la despedida oficial como jugador profesional y que en muchas conversaciones había asegurado que el profesionalismo no era la condición ideal[23]."Matthias Sindelar es popular en el mejor sentido de la palabra. Apenas hay algunas personas en Viena que no lo co-

---

20 La *Vermögensverkehrsstelle* (Oficina de Registro de la Propiedad), abreviada VVSt por sus siglas en alemán, fue creada por los nazis el 18 de mayo de 1938 en el Ministerio de Empleo y Economía de Austria como una autoridad competente para el control y la organización general de las expropiaciones de las propiedades privadas judías y la arianización de los negocios judíos. Como bien dijo Sturm, se encargaba de fijar el precio de compra de las empresas arianizadas, además de nombrar administradores, comisarios y liquidadores de los negocios, entre otras funciones.

21 Revista *Ballesterer*, número 12, página 31.

22 *Das Kleine Blatt*, 31 de agosto de 1938, página 15.

23 *Neue Freie Presse*, 31 de agosto de 1938, página 13.

nocen (...)"[24],apeló *Sporttagblatt* para medir la concurrencia que se esperaba.

Después de un tiempo de remodelaciones (se vio un cartel que decía "¡CERRADO por refacciones! COMPRADO por Matthias SINDELAR"), de las que Sindelar estuvo particularmente pendiente en la supervisión, el flamante Café Sindelar abrió sus puertas el miércoles 1 de septiembre de 1938, a las cinco de la tarde. Sindelar invitó a diversos medios de comunicación y a personalidades destacadas. Diez minutos después el lugar estaba lleno, las mesas de juegos y los billares lucieron colmados. Hubo representantes del deporte, amigos de Sindelar y personas que llegaron de todas partes de Viena para felicitar al centrodelantero del Austria, incluso dejándole ramos de flores. Uno de los primeros en llegar fue Richard Eberstaller, expresidente de la Asociación Austríaca de Fútbol[25].

Entre los asistentes hubo futbolistas famosos, entre los que se destacaron Karl Sesta, Josef Stroh, Rudolf Viertl, Franz Binder, Walter Nausch, Peter Platzer, Johann Horvath y Leopold Resch, y otros que no figuraban en los primeros planos.

También hubo lugar para la presencia de hombres de las SA, en una clara señal de confraternidad. Wilhelm Schmieger, famoso periodista radial y director de deportes de *Kronen-Zeitung*, describió el lugar como "un café acogedor" y agregó que no faltaban los mazos de cartas ni las mesas de billar para hacer un espacio típico de la "vida diaria de las casas de café"[26].En *Reichspost* consideraron que el local era "moderno" y "elegante"[27].

Sindelar fue retratado con y sin flores, con y sin el *Gugelhupf* –una especie de bizcocho cuya forma característica se asemeja a la de una montaña–, mientras en la vereda los niños de Favoriten se agolpaban contra los vidrios de las ventanas para observar lo que pasaba. Incluso se vio a Sindelar atendiendo y sirviendo en las mesas.

"Después de todo, soy inexperto en esta industria (...) Yo sé lo que es un taconazo, un cabezazo y una tijera –en referencia a la técnica para impactar el balón con un salto en el aire–, pero cómo iba yo a saber que hay treinta y más especialidades de licor y un

24 *Sporttagblatt*, 30 de agosto de 1938, página 3.

25 *Sporttagblatt*, 2 de septiembre de 1938, página 2.

26 Gerhard Urbanek, *Österreichs Deutschland-Komplex. Paradoxien in der österreichischdeutschen Fußballmythologie*, Editorial LIT, Viena, 2009, página 149.

27 *Reichspost*, 2 de septiembre de 1938, página 7.

montón de clases de cafés. La mitad de las noches, en los últimos tiempos, no puedo dormir por los nervios"[28],declaró Sindelar en diálogo con el periodista de *Das Kleine Blatt* que cubrió la inauguración de su café.

EL DEBATE POSTERIOR

Es importante considerar que el rol de Sindelar en el proceso de arianización del Annahof fue puesto en el centro de la escena y cuestionado por algunos investigadores. Durante muchas décadas la figura de Sindelar fue intocable, al punto de colocar al delantero del Austria en un pedestal, como si fuera un hombre sin fisuras, perfecto. Como dijimos, Peter Menasse bajó a Sindelar a la tierra y se animó a descubrir una parte de la historia que hasta 2003 muy pocos conocían.

Según Menasse, los nazis tejieron una sociedad con Sindelar. También quedó flotando la insinuación de que Sindelar pudo haber estado afiliado al NSDAP, aunque no fue cierto.

Si Sindelar era amigo de Drill es algo que jamás se podrá comprobar. Pero se puede ir más allá y plantearse los siguientes interrogantes: ¿qué papel tuvo Sindelar mientras los nazis humillaban a Drill? ¿Estaba al tanto de lo que pasaba? ¿Actuó por acción u omisión? ¿Fue cómplice de los nazis? Este sí es un terreno más fértil y confiable para estudiar.

Para responder esas preguntas es fundamental hacer una disquisición que aporta dos miradas: una con el prisma de 1938 y otra con ojos centrados en el pensamiento moderno.

En retrospectiva, es imposible obviar el contexto. Salvo contadas excepciones, el pueblo austríaco recibió con júbilo la invasión de Alemania. La verdadera resistencia austríaca poco pudo hacer para evitar el avance de las fuerzas de Hitler y no quedan dudas que Sindelar no formaba parte de ese grupo. La comunidad judía de Austria fue rebajada a tal punto que cualquier decisión que tomaran los nuevos gobernantes en perjuicio de su existencia era digerida con normalidad por el resto de la sociedad.

Sindelar no era judío; está claro porque de lo contrario los nazis no le hubieran otorgado el Annahof. De todos modos, su respeto

---

28 *Das Kleine Blatt*, 2 de septiembre de 1938, página 11.

por los judíos era absoluto; su pasión sin límites por el Austria, una institución judía, lo demuestra. Tenía muchos amigos judíos, como era el caso de Emanuel Schwarz, el presidente del club, con quien lo unía un vínculo casi paternal. En un panorama en el que el antisemitismo y la discriminación eran constantes, Sindelar apostó por una postura apolítica, alejada de la militancia.

Franz Schwarz, hijo del legendario Emanuel Schwarz, se expresó en desacuerdo cuando le preguntaron si Sindelar era nazi y agregó: "*Motzl* era un futbolista, ¿sabes? No tenía idea". Franz recordó que cuando su padre se enteró de que Sindelar había comprado una casa de café lo tomó como una buena noticia[29].

"No me sorprende que en marzo de 1938 Sindelar le haya dicho al presidente judío del Austria que lo iba a seguir saludando a pesar de la prohibición y que luego, en junio, aprovechó la arianización de un café. En el momento de la Anexión mucha gente no podía imaginar lo que ocurriría con la dureza del régimen"[30],dijo Menasse, en un intento de comprender cierta ambigüedad en el comportamiento de Sindelar.

El 3 de febrero de 2003, la revista *Ballesterer* organizó una charla/debate sobre el papel de Sindelar durante los años de la Anexión. David Forster fue el moderador, y los invitados fueron Walter Sturm, uno de los hombres que más y mejor conoce la vida de Sindelar; el historiador Matthias Marschik y Peter Menasse, el principal crítico de Sindelar.

El debate comenzó con un disparador interesante[31]:

Forster: ¿Cómo ven el progreso del debate desde diciembre de 2003?

Marschik: Ha ido mal desde el principio. Tenemos, por un lado, el acto de la compra de la casa de café y, por otro lado, el mito de Sindelar. El problema se genera cuando se mezclan esas dos corrientes. Los malentendidos son inevitables.

Menasse: No es que el debate haya ido mal, el problema es lo que los historiadores del país han reunido a lo largo de 60 años. Logré a través de mis artículos examinar la arianización y así llegué a un lugar donde anteriormente no se había llegado.

Marschik: Su contribución, señor Menasse, fue absolutamente vital para estimular las discusiones sobre el conformismo, en

29 Emil Bobi, Sindelars List en *Profil* 52/1a (22 de diciembre de 2003), página 25.

30 Revista *Ballesterer*, número 12, página 30.

31 Ibíd.

especial en las páginas deportivas de los periódicos. Hay varios niveles. "Dejemos a Sindelar descansar", la constatación de que Sindelar tiene una biografía impoluta; o la dirección contraria: "Escupimos en su tumba y tenemos que encontrar otro héroe".

Menasse: La actitud es: "Nosotros hacemos nuestros propios héroes antifascistas y también los quitamos nosotros". Eso sería, sin embargo, encontrar alguien que es mejor que Sindelar. ¿Cuáles son, por ejemplo, los jugadores judíos del Austria Viena venerados hoy en día?

Luego, Forster consultó: "¿Puede haber fanáticos de Sindelar a pesar de la arianización?". La respuesta de Sturm fue clara: "Sindelar compró una casa de café en las condiciones de un estado ilegítimo. Pero esto no tiene nada que ver con sus victorias en el Wunderteam". "Sindelar ha tenido una oportunidad como decenas de miles de otros austríacos. Él ha hecho lo que le sugirió el tiempo", agregó Marschik.

Forster aporta otra lectura: "No creo realmente que la arianización haya deteriorado la imagen de Sindelar en el público. La mayoría de la gente lo defendió y no quiso que la imagen del héroe nacional tuviera manchas. Pero yo creo que esa fue una discusión muy importante, demostrando que el futbolista perfecto fue también un humano que hizo lo moralmente incorrecto"[32].

De acuerdo a un análisis de los hechos a partir de una perspectiva más acorde a nuestros tiempos, hoy sería impensado que una persona pública se exponga a adquirir una propiedad en las condiciones que lo hizo Sindelar. El rechazo popular lo condenaría abiertamente. Sin darse cuenta del peligro que conllevaba pactar con el diablo ni de las atrocidades que cometerían los alemanes, la "sociedad" con los nazis embarró la imagen del centrodelantero.

LA VIDA DESPUÉS DE LA MUERTE

Leopold Simon Drill fue deportado al campo de concentración de Theresienstadt, ubicado en esa ciudad situada a unos 60 kilómetros al norte de Praga, el 22 de julio de 1942. Allí murió el 26 de marzo de 1943. El mismo año que fue trasladado a Theresienstadt, su esposa Ernestina falleció en Viena poco antes de correr la misma

32 Entrevista a David Forster realizada el 27 de septiembre de 2012.

suerte que su marido. Quien pudo salvarse de las garras nazis fue Robert, el hijo de Leopold: estuvo cautivo pero finalmente fue liberado del campo de concentración de Buchenwald, en Alemania, el 21 de abril de 1939 y luego huyó a Londres. Tiempo después, Robert continuó la lucha por la restitución del café arianizado de su padre.

La muerte de Sindelar, lejos de significar un final, representó el inicio del descubrimiento de la trastienda de la adquisición del Annahof. La mayoría de las revelaciones brotaron después de la Segunda Guerra Mundial, cuando los nazis cayeron en desgracia. Detalles hasta ese momento ocultos salieron a la luz. El más notorio fue la confirmación total de que ni Drill ni su familia recibieron un centavo por la venta.

La versión que tiene más asidero (aunque en esta investigación no se hayan encontrado evidencias que la documenten) y que fue contemplada por el investigador Gerhard Urbanek es que el dinero que debía recibir Drill fue utilizado para pagar "deudas y obligaciones del vendedor". Antes de su deportación al campo de concentración de Theresienstadt, a Drill le aplicaron el Reichsfluchtsteuer (era un "impuesto a la emigración", que implicaba una expropiación parcial de los bienes de los judíos que fueron perseguidos y obligados a huir de su país)[33].Por otra parte, cualquier dinero que ingresara a la cuenta bancaria de Drill, con los judíos fuera de toda actividad comercial por decreto de los nazis, nunca iba a llegar a su destinatario.

El Café Sindelar quedó en el medio de una disputa de poderes: los reclamos de restitución de la familia Drill y la intención de mantener la propiedad de los herederos del futbolista.

Cuando falleció Sindelar, las autoridades nazis se vieron en una situación que lograron resolver con simpleza, en lo que fue el primer capítulo de la novela. Marie no tardó en ocultar su deseo de continuar con el café de su hijo. Sin embargo, el 21 de agosto de 1939 los nazis la rechazaron a través de una carta. "Marie Sindelar es nacionalista checa y no quiere saber nada con el movimiento. Siempre fue oponente al régimen nazi. El rechazo es muy fuerte. Reparte alimentos a niños checos, es una gran egoísta que solo piensa en ella. No es persona digna de recibir ayuda de los nacio-

33 Gerhard Urbanek, *op. cit.* supra, nota 26, página 146.

nalsocialistas"[34], sentenció la misiva del NSDAP firmada por el Dr. Walaschek, un dirigente del Departamento Personal de Viena.

La segunda señal también se dio algunos meses después de la muerte de Sindelar. El 15 de septiembre de 1939, Walaschek hizo una presentación en el Departamento de Bienes en la que contaba que el día anterior había mantenido una conversación telefónica con una mujer que le informó que, "según el fallecido Matthias Sindelar", las herederas tenían que ser su madre y sus dos hermanas.

Walaschek, además, transmitió "una copia de una denuncia" que le llegó el 20 de marzo de 1939 de su correligionario Ing. Adolf Kastner "sobre el señor Franz Sulz; éste sería el cuñado del fallecido Matthias Sindelar". El dato era acertado, aunque el apellido estuviera mal escrito: Franz Sulc era el marido de Leopoldine. "Le solicito hacer uso de este informe y notificarme eventualmente ante una opinión adicional. ¡Viva Hitler!", cerró la carta.

El anexo protocolar redactado por Kastner profesó duras críticas contra Sulc y ofreció descubrimientos muy interesantes:[35]

> Yo soy director de la Modelltischlerei Kastner (carpintería Kastner), Baden bei Wien (Baja Austria), en la dirección Bahngasse 2. Hace 14 años hay activo un tal Franz Sulc como capataz, cuyo domicilio es Quellenstrasse 35, en el distrito 10 de Viena. Éste es cuñado del futbolista recientemente fallecido Sindelar. Sindelar era propietario del Café Sindelar, en Laxenburgerstrasse 16, distrito 10 de Viena. A Sulc, un checo tenaz y con odio hacia los alemanes, lo conozco perfectamente; durante las dos crisis, en los días de septiembre y marzo, el mencionado se ha expresado abiertamente y con rechazo, delante de mí, sobre el Estado NS (nazi). Desde hace unas semanas, el mencionado se esfuerza por el café de su cuñado fallecido y me ha explicado un par de veces, con desprecio, que ya habría logrado entrar en contacto con las entidades responsables y las habría ganado para sí. Según él, ya nada podría meterse en su camino de recibir la concesión y la cafetería, y se siente ya tan seguro, que me ha renunciado inmediatamente y sin plazo de preaviso a su puesto bien remunerado. La cafetería es frecuentada, como bien se sabe, aún hasta el día de hoy, por judíos, y Sulc, que hace aproxima-

34 *Vermögensverkehrsstelle* (Oficina de Registro de la Propiedad), denominación del documento HG/Zi número 1271, fechado el 21 de agosto de 1939.

35 En este documento volvieron a escribir mal el apellido: Sulz en vez de Sulc. Para un correcto entendimiento corregimos el error del documento original.

damente 3 semanas es el director del negocio allí, me ha hecho un comentario burlón: el cartel "los judíos no son bienvenidos" o "prohibida la venta a judíos" ni siquiera serán considerados; solamente el de "negocio ario".

Remarco que no tengo odio alguno ni enemistad con Sulc y que los hechos mencionados reflejan la realidad en su totalidad. Con esto quiero evitar que un indigno -políticamente y también como humano- tenga una existencia libre de preocupaciones. ¡Viva Hitler![36]

Las palabras de Kastner dan cuenta de que tras el deceso de Sindelar fue Sulc, junto a su esposa Leopoldine, quien tomó las riendas del Café. La campaña de desprestigio en perjuicio de la familia de Sindelar comenzó sin concesiones.

El 20 de diciembre de 1939, un dirigente de la región de Viena del NSDAP apellidado Waldmüller, comunicó la posición de su sector en relación a Marie, Rosa y Leopoldine, las herederas del Annahof: "La actual gestión de la casa de café se comporta con bastante rechazo frente a las juntadas del NSDAP. Los afiches del partido, que son entregados por el encargado del bloque para ser fijados, según sus propias declaraciones, son fijados con mucho disgusto o ni siquiera son fijados. Ya que el señor Sindelar era conocido por ser muy amable con los judíos (como ocurrió con el caso del presidente del Austria, Dr. Schwarz), seguramente sus allegados tampoco han de tener actitudes muy diferentes. Sería muy oportuno que a un café tan conocido y visitado vinieran nacionalsocialistas convencidos".

El panorama era claro: los nazis no querían a ningún pariente de Sindelar e hicieron todo lo posible para difamarlos. Lo que es bueno plantearse es por qué hicieron fuerza para que Sindelar tomara la concesión del Annahof y luego sabotearon la herencia de su familia, si "Sindelar era conocido por ser muy amable con los judíos", como subrayó Waldmüller. Había intereses contrapuestos. Es indudable que quisieron usufructuar la imagen de Sindelar, un hombre querido y popular, y presentarlo como un personaje afín a las ideas del régimen. Muerto Sindelar, la estrategia dejó de ser redituable.

El 11 de noviembre de 1946, Leopoldine, a través de un abogado, mandó una carta a la Oficina del Distrito de Favoriten. El texto decía que Sindelar había pagado todo el valor acordado por la com-

---

36 Anexo del Ing. Adolf Kastner del 20 de marzo de 1939, denominación OI/K/K/1238/39, al documento del Ministerio de Administración, denominación HG/Zi, número 1271, del 15 de septiembre de 1939..

pra del Annahof y que la transacción fue en términos cordiales. También añadió que Leopold Drill no fue forzado a venderle el café a su hermano. Dijo que al principio su hermano no estaba convencido en comprar el café porque Drill era un hombre conocido en el ambiente del fútbol y eso a le generaba dudas. Agregó una información interesante: Robert Drill, hijo de Leopold, en el año 1939, en el campo de concentración de Buchenwald, dijo ante testigos que su padre vendió el café sin ser presionado y que lo entristeció la muerte de Matthias Sindelar cuando se enteró en el campo de concentración. Por último, corroboró lo que mencionamos antes: Marie no podía ser propietaria del café porque tenía pensamientos opuestos a los del régimen nazi.

Las cartas se suscitaron. A pesar de los intentos de difamar a la familia de Sindelar, el café continuó bajo el control de Leopoldine. Pero los herederos de Leopold Drill iniciaron reclamos. Su principal apoyo fue la circunstancia política: los nazis formaban parte del pasado, muchos de sus referentes estaban muertos y otros enfrentando procesos judiciales, y en un contexto en el que la consciencia social sobre las atrocidades del régimen alemán crecía cada vez más, era lógico intentar una restitución. En esa dirección fueron los Drill, sabiendo que Matthias Sindelar, por acción u omisión, se había aprovechado de la situación de Leopold.

El 11 de noviembre de 1946 Leopoldine Sulc hizo una presentación sellada por el Magistrat*isches* Bezirkeamt für den X. Bezirk (Oficina Municipal del Distrito de Favoriten), ante el Anmeldung entzogener Vermögen (Registro de Bienes Incautados). La dirección de Leopoldine era Dampfgasse 1/6. Más adelante, bajo el título "propietario damnificado" aparecen los datos de Leopold Drill: nombre, apellido, nacionalidad y domicilio, que era en Dampfgasse 1/11. Aquí surge otro detalle del que no abundaban certificaciones pero que, sin ser decisivo, marca el tenor de lo que ocurrió con la propiedad.

Como puntualiza el genealogista Christoph Unger, el Café tenía dos direcciones: la principal en Laxenburgerstrasse 16 y la de Dampfgasse 1. De acuerdo a la reconstrucción de los hechos, concluimos en que Drill vivía en la misma propiedad donde estaba el Annahof, lógicamente en un piso superior. Esta información se complementa con la investigación de Brigitte Bailer-Galanda, quien hizo mención al tema. Cuando adquirió el Annahof, a Sindelar le ofrecieron el apartamento de dos dormitorios que pertenecía a Drill pero lo rechazó por considerarlo demasiado grande. La administra-

ción del distrito impidió que el apartamento fuera utilizado por un tercero, por lo que en principio quedó deshabitado. Pero es evidente que con la muerte de Sindelar cambió la situación y Leopoldine pasó a vivir allí. Las referencias a Dampfgasse 1/6 y a Dampfgasse 1/11 no hacen más que constatar que tal fue el beneficio de la familia Sindelar que Leopoldine se dio el lujo de utilizar la vivienda. La diferencia entre el "6" y el "11" expresa la desigualdad de la numeración del departamento (es posible que esos dos dormitorios tuvieran distinta numeración), pero la propiedad es la misma.

En base a lo que se desprende del documento firmado por Leopoldine, el valor de la propiedad al 13 de marzo de 1938, el día de la Anexión, era desconocido. Pero aclara que al 8 de agosto de 1938 (día de la sustracción del Café) era de RM 20 mil, "según los datos brindados por el vendedor". Bajo el título "primera compra" aparece información de Matthias Sindelar.

A continuación se detallan tres ítems:

1. Designación exacta de la causa jurídica del traspaso de propiedad:

Compraventa de común acuerdo entre Leopold Drill y Matthias Sindelar, el 3 de agosto de 1938. El acuerdo de compraventa se efectuó a deseo expreso del vendedor.

2. Valoración de los activos al momento de la transferencia de la propiedad:

RM 20 000, según la información del vendedor. Luego, mediante la Oficina de Registro de la Propiedad, se fija un precio de compra creíble estimado en RM 17 200.

En el último punto hay un detalle de dineros con cifras intranscendentes.

El documento tenía dos anexos. El más antiguo databa del 25 de julio de 1940 y daba cuenta de que las herederas de Matthias Sindelar eran sus hermanas Leopoldine Sulc y Rosa Schütz; y el segundo era del 3 de mayo de 1943 y le otorgaba la potestad a Leopoldine para quedar a cargo del negocio tras el fallecimiento de Rosa, el 15 de diciembre de 1942.

La respuesta de los Drill llegó unos días después, el 15 de noviembre, a través de una de las hijas de Leopold Drill, Adele Grünsteidl. Como era de esperarse, las diferencias con respecto a la declaración de Leopoldine emergieron ante el primer golpe de vista. Para Adele, el valor de la propiedad al 13 de marzo de 1938 era de RM 100 000.

Un abismo con los RM 20 000 que anotó Leopoldine. Sí coincidieron en que el día de sustracción fue el 3 de agosto de 1938.

Después de los datos de rigor se precisaron los tres ítems. Otra vez surgieron disparidades abismales:

2.1 Designación exacta de la causa jurídica del traspaso de propiedad:

Arianización.

2.2 Valoración de los activos al momento de la transferencia de la propiedad:

RM 100 000.

3. Hay un detalle de dineros:

El precio de compra fue RM 17 250. Se desconoce en realidad cuánto de ese precio fue destinado al fallecido Leopold Drill.

LA RESOLUCIÓN

Los tiempos se dilataron con una certeza que sobrevoló en todo momento: el acercamiento de las partes era inviable si se sostenían criterios tan disímiles. Por lo menos eso parecía después de las presentaciones en el Registro de Bienes Incautados. Sin embargo, el enfrentamiento, después de demoras y objeciones, se perfiló hacia un desenlace definitivo.

El 25 de enero de 1949, casi cuatro años después de los alegatos de Leopoldine y Adele, se alcanzó un principio de acuerdo. De un lado estaban Marie Sindelar y Leopoldine Sulc. Del otro, los herederos de Leopold Simon Drill: Adele Grünsteidl, Robert Drill y Johanna Reti, nacida como Drill. Por parte de los Drill también se hizo mención a Ignaz Haas y a Lydia Salzmann, nacida como Drill, quienes eran representantes de una hija de Hermine Haas, fallecida el 8 de mayo de 1945, que por haber nacido con el apellido Drill pudo haber sido hermana de Leopold.

La familia de Drill elevó un pedido concreto: una compensación económica de 50 000 chelines, moneda que volvió a circular en Austria después de la caída de los nazis.

Finalmente, el arreglo, que no fue decisión de la Corte sino que se debió a un acuerdo mutuo entre las partes, indicó que Leopoldine debía devolverle el Café a Adele Grünsteidl a partir del 1 de

marzo de 1949. A cambio, Leopoldine, también a partir de esa fecha, recibiría una suma que ascendía a 17 000 chelines. Esta resolución quedó avalada por las firmas del Dr. Egon Weker y del Dr. Weinberger, letrados de la Rückstellellungskomission (Comisión de Restitución)[37].

No obstante, el 19 de julio de 1949, Hans Wiedmann, abogado de los Drill, volvió a la carga cuando envió una carta a la Oficina Municipal del Distrito de Favoriten en la que notificó que las partes se volvieron a contactar y llegaron a un nuevo acuerdo: Leopoldine iba a recibir 15 000 chelines en vez de 17 000 por la devolución del café. El abogado dijo que en todos los puntos discutidos en la primera instancia las partes estuvieron de acuerdo menos en el segundo, que era el del dinero a pagar. Por eso lo volvieron a conversar y reformularon la resolución. Así concluyó una novela que duró más de diez años. Al fin de cuentas, después de mucho padecer, la familia de Drill pudo superar una injusticia que se extendió más allá de la muerte de Sindelar. Tras la restitución, Adele se hizo cargo de la casa de café hasta los años setenta.

En la actualidad, en la misma esquina donde funcionó el Café, hay otro comercio. No quedan ni rastros de lo que fue durante los años de gestión de Drill y Sindelar.

EL FINAL DE LOS SINDELAR

En el registro de su muerte dice que Rosa Sindelar, una de las hermanas de Matthias, falleció el 15 de diciembre de 1942 –cuatro días antes de cumplir 38 años–. Rosa, que era ama de casa, se casó con Leopold Schütz cuando tenía 35 años. Juntos vivieron en Zentagasse 5, en el quinto distrito de Viena, Margareten. No tuvieron hijos y se divorciaron en 1941. Después del divorcio, Rosa se mudó a Quellenstrasse 158/23, Favoriten.

En otro documento relacionado a la muerte de Rosa se consigna que como herederos quedan su madre Marie y su hermana Leopoldine. En el detalle de los activos de Rosa, que ascienden a RM 12 428, aparece un ítem con RM 8450, que representan el valor de la mitad del Café Sindelar. También figuran RM 1682 que había en el café que era propiedad compartida con Leopoldine y que representa dinero en funcionamiento que puede ser utilizado,

37 *Vergleichsausfertigeng*, denominación 50 RK 394/48, del 25 de enero de 1949.

por ejemplo, para hacer compras. Rosa tenía deudas de todo tipo, incluyendo una con su hermana Leopoldine de RM 1407. Se calcula que la herencia que dejó Rosa fue de RM 9044.

Leopoldine, por su parte, cuando tenía 33 años se casó con Franz Josef Sulc. Vivieron en Quellenstrasse 35/41, a seis cuadras del apartamento de Matthias y Marie. Tampoco tuvieron hijos. Al igual que su hermana Rosa, Leopoldine era ama de casa. Franz había nacido en Viena el 31 de enero de 1900, no tenía hermanos y su profesión era docente de educación superior[38].

Marie Svenger de Sindelar falleció el 22 de enero de 1961, un día después de cumplir 84 años, víctima de arteriosclerosis. Derivados de esa enfermedad le produjeron neumonía y encefalomalacia –inflamación del encéfalo y de la médula espinal–.

Un documento del Tribunal del Distrito de Liesing, relacionado a la muerte de Marie, indica que después de vivir en Quellenstrasse 75, la madre de Matthias residió en Angeligasse 16/1/18 (se asentó ahí el 27 de marzo de 1941), en Favoriten. El aporte que hace a continuación es interesante: en Perchtoldsdorferstrasse 6 había una casa geriátrica a la que Marie había ingresado el 3 de mayo de 1960. Permaneció allí hasta el momento de su muerte. El geriátrico no tenía dinero de la difunta a resguardo ni tampoco ropa ni objetos de valor[39].

Vale rememorar una situación pintoresca que marca el legado histórico que dejó Sindelar en la vida del Austria. Para el cumpleaños 80 de Marie, Norbert Lopper, por entonces secretario del Austria, se dirigió en nombre del club al domicilio de la madre de Matthias y le obsequió un presente. Era una canasta con alimentos y un ramo de flores. "Puedo dar fe de la pobreza de Marie. En una oportunidad le di una cierta cantidad de chelines para que pueda irse de vacaciones"[40],cuenta Norbert, mientras su hijo Pierre acota que se trataba de un dinero considerable para la época.

La última sobreviviente de la familia Sindelar fue Leopoldine, la hermana del medio de Matthias. Murió el 15 de enero de 1988, a los 81 años, en un hogar de ancianos en Pressbaum,

38 *Todfallsaufnahme* de Franz Sulc, documento numerado 2ª 168/63, fechado el 30 de enero de 1963.

39 *Todfallsaufnahme* (Registro de la Muerte) de Marie Sindelar, denominación A 66/61, Parte 2, del 23 de enero de 1961.

40 Entrevista a Norbert Lopper realizada el 22 de mayo de 2013.

un pueblo en las afueras de Viena. El marido de Leopoldine, Franz Josef Sulc, había muerto el 25 de enero 1963, a los 62 años.

CAPÍTULO 7.

LOS ENREDOS DE LA MUERTE

Alrededor de 15 000 personas se agolparon en el Cementerio Central de Viena para despedir al mejor centrodelantero de la época.
(Archivo Bezirksmuseum Favoriten)

ENTRE LO QUE SE DICE Y LO QUE ES

Cuenta la leyenda que después del 3 de abril de 1938, cuando le hizo el gol a Alemania, Matthias Sindelar tuvo que vivir en el anonimato, escondido en su casa y prácticamente sin ver la luz. Nunca más pisó una cancha de fútbol. Como si estuviera preso de su propio destino. Convertirle a los nuevos dueños y festejarlo con un baile burlón enfrente del palco donde se ubicaban los jerarcas nazis –con Adolf Hitler a la cabeza– era condenatorio. El propio Führer mandó a perseguirlo y puso a toda su familia bajo la lupa de la Gestapo, la policía secreta nazi. Un judío no podía sublevarse. Un judío sublevado, entonces, debía desaparecer de la faz de la tierra. Hitler ordenó matarlo. Menos de un año después de la conquista en el Estadio del Prater, a Sindelar lo encontraron sin vida, asesinado por su acto de rebeldía.

En realidad, los hechos comprobables demuestran lo contrario. Sindelar siguió su vida sin ninguna restricción. En el fútbol, después del encuentro del 3 de abril, Sindelar disputó 17 partidos oficiales (6 correspondientes a la temporada 1937/38 y 11 a la 1938/39) de los 19 que jugó el Austria hasta el día de su fallecimiento. Como para anticipar que el mito del Sindelar cautivo no es más que un producto de la mala interpretación de los hechos, famosa es la fotografía en la que se lo ve caminando por una calle vienesa, embanderada con cruces esvásticas, con Johann Mock, su compañero en el Austria y nacionalsocialista confeso.

THOMAS KOZICH Y EL ÚLTIMO CONVITE

Thomas Kozich, que en su juventud llegó a jugar al fútbol en First Vienna, era un hombre robusto con un prontuario militar más que considerable. En 1931 se unió al NSDAP y de a poco comenzó a crecer, sobre todo cuando se alistó en las SA. Su vocación estuvo ligada a la actividad del NSDAP en Viena, e incluso continuó su militancia cuando el canciller Engelbert Dollfuss prohibió la actividad del partido nacionalsocialista.

La Anexión de Austria al territorio alemán le trajo buenas noticias a Kozich. En marzo de 1938 lo nombraron uno de los tres vicealcaldes de la ciudad de Viena. También sumó otro cargo:

Gausportführer (Líder de Deporte del Gau 17). Aquí debemos detenernos.

Una de las tareas que tenía asignadas Kozich era la dirección de la Empresa Operadora del Estadio del Prater. Él mismo lo explicó: "En mi oficina se apilaron los problemas. La Empresa Operadora de Estadios estaba en la ruina. Hay que considerar que hasta ese día en Austria estaba disponible solo un estadio, que era el Estadio de Viena (por el Prater), donde todos los partidos internacionales habían tenido lugar hasta el momento registrando cifras récord de concurrentes"[1].

Kozich tuvo que delegar la responsabilidad en una persona que se hiciera cargo de la dirección de la Empresa. Su objetivo era encontrar un hombre con experiencia en el fútbol, pero que también tuviera un conocimiento amplio del deporte en general. Debía ser alguien popular. El primer candidato que emergió fue Dionys Schönecker, amo y señor en Rapid. Kozich se reunió con Schönecker y llegaron a un acuerdo. Incluso tenían pensado pactar un encuentro con Tschammer und Osten, la máxima autoridad deportiva del Reich. Pero no fue posible porque Schönecker murió repentinamente, víctima de una apendicitis.

A partir de ese momento, Kozich empezó a evaluar la posibilidad de dejar la administración en manos de un funcionario público. Hasta que Otto Steinhäusl, que tenía el cargo más alto en la Policía, le acercó un nombre: el famoso futbolista Matthias Sindelar.

El resto lo contó Kozich: "En Sindelar encontré una persona muy inteligente y tenaz, con un nivel intelectual muy elevado. Parecía apto para superar las dificultades de la Empresa Operadora del Estadio"[2]. Sindelar aceptó el ofrecimiento y asumió la responsabilidad de revertir la situación del Estadio del Prater.

LA PEOR NOTICIA

La mañana del lunes 23 de enero de 1939 no fue una más en Austria. El país amaneció con una noticia trágica: a los 35 años, y a poco de cumplir 36, Matthias Sindelar había muerto. No había indicios que justificaran el fallecimiento del centrodelantero más famoso de la época. El día anterior había firmado su contrato como

1 *Erinnerungen* (Memorias), Thomas Kozich, 1980, página 30.

2 Ibíd., página 31.

director del Estadio de Viena y estaba "de buen humor y lleno de confianza"[3], como describió Kozich.

Los diarios austríacos estallaron al día siguiente. El impacto fue tan masivo que periódicos que pocas veces reflejaron sus logros futbolísticos por no darle importancia a la información deportiva esta vez detallaron lo acontecido. "El futbolista Matthias Sindelar fue encontrado muerto. ¿Víctima de una desgracia por un escape de gas?"[4], se preguntó Das Kleine Blatt. "Trágica muerte de Matthias Sindelar. Viena, de duelo por el gran futbolista"[5], apuntó Volks-Zeitung. "Trágica muerte de Matthias Sindelar. El reconocido futbolista vienés fue víctima de un envenenamiento por un escape de gas"[6], subrayó Neues Wiener Journal con mayor contundencia. "Matthias Sindelar, el más grande futbolista que dio Ostmark no vive más (...) Él fue un jugador modelo, que dio forma y educó a una generación entera de la Escuela de Fútbol de Viena"[7], sintetizó el Vorarlberg*er Tagblatt.*

La cobertura de Illustrierte Kronen Zeitung fue una de las más completas. "¡Murió Matthias Sindelar! Presumiblemente fue víctima de un envenenamiento por gas de carbón. Una tragedia misteriosa"[8], tituló el diario, que reparó en un dato muy interesante: la muerte de Sindelar fue dos días después del cumpleaños 62 de Marie. Matthias, Rosa y Leopoldine la acompañaron en el momento del festejo.

Las preguntas sobre lo que pasó emergieron y se multiplicaron. A decir verdad, los documentos oficiales sobre el deceso escasean. La reconstrucción de los hechos se puede hacer mayoritariamente por las crónicas de los diarios de entonces, por algún testimonio o por los análisis que se hicieron en los años y décadas posteriores.

---

3 Ibíd.

4 *Das Kleine Blatt*, 24 de enero de 1939, página 8.

5 *Volks-Zeitung*, 24 de enero de 1939, página 1.

6 *Neues Wiener Journal*, 24 de enero de 1939, página 5.

7 *Vorarlberger Tagblatt*, 24 de enero de 1939, página 7

8 *Illustrierte Kronen Zeitung*, 24 de enero de 1939, página 6.

ANTES, DURANTE Y DESPUÉS

Egon Ulbrich, amigo de Sindelar y secretario del Austria entre 1933 y 1956, es quizá el único hombre que vivió en esos tiempos y que dejó sus declaraciones al servicio de la historia. Ulbrich reveló pormenores de la tarde/noche previa a la muerte de Sindelar, la del 22 de enero: "Hicimos una gran reunión de amigos, en el Café Weidinger. Hubo una gran partida de cartas y se apostó mucho dinero. Creo que querían tomarle un poquito el pelo a Sindi, probablemente hacerle trampa también. Estuvimos jugando toda la noche, y por supuesto también se bebió mucho"[9].

Luego, el jugador del Austria se dirigió hacia un apartamento ubicado en Annagasse 3/24, en pleno centro de Viena, donde se encontró con Camilla Castagnola, una italiana divorciada con quien mantenía un amorío. De Castagnola es mucho lo que se dijo pero poco lo que se supo. Los más despiadados afirmaron que era prostituta, aunque esa versión parece falsa. De acuerdo a los datos oficiales, Castagnola, de 40 años, era inquilina en Annagasse, no tenía teléfono y estaba registrada como mesonera, dato que coincide con los informes de los diarios, que expresaron que era dueña de un restaurant llamado Weisses Rössl.

CAMILLA CASTAGNOLA

Siempre hubo un manto enigmático alrededor de Camilla Castagnola. La información salía de lo que publicaron los diarios de la época y de algún documento perdido que no sumaba detalles importantes. Sin embargo, no es irrelevante que ningún familiar se acercara a acompañarla cuando estuvo internada después de la fatídica noche del 22 de enero. Ahora bien, ¿quién era realmente Camilla Castagnola? ¿Se escondía algo detrás de su figura? ¿Había terrenos inexplorados por recorrer? Más de un año después de la edición de este libro en la Argentina, en octubre de 2016, el investigador italiano Mirko Trasforini, quien durante la investigación aportó bibliografía relevante, me propuso buscar más datos sobre la italiana -¿italiana?- que pasó la última noche con Matthias

9 Documental *Fútbol y Fascismo*, lanzado por la *BBC* en 2003.

Sindelar. "Camilla Castagnola es un verdadero misterio en la historia de Sindelar", me dijo y coincidimos.

Planteamos dos posibilidades: que Castagnola sea una judía de Milán o que haya nacido en Tirol del Sur, una región que perteneció al imperio austrohúngaro hasta 1918 y después de la Primera Guerra Mundial fue entregada a Italia como parte del Tratado de Saint-Germain. Para reforzar esta última hipótesis, Trasforini me mostró una hoja del semanario austríaco Agrarische Post, una publicación dirigida a la población rural de Ostmark. En el sitio menos pensado, en un medio de comunicación prácticamente desconocido para el mundo deportivo, hubo unas líneas dedicadas a informar la muerte de Sindelar y en la mención de Castagnola aclaraba que era oriunda de Tirol del Sur .

Si al momento de su fallecimiento Castagnola tenía 40 años, entonces podemos calcular que nació –en 1899- cuando Tirol del Sur estaba bajo influencia austríaca, por lo que el alemán era su idioma nativo. De este modo comienza a trazarse una línea de investigación: su presencia en Viena tiene más sentido que si fuera italiana y además hablaba el mismo idioma que Sindelar.

Unos meses después, en febrero de 2017, apareció un elemento probatorio que sirvió para ampliar. Mientras buscaba sobre Zum weißen Rössel, la taberna que administraba Castagnola, Trasforini tropezó con un libro que no estaba en nuestros planes pero que causó revolución. Aparecían nuevas certezas sobre Castagnola.

Por empezar, Camilla Castagnola no era Camilla Castagnola. Tampoco había nacido en Italia como se sospechaba. Las revelaciones son muy interesantes y a continuación se detallan…

Camilla Durspect nació el 10 de abril de 1899 en Viena, en época del Imperio Austrohúngaro. Durspect era su apellido de soltera. Se casó con un inmigrante italiano llamado Mario Castagnola, quien trabajaba como mesonero. Luego se divorciaron y Camilla, cuando tiempo después saltó a la fama por morir casi a la par de Sindelar, quedó inmortalizada con un apellido que no era el suyo. Después de contraer matrimonio con Castagnola, Camilla obtuvo la ciudadanía italiana. Como consecuencia, queda resuelta otra confusión que se trasladó en el tiempo: Camilla no era italiana sino austríaca. El libro también afirma que Camilla era dueña del restaurant Zum weißen Rössel y que su cuerpo descansa en el cementerio Ottakringer, ubicado en el distrito 16 de Viena, Ottakring .

Aunque queda claro que Camilla Castagnola era en realidad Camila Durspect, para no entorpecer el relato vamos a seguir llamándola Castagnola.

EL ÚLTIMO SUSPIRO

Sindelar y Castagnola comenzaron la relación dos semanas antes de la muerte[10]. Sin embargo, la vida privada de Sindelar siempre se mantuvo reservada. Casi no se sabe nada al respecto. Quienes lo conocieron contaron que "Sindelar gustaba mucho a las mujeres que lo cortejaban desde siempre, como demuestra la abultada correspondencia que llegó a la casa de Sindelar desde cualquier lado donde él hubiera jugado, y no sólo de Viena"[11]. Cuando Austria disputó aquel legendario partido ante Inglaterra en diciembre de 1932, Sindelar estaba en pareja con una mujer de la que nunca se tuvieron detalles.

HIPÓTESIS

La Policía de Innere Stadt (Distrito 1 de Viena, donde estaba la vivienda de Castagnola) y la Oficina de Policía Criminal iniciaron una investigación sobre la seguridad del edificio. Después de las primeras evaluaciones pareció bastante probable que la desgracia fuera propiciada por un accidente derivado de gases de combustión que provocaron la intoxicación y posterior muerte. Esta teoría fue abonada por los bomberos que se hicieron presentes en el lugar. También se sumaron las declaraciones de los vecinos, que advirtieron por enésima vez que la estufa de Castagnola emanaba humo y gases. El funcionamiento defectuoso de la estufa no es un dato menor. No hay que perder de vista que en Viena azotaba un invierno crudo.

---

10 Wolfgang Maderthaner, *Matthias Sindelar, der "Papierene". Tänzer auf dem Platz*, en el libro de Matthias Marschik y Georg Spitaler, *Helden und Idole: Sportstars in Österreich*, Studien Verlag, Innsbruck, 2006, página 157.

11 *Illustrierte Wochenpost*, 23 de diciembre de 1932, página 5.

El 29 de enero los bomberos emitieron un breve reporte sobre la inspección de la chimenea del edificio, que fue entregado a la Oficina de Policía de Innere Stadt[12]:

La chimenea de II / 19a – 25 (muerte Matthias Sindelar) se verifica a partir de la inspección del deshollinador.

En este sentido, el resultado no presenta ninguna evidencia para sugerir que escapes significativos o peligrosos hayan ocurrido en el sistema de chimenea y calefacción.

Después de todo, la posibilidad de un escape de gas más fuerte en el interior del apartamento no puede ser descartada. No se pudo determinar si se ha cometido o no un error en el manejo de la estufa.

Un operario calificado debe tomar muestras de la estufa.

En las horas posteriores al deceso, Illustrierte Kronen Zeitung especuló:

¿Un suicidio de Castagnola fue la trampa mortal para Sindelar? Las razones que tenía la mujer para estar cansada de la vida son inciertas, pero tales razones en Sindelar ciertamente no estaban presentes. El popular futbolista era conocido propietario de una casa de café en Laxenburgerstrasse, que era frecuentada principalmente por deportistas y personas interesadas por el deporte. Por lo tanto, Sindelar no tenía que luchar con dificultades materiales. En todo caso, la adopción de una muerte voluntaria sería sobre los motivos de un misterio[13].

La posibilidad del suicidio no tuvo mayor asidero, pero sí recrudeció años más tarde. Quienes afirmaban que Sindelar, siendo judío, no podía tolerar ver a su país envuelto en las banderas de los nazis le dieron crédito al suicidio, sumado a que Castagnola, se decía, provenía de una familia con ascendencia judía. Entonces, ¿qué sentido tenía seguir viviendo? Un pacto suicida, de todos modos, parecía ilusorio. Como dice la cita de Illustrierte Kronen Zeitung, Sindelar no tenía motivos aparentes para tomar tan drástica determinación. Aparte, como ya aclaramos, ni era judío ni tenía particular rechazo hacia el régimen.

El delantero Johann Horvath, amigo y compañero de Sindelar en la época del Wunderteam, dio su opinión: "¿Sindelar? ¿Suicidio? ¡Absolutamente imposible! Siempre ha vivido con mu-

12 Denominación del documento: F.Z. I/A – 3/39.

13 *Illustrierte Kronen Zeitung*, 24 de enero de 1939, página 7.

chas ganas, y hasta ahora tenía su casa de café con la que le iba muy bien"[14].

Wiener Neueste Nachrichten tampoco le otorgó crédito a esa interpretación: "Los rumores que decían que lo que ocurrió fue un doble suicidio debido a dificultades financieras aparecen refutados por las condiciones muy ordenadas en las que vivían tanto Sindelar como Castagnola"[15].

Si no era suicidio, tiempo después, algunos entusiastas imaginaron que se podía redoblar la apuesta. Otra vez bajo el paraguas del judaísmo. Otra vez con el disparador del gol a Alemania del 3 de abril de 1938 y la posterior danza burlona enfrente del palco donde su ubicaban los jerarcas nazis. A Sindelar había que matarlo porque su figura combativa representaba un peligro para el régimen, decían. Entonces nada mejor que tenderle una trampa. El escape de gas debía traducirse como un asesinato promovido por los nazis y no como un accidente.

Esa visión parece absolutamente descabellada. En primer lugar, Sindelar no era judío, pero supongamos que lo hubiera sido. Con semejante aparato exterminador, los nazis no necesitaban trampas ni dobles sentidos para matar a una persona. Mucho menos falsear una estufa para provocar un escape de gas. Eran los dueños del país. Podían hacer y deshacer a su antojo. Si hubiesen querido, asesinar a Sindelar hubiese demandado muy poco tiempo y muy poca energía.

Con el transcurrir de los días empezó a espesarse la trama de la muerte. Otra vez Illustrierte Kronen Zeitung lanzó una nueva teoría en la que culpó directamente a Castagnola y escribió que "toda la evidencia apunta al hecho de que este hombre esplendido, un modelo de deportista, fue envenenado. Para encontrar el motivo, uno debe mirar dentro del espíritu de esa mujer, donde se puede encontrar la culpa de esta muerte. Sin embargo, la boca de Camilla Castagnola está ahora cerrada para siempre". No se trató de un concepto aislado, sino que desarrolló una explicación pormenorizada: el mismo artículo añade que Castagnola había conocido a Sindelar hacía apenas diez días. La mujer hacía tiempo que había perdido su equilibrio interior y tenía un objetivo claro: no dejar ir a Sindelar.

Según esta versión, para Sindelar, la relación con Castagnola no era más que una aventura. En una oportunidad, ella lo llamó y le

14 *Illustrierte Kronen Zeitung* 25 de enero de 1939, página 5.

15 *Wiener Neueste Nachrichten*, 25 de enero de 1939, página 2.

pidió que fuera hacia donde estaba. La respuesta de Sindelar fue negativa. Entonces Castagnola dijo durante una conversación telefónica, enfrente de un empleado de la cafetería: "Si no viene, ocurrirá una desgracia". Al final, Sindelar, bondadoso, fue hasta el comercio de Castagnola y se quedó ahí incluso cuando los amigos que lo habían acompañado ya se habían vuelto a sus casas. Al parecer, el plan era que Sindelar no saliera con vida de Annagasse 3[16].

Para el redactor –anónimo– de Illustrierte Kronen Zeitung las amenazas previas de Castagnola alcanzan para comprobar que ningún tipo de accidente fue posible. La explicación de la muerte, de este modo, era que la botella de licor que se encontró semivacía en la habitación contenía veneno. Sobre la mesa, también hallaron una caja de cigarrillos vacía. Todo hacía suponer que, agasajado por Castagnola con licor, Sindelar tomó el veneno sin saberlo. Castagnola se envenenó cuando Sindelar ya estaba muerto.

Wiener Neueste Nachrichten insistió con otra duda: "¿Sindelar murió por monóxido de carbono?"[17]. Idéntica situación planteó Das Kleine Blatt[18]. Según el informe preliminar de la autopsia, la intoxicación por gases de carbón (provocados por un defecto en la estufa) era una de las posibilidades. Como principal indicador, en la autopsia de Sindelar se encontraron signos de dióxido de carbono. Pero en ningún momento se mencionó el supuesto envenenamiento de Castagnola. De todos modos, se iba a continuar la investigación química corporal –que estaba en curso– para tener más precisiones. A la mujer todavía no se le había practicado la autopsia debido a su reciente fallecimiento. El estudio era inminente.

La policía tenía el testimonio de una empleada de limpieza y de otros testigos que informaron con unanimidad que Castagnola, en los últimos días, después de una larga estancia fuera de su apartamento, se quejó de sus dolores de cabeza y sensación de mareos que sintió al retornar a su hogar. Esto puede ser un indicador de que existía algún problema con el gas del apartamento.

16 *Illustrierte Kronen Zeitung*, 25 de enero de 1939, página 5.

17 *Wiener Neueste Nachrichten*, 25 de enero de 1939, página 2.

18 *Das Kleine Blatt*, 26 de enero de 1939, página 6.

CERTEZAS

Después de todas las especulaciones, las incógnitas se despejaron y pasaron a ser certezas. El Dr. Schneider, del Instituto de Medicina Forense de la Universidad de Viena, le realizó la autopsia final. El 26 de enero, se constató que la muerte de Matthias Sindelar en Annagasse 3/24 se produjo a partir de una intoxicación por inhalación de monóxido de carbono. Las conjeturas hasta ese momento se basaban en estudios preliminares. La autopsia reveló un deterioro en la sangre propio de los casos en que ocurren intoxicaciones con humo o gases de combustión. Se descartó por completo que la muerte haya sido una consecuencia de la acción de cualquier otro veneno.

El 2 de febrero de 1939 quedó asentada la muerte de Sindelar en el registro civil de Innere Stadt, en el libro número 50/39.

En el certificado de defunción, fechado el 28 de enero y firmado por el Dr. Leidel, la única información importante es que los activos de Sindelar al momento de su muerte eran la casa de café en Laxenburgerstrasse 16, ropa, ropa interior y otros efectos. Además, la policía registró RM 120 en efectivo, un reloj pulsera de oro y dos gemelos de oro para abrochar camisas. La información relativa a si tenía seguro de vida, en qué institución y en beneficio de quién, estaba sin respuesta. También quedó en la nebulosa si se tomaron medidas para asegurar los activos que quedaban[19].

La muerte de Sindelar es un tema que aún sigue siendo objeto de debates. En realidad, hay una creencia colectiva que indica que nunca se va a saber lo que pasó. Lo cierto es que no hay motivos para desconfiar del contundente veredicto que dio el Instituto de Medicina Forense de la Universidad de Viena en 1939. ¿Qué motivos tenían los nazis para fraguar o influenciar negativamente sobre los profesionales que realizaron la autopsia? Probablemente ninguno. Años después se deslizó que las investigaciones fueron veloces, sin profundidad, para que la causa se cerrara rápido y no generara revuelo. Tampoco hay razones para considerar un proceso de esas características.

El politólogo austríaco Georg Spitaler, uno de los que más cooperó para que este libro fuera posible, da su punto de vista:

---

19 *Todfallsaufnahme* (Certificado de Muerte) de Matthias Sindelar, denominación del documento 6A 41/39, fechado el 28 de enero de 1939.

Las circunstancias exactas de la muerte de Sindelar nunca se resolverán. Murió por envenenamiento de gas, más probablemente a raíz de un accidente. Hay muchas teorías que hablan sobre suicidio o asesinato, pero son sólo especulaciones. Personalmente no creo que haya sido asesinado porque no había motivos: los nazis locales lo alentaron a hacerse cargo del café arianizado que compró, y también le ofrecieron un trabajo como gerente del Estadio del Prater. Los nazis no estaban interesados en asesinarlo. Un accidente o quizá un suicidio (¿causado por depresión?) parecen ser las historias más verosímiles. Los reportes policiales de la escena del crimen están perdidos. Pero ahora, después de setenta años, es difícil decir si las causas fueron por la Guerra o si los nazis los eliminaron a propósito[20].

Hans von Tschammer und Osten, jefe de Deportes del Reich, mandó un telegrama de condolencia a las oficinas del Austria, el 26 de enero: "Para la gran pérdida que han sufrido por la muerte de su camarada Sindelar, les envío mi compasiva condolencia. Estoy seguro de que el nombre de este hombre ejemplar para el fútbol vienés y de Ostmark nunca será olvidado por la gran comunidad deportiva alemana"[21].

EL ÚLTIMO ADIÓS

El sábado 28 de enero, en la iglesia Karl Lueger del Cementerio Central de Viena, comenzó la ceremonia religiosa previa al entierro. El interior estaba colapsado de gente. El féretro se instaló en el amplio pasillo entre los bancos de la iglesia.

Cerca de 15 000 personas acompañaron la procesión, a pesar de las bajas temperaturas. Fue tal el caudal de gente que la policía tuvo que hacer una barrera humana para que no se desbordaran los accesos a la iglesia. En la larga escalinata, el féretro fue trasladado bajo una montaña de ofrendas florales provenientes de Turín, Berlín, Budapest, Praga, Dusseldorf, Colonia y Londres, entre otras ciudades del mundo. Se destacó una enorme corona de laurel colocada por la ciudad de Viena sobre las andas que transportaban el ataúd, así como también un juego de rozagantes guirnaldas que proveyó

---

20 Entrevista a Georg Spitaler realizada el 6 de noviembre de 2011.

21 *Das Kleine Blatt*, 27 de enero de 1939, página 27.

desde Berlín la Oficina de Fútbol del Reich y otra frondosa corona que mandó Ernst Kaltenbrunner, general de las SS.

Por delante, se sumaron los compañeros del Austria, vestidos con un conjunto deportivo negro. El arquero Rudolf Zöhrer encabezó la fila con una camiseta y un pantalón de Sindelar doblados en sus manos y una pelota de fútbol. Karl Sesta, Karl Andritz y Josef Stroh son otros de los futbolistas que se llegan a detectar en las fotografías. Andritz y Sesta portaban la corona fúnebre que envió el Austria.

El dolor de la familia de Sindelar fue indisimulable. El llanto desgarrador de Marie, la madre de Matthias, hizo eco en la profunda tristeza que llenó a todos los presentes. Incluso se desvaneció un par de veces y tuvo que ser asistida. Junto a ella, compartían el sentimiento Rosa y Leopoldine. Ninguna de las tres se despegó del féretro ni un segundo.

Además de los compañeros, amigos, familiares y fanáticos, también resaltó la presencia de funcionarios nazis: Thomas Kozich, vicealcalde de Viena y Gausportführer (Líder de Deporte de la Gau 17); Felix Rinner –en nombre de Friedrich Rainer, jefe de regimiento de las SS–, comandante de la unidad de asalto de las SS; Hans Janisch –en representación de Tschammer und Osten–, el máximo referente del fútbol de la Gau 17, quien desde su cargo tuvo un papel preponderante para presionar para que Sindelar se quedara con el Annahof; y delegados de Oficinas Especiales de Viena.

Por otra parte, dijeron presente muchísimos dirigentes de todos los clubes de fútbol de Viena, jugadores de Rapid, First Vienna, Wiener Sportklub y Admira, entre otros, y personalidades de otras disciplinas y deportistas activos. Dos de ellos fueron Heinz Lazek, boxeador austríaco que fue campeón europeo semipesado y pesado, y el tenista Georg von Metaxa, campeón en dobles en Wimbledon, en 1938. Josef Smistik, Karl Zischek y Johann Horvath asistieron como antiguos compañeros en la Selección.

Dentro del gentío que pronto colmó el hall central de la Karl Lueger estuvieron Anton Kabada, Franz Listopad, Prinz y Wilhelm Sevcik, compañeros en sus inicios en Hertha. Con Sevcik y Listopad integró uno de los equipos juveniles y luego jugó en Primera. Sevcik, además, fue compañero de Sindelar en el colegio, en el periodo 1916/17.

Tras la ceremonia religiosa, el vicealcalde Kozich se acercó al ataúd y dio un breve discurso. Profundamente conmovido, según lo retrataron los diarios de la época, hizo referencia al futbolista

más famoso de la ciudad: "Viena nunca olvidará al maestro de la técnica ni a su espíritu de juego, y siempre mantendrá a este artista del verde césped en la memoria honorable. Fue el hijo más grande que nuestra hermosa patria ha producido".

Luego llegó el turno de Johann Mock, quien habló en nombre de la selección alemana. Embargado por la tristeza y con la voz entrecortada de tanto llorar, el mediocampista apenas pudo pronunciar algunas palabras. La congoja le impidió continuar.

El último orador fue un estudiante secundario llamado Otto Naglic, de la Juventud Hitleriana, quien leyó una carta preparada para la ocasión:

> "Querido camarada Sindelar:
>
> Hablo en nombre de la juventud alemana. Cuando nos enteramos que el destino sentenció su muerte, fue increíble para nosotros, los jóvenes del deporte, que la noticia se tratara de un hecho verídico. Si yo no estuviera al borde de su fría tumba, querido Camarada, no creería que esta pérdida es cierta. Puede creer, con seguridad, que en el corazón de nuestros niños nunca en la vida lo olvidaremos. Cada día de su muerte (en referencia al aniversario) nosotros siempre lo recordaremos y visitaremos su tumba.
>
> Querido Camarada, siempre fue nuestro preferido y lo seguirá siendo. Siempre ha sido nuestro salvador en partidos que fueron duras batallas. Pues nuestro dicho era: "Nuestro Sindi está maniobrando para que ganemos". Por lo tanto, debemos agradecerte a ti y a los que lucharon contigo para que nuestro fútbol goce de prestigio mundial. Si alguna vez apareciera un artista semejante, entonces vamos a bautizarlo "Sindelar 2", para que usted, querido Camarada, sobreviva eternamente en nuestro mundo del deporte. Veo aquí, en su tumba, que no solo era nuestro favorito en el mundo del deporte, sino también el favorito de toda la población.
>
> A un reencuentro en el más allá, un último adiós de la fiel juventud alemana".

Los restos de Sindelar descansan en el Grupo 12 B, Número 11, del Cementerio Central de Viena, acompañados por los de Marie, Leopoldine, Franz Sulc y Rosa.

El 29 de enero, el diario Fussball-Sonntag, órgano oficial del fútbol del Reich en Viena, publicó una edición en memoria de Sindelar. Fotos íntimas y nunca antes exhibidas, información y consideraciones de todo tipo adornaron el homenaje al ídolo fallecido.

INTERPRETACIONES POSTERIORES

El tiempo pasó y el fallecimiento de Sindelar empezó a quedar en la memoria del pueblo austríaco como un recuerdo cada vez más lejano. En 2003, Egon Ulbrich, amigo de Sindelar y exsecretario del Austria, contó en el documental Fútbol y Fascismo de la BBC una trama tan secreta como polémica en torno al funeral de Sindelar. La locutora narra: "Al no haber pruebas definitivas que establezcan si se trató de un asesinato o un suicidio, la causa de la muerte de Sindelar ha quedado archivada como accidental desde 1939". Lo cierto es que Ulrich hizo todo lo posible para que a Sindelar le dieran un funeral de Estado.

"El alcalde dijo que darle un funeral de Estado iba a ser un problema porque, aunque Sindelar lo mereciera, según las normas de los nazis no se le podía dar ese honor a una persona que había sido asesinada o que se había suicidado, de manera que tuvimos que hacer algo para hacer desaparecer el elemento criminal", contó Ulbrich, según el doblaje al español. Y agregó: "Encontramos al inspector del distrito. Era un tipo alto, un nazi, pero un buen hombre. Dijo que nos ayudaría. Para que el funeral de estado fuera posible, había que certificar que fue un accidente. Y finalmente la cosa quedó así: muerte por intoxicación con el gas de la estufa".

También en 2003, Ulbrich concedió una entrevista a la revista Profil. La esencia del relato fue la misma, pero hay algunas diferencias con respecto a lo que presentó la BBC. De acuerdo a las palabras de Ulbrich, un cuñado de Sindelar (podría ser Leopold Schütz o Franz Josef Sulc) lo llamó a la secretaría del Austria y estuvieron hablando sobre la muerte del exfutbolista. Ulbrich quería un funeral de Estado para su amigo y en el afán de conseguirlo se comunicó de inmediato con Thomas Kozich (probablemente esa persona que en la BBC describió como "un tipo alto, un nazi, pero un buen hombre"), quien fue tajante en su respuesta: "Si quiere un funeral de Estado, entonces hay que pasarlo como un accidente".

Ulbrich estuvo con la policía en Annagasse 3/24 y comentó que cuando llegó al apartamento aún "había pedazos de madera quemados en la estufa". Actuaron en consecuencia para que el accidente fuera posible. Luego lo oficializaron en la comisaría. Una de las aristas raras de la cuestión es que, de acuerdo al relato de Ulbrich, los amigos de Sindelar quisieron organizar una conmemoración en el primer aniversario de la muerte pero los nazis la prohibieron.

¿Había algo para ocultar? ¿Por qué había que fingir un accidente si en realidad fue un accidente? Esta postura genera muchas confusiones. Desde aquí se defiende el desenlace de una muerte accidental, siempre basándose en la autopsia oficial. También hay que considerar que durante muchos años, incluso décadas, se dio asidero a la posibilidad de un suicidio, aunque visto con nuestros ojos es una utopía. Lo cierto es que en ningún diario austríaco de la época se hizo mención a un funeral de Estado ni a nada de lo que menciona Ulbrich. La necesidad de construir un mártir político/religioso generó muchas contradicciones, cuando en realidad el protagonista fue víctima de un infortunio.

Friedrich Torberg, uno de los escritores vieneses por excelencia del siglo XX, autor del famoso poema Auf den Tod eines Fussballspielers (A la Muerte de un Futbolista), no dejó dudas sobre el suicidio: el centrodelantero ya no quería vivir el periodo de barbarie que fue víctima el fútbol de Viena tras la Anexión y en el que en el fútbol como en la vida, la Escuela de Viena no tenía lugar.

Alfred Polgar, otro de los autores más famosos del modernismo vienés, escribió un obituario poco después de la muerte de Sindelar: "El bueno de Sindelar, como hijo y orgullo que él era para la ciudad hasta el momento de su muerte, estaba tan apegado a la ciudad que iba a morir cuando ella cayera. Todas las pruebas apuntan a un suicidio motivado por la lealtad a su patria. Vivir y jugar al fútbol bajo la opresión, en una ciudad atormentada y quebrada, significaba engañar a Viena con un espectro de repulsión hacia sí mismo (...) ¿Cómo se puede jugar al fútbol así? ¿Y vivir cuando una vida sin fútbol no es nada?"[22].

En idéntica sintonía que Torberg y Polgar, Ulbrich debe haber pensado que su amigo se suicidó por no poder ver a su país sumergido en las políticas nazis. De otro modo no se explica una muerte accidental pasada como muerte accidental para que el funeral de Estado fuera posible. "Es un sentimiento hermoso, pero no es necesariamente la verdad", sintetizó a la perfección el periodista inglés Jonathan Wilson en relación a la posibilidad del suicidio, en una columna para The Guardian[23].

---

22 Roman Horak y Wolfgang Maderthaner, *A Culture of Urban Cosmopolitanism: Uridil and Sindelar as Viennese Coffee-House Heroes* en The International Journal of the History of Sport Volumen 13 Edición 1, 1996, páginas 153 y 154.

23 www.theguardian.com/football/2007/apr/03/sport.comment3

LA TUMBA DE HONOR

La muerte de Sindelar tuvo un último capítulo, también cargado de polémica. Como primera medida hay que señalar que en las crónicas de su muerte en los diarios de la época se hizo mención a la Ehrengrab (Tumba de Honor), que era atribuida a personalidades que fueron importantes para la ciudad, en este caso, de Viena. Entonces, la cuestión fue determinar si las tumbas de honor atribuidas durante los años del nazismo en Austria debían ser mantenidas o no. Para eso, en 2004, el Consejo Municipal de Cultura y Ciencia creó una comisión especializada para revisar caso por caso.

La historiadora vienesa Brigitte Bailer-Galanda fue la responsable de encabezar la investigación sobre la situación de Sindelar. Fue el caso número 55 en ser inspeccionado. Bailer-Galanda presentó nueve páginas desarrolladas más la incorporación de diversas notas periodísticas en las que se trató el tema, entre ellas la de Peter Menasse en la revista *NU, y tit*uló: Der Fall Sindelar- ein kritische Bewertung (El caso Sindelar: una revisión crítica).

Comienza con una certeza: "Miembro nazi: negativo". "(...) Se puede afirmar casi con toda seguridad que Matthias Sindelar no era miembro del Partido Nazi o cualquier otra organización Nazi (...)", agrega en el resumen, que deja otra consideración fundamental: "La tumba de honor homenaje a Matthias Sindelar no fue por su contribución al NSDAP o al régimen nazi; por el contrario, él también estaba en los ojos de los nazis como pro-judío y tenía el aura de la figura emblemática del fútbol vienés, que era parte de la identidad austríaca ya no deseada"[24].

Aquí está lo más importante de la resolución: "La Comisión recomienda mantener la dedicación de honor para Matthias Sindelar, que explícitamente debe basarse en Matthias Sindelar como representante del fútbol austríaco en la década de 1930 y a todos los miembros del Wunderteam (...)". Bailer-Galanda sostiene la conclusión de la Comisión a pesar del transcurrir del tiempo: "Mientras que en otros casos la situación de la tumba de honor fue abolida, en la de Sindelar se mantuvo su estatus debido a sus grandes méritos para el deporte austríaco"[25].

---

24 *Widmungen von Ehrengräbern durch die nationalsozilistische Stadtverwaltung in Wien von 1938-1945* (Dedicatorias de Tumbas de Honor por parte del Gobierno Nacionalsocialista en Viena en 1938-1945), por la *Kommissionsbericht an den amtsführenden Stadtrat für Kultur und Wissenschaft* (Comisión del Consejo Municipal de Cultura y Ciencia), Viena, 2004.

25 Entrevista con Brigitte Bailer-Galanda realizada el 10 de septiembre de 2012.

Así fue. Hoy Sindelar mantiene el honor de ser el único futbolista con una tumba de esas características.

EPÍLOGO

La Sindelargasse, homologada como tal desde el 1 de junio de 1960 por resolución del Comité de Cultura del Consejo de la Ciudad, está ubicada –como no podía ser de otra manera– en Favoriten y a pocos minutos del estadio actual del Austria. Nace en una hermosa avenida de doble mano llamada Bitterlichstrasse y muere en la intersección con Heimkehrgasse. Por el medio se cruza con Mennschildgasse, Palisagasse y Steinschötelgasse. Su numeración va desde el 1 hasta el 90 y tiene apenas cuatro cuadras de extensión. La paz que reina en sus entrañas es sublime. Se observan autos de alta gama y casas altas.

La marca que dejó Matthias Sindelar en el fútbol austríaco y en la vida vienesa es tan indiscutible como eterna. En sus 427 partidos y 255 goles sintetizó toda la genialidad que un jugador puede tener; le marcó al fútbol austríaco un camino que desconocía. Austria tuvo buenos futbolistas, aunque pocos hayan atravesado el umbral de la fama mundial, pero Sindelar significó un antes y un después, un precedente único. Enseñó a pensar el juego desde una perspectiva lúdica, atractiva y efectiva. Demostró que siendo centrodelantero podía romper las bases preestablecidas, retroceder unos metros, asistir, confeccionar y no ser solo una referencia dentro del área.

Sindelar es ayer, pero también es hoy y mañana. En cualquier mesa futbolera, aún en la actualidad, su nombre retumba como si el tiempo no hubiera pasado. La historia del fútbol austríaco es, en esencia, la historia de Sindelar: desde sus inicios en las calles de Favoriten hasta las máximas proezas a nivel internacional.

Sindelar es un emblema del Austria y sobran los justificativos. El 12 de febrero de 2013, dos días después de que se cumplieran 110

años del nacimiento de Sindelar, en el museo, el Austria organizó una exposición comandada por el historiador del club, Erich Krenslehner. Fue un sensato y merecido homenaje a la memoria de Sindelar. Tuve la suerte de contemplar con mis propios ojos el cariño y el respeto con que los hinchas que se acercaron escuchaban cada palabra de Krenslehner.

El curador del museo, Gerhard Kaltenbeck, valora: "Matthias Sindelar representa uno de los futbolistas más valiosos en la historia del Austria. Él fue, por ejemplo, gran responsable de los triunfos en la Mitropa, comparable a la actual Champions League, a mediados de la década del treinta".

En 2001, para el 90 aniversario del club, los hinchas del Austria, a través de una votación, eligieron "el equipo del siglo", una formación con los 11 futbolistas más destacados de la historia. En el museo hay un enorme panel con los nombres y los rostros de estos jugadores. Sindelar fue uno de los más votados.

"Cuando el Austria celebró su 100 aniversario, los hinchas eligieron a los mejores jugadores de la historia. Y de nuevo Sindelar fue escogido por los fans. Lo más llamativo del hecho es que, más allá que desde la muerte de Sindelar pasaron más de setenta años, él sigue vivo en los corazones de los aficionados", acota Kaltenbeck.

Con respecto a la muerte de Sindelar, en mayo de 2008, el Austria le rindió un homenaje: descubrieron una placa conmemorativa colocada en el frente del edificio donde falleció, en Annagasse 3. En representación del club estuvieron los dirigentes Karl Blecha, Thomas Parits, Markus Kraetschmer y Felix Gasselich. El alcalde de Viena, Michael Häupl –quien se manifestó a favor de que le mantuvieran la tumba de honor– y Andreas Mailath-Pokorny, concejal de Cultura, presenciaron el tributo en nombre del Municipio. Häupl afirmó que Sindelar fue el mejor futbolista del fútbol austríaco, recordó su importancia en el Wunderteam y destacó que la placa debería ayudar a no olvidarlo. Mailath-Pokorny, por su parte, fantaseó con la construcción de un monumento en honor a Sindelar. Sería un premio merecido.

En Kozlov, su pueblo natal en la actual República Checa, también pusieron una placa en su honor, ubicada en el vestuario de un equipo local.

El 21 de julio de 1999, la tribuna Sur del estadio del Austria fue bautizada con el nombre de Matthias Sindelar. El estadio, según la información del archivo del Austria, fue inaugurado en agosto de

1982, luego de una trama de adjudicación del terreno que acumuló años de sudor.

En el otoño de 1973, las discusiones sobre el nombre del nuevo estadio comenzaron a circular. Había un favorito que parecía tener consenso absoluto: estadio Matthias Sindelar. Con la muerte de Franz Horr, expresidente de la Asociación de Fútbol de Viena que colaboró intensamente para que el Austria pudiera tener el hermoso estadio que ostenta hoy en día, la Asociación impulsó que el nombre del estadio estuviera relacionado con la figura del difunto dirigente. Lo logró, aunque el nombre comercial es Generali Arena.

Sin ir en desmedro de la intachable labor de Horr, el estadio merecía llevar el nombre de Matthias Sindelar. Por recorrido con la camiseta del club, por haber sido artífice fundamental en la época de mayor preponderancia internacional de la institución y porque sus estadísticas personales lo avalan. En síntesis, por citar un dato resonante, es el segundo goleador histórico del Austria, con 226 goles, detrás de Ernst Stojaspal, quien totalizó 258. Precisamente, Stojaspal, que nació en 1925, declaró más de una vez que su ídolo era Sindelar.

Mientras se escriben estas páginas, el Austria se encuentra en pleno proceso de modernización del Generali Arena, con final previsto para 2018. Quizá sea una estupenda oportunidad para que Matthias Sindelar tenga algo más que el nombre de una tribuna.

El reconocimiento a la trayectoria de Sindelar superó todas las barreras. Hay otros galardones que deben ser destacados, más allá de lo conseguido con su club. La Federación Internacional de Historia y Estadística de Fútbol (IFFHS, por sus siglas en inglés) colocó a Sindelar en el puesto 22 en la lista de los 100 mejores futbolistas del siglo XX. También sobre un total de 100, Sindelar fue el decimotercer mejor futbolista europeo del siglo pasado y, como consecuencia, el primero en la tabla de los austríacos. La revista italiana Guerin Sportivo publicó su top 50 del siglo pasado: Sindelar está en el puesto 36. La World Soccer, del Reino Unido, también incluyó a Sindelar en la selección de los 100 futbolistas más grandes de todos los tiempos.

El arte y la cultura no se privaron de evocar la figura de Sindelar. Novelas, cuentos, caricaturas para niños e historietas conforman una amplia gama de retratos de Sindelar. Incluso su vida llegó al teatro. El escritor y director vienés Wilhelm Pellert lanzó el 21 de febrero de 2006 una pieza dedicada a Sindelar, montada en un escenario al aire libre. Desde niño, Pellert escuchó hablar sobre Sindelar

por las historias que le contaba su abuelo. En la obra, jugó con la hipótesis del suicidio. Sindelar fue interpretado por el actor Michael Duregger.

Uno de los hallazgos más sorprendentes durante esta investigación fue encontrar una banda musical en la Argentina que inspiró su denominación en Sindelar. Su nombre es "Shindelar" y es oriunda de Bahía Blanca, una ciudad situada al sur de la provincia de Buenos Aires. "Hugo Oyarzo, exbajista de la banda, vio un documental en TV que contaba la historia de Matthias. Le pareció muy interesante puesto que se decía que se había negado a jugar para la Alemania nazi de Hitler, y para no ser sometido, se suicido junto con su esposa. Se le agregó una 'H' al apellido Sindelar para que sonara más glam, puesto que la banda la catalogamos como Punk Pop", me cuenta Mariano González, vocalista, guitarrista y miembro fundador desde antes que el proyecto tuviera identidad.

La vida de Sindelar deja millones de interpretaciones. El objetivo principal es que los lectores conozcan más y mejor la historia del protagonista. Que puedan juzgarla y examinarla con los mayores argumentos posibles. A casi ochenta años de su desaparición física, si podemos sentar a Sindelar en cada una de nuestras mesas, este libro tendrá sentido.

GOLES Y PARTIDOS

HERTHA VIENA

Temporada *1921/1922*
Total: 0 goles en 8 partidos.

Temporada 1922/1923
10/9/1922. Liga. Admira (2) vs. Hertha (2). Un gol.
18/2/1923. Liga. Hertha (3) vs. Rapid (4). Un gol.
29/4/1923. Liga. Hertha (1) vs. Simmeringer SC (3). Un gol.
Total: **3 goles en 18 partidos.**

Temporada *1922/1923*
Total: **0 goles en 9 partidos.**

AMATEURE/AUSTRIA (LIGA Y COPA)

Temporada 1924/1925
19/10/1924. Liga. Amateure (1) vs. Hakoah (0). Un gol.
14/12/1924. Liga. Amateure (1) vs. Wacker (1). Un gol.
15/2/1925. Liga. Amateure (2) vs. Slovan (0). Un gol.
4/4/1925. Liga. Wacker (2) vs. Amateure (5). Un gol.
Total: 4 goles en 17 partidos.

Temporada 1925/1926

31/1/1926. Liga. Amateure (4) vs. First Vienna (0). Un gol.
14/2/1926. Copa de Austria. Amateure (8) vs. Frem (0). Un gol.
28/2/1926. Copa de Austria. Amateure (3) vs. Brigittenauer AC (1). Un gol.
20/3/1926. Copa de Austria. Amateure (11) vs. Vienna Cricket (0). Dos goles.
12/6/1926. Liga. Amateure (2) vs. Simmeringer SC (2). Un gol.
Total: 6 goles en 12 partidos.

Temporada 1926/1927

3/10/1926. Liga. Brigittenauer AC (3) vs. Amateure (1). Un gol.
31/10/1926. Liga. Amateure (2) vs. Hakoah (2). Un gol.
12/11/1926. Liga. Wiener AC (1) vs. Amateure (2). Un gol.
20/11/1926. Liga. Admira (0) vs. Austria (4). Dos goles.
28/11/1926. Liga. Floridsdorfer AC (1) vs. Austria (6). Tres goles.
6/2/1927. Copa. Austria (7) vs. Polizei SV (4). Dos goles.
19/2/1927. Copa. Austria (4) vs. Nicholson (2). Un gol.
27/2/1927. Liga. Slovan (0) vs. Austria (1). Un gol.
6/3/1927. Liga. Austria (2) vs. Rapid (1). Un gol.
2/4/1927. Liga. Austria (3) vs. Wiener Sportklub (1). Un gol.
30/4/1927. Liga. Austria (1) vs. Floridsdorfer AC (2). Un gol.
7/5/1927. Liga. Austria (1) vs. Brigittenau AC (2). Un gol.
13/5/1927. Liga. Simmeringer SC (8) vs. Austria (2). Un gol.
2/6/1927. Liga. Austria (3) vs. Wacker (0). Un gol.
18/6/1927. Liga. Austria (1) vs. Wiener AC (1). Un gol.
2/7/1927. Liga. Austria (6) vs. Rudolfshügel (3). Dos goles.
Total: 21 goles en 28 partidos.

Temporada 1927/1928

27/8/1927. Liga. Austria (3) vs. Brigittenauer AC (0). Un gol.
3/9/1927. Liga. Wiener AC (1) vs. Austria (2). Un gol.
9/10/1927. Liga. Austria (1) vs. Rapid (2). Un gol.
23/10/1927. Liga. Wiener Sportklub (0) vs. Austria (5). Un gol.
27/11/1927. Liga. Austria (4) vs. Hakoah (1). Un gol.
5/2/1928. Copa. Hakoah (3) vs. Austria (1). Un gol.
26/2/1928. Liga. Austria (1) vs. Wacker (1). Un gol.
21/4/1928. Liga. Austria (2) vs. Admira (3). Un gol.
28/4/1928. Liga. Austria (1) vs. Wiener Sportklub (1). Un gol.
Total: 9 goles en 21 partidos.

Temporada 1928/1929

2/9/1928. Liga. Brigittenauer AC (2) vs. Austria (3). Un gol.
25/11/1928. Liga. Rapid (2) vs. Austria (2). Un gol.
16/3/1929. Copa. Slovan (2) vs. Austria (4). Un gol.
6/4/1929. Liga. Austria (6) vs. Slovan (3). Tres goles.
20/4/1929. Liga. Austria (2) vs. Floridsdorfer AC (2). Un gol.
24/4/1929. Liga. Austria (2) vs. Brigittenauer AC (1). Un gol.
Total: 8 goles en 24 partidos.

Temporada 1929/1930

8/9/1929. Liga. Austria (5) vs. Nicholson (1). Dos goles.
20/10/1929. Liga. Austria (3) vs. Floridsdorfer AC (0). Un gol.
26/1/1930. Liga. First Vienna (0) vs. Austria (3). Un gol.
2/3/1930. Liga. Rapid (4) vs. Austria (8). Tres goles.
9/3/1930. Liga. Austria (3) vs. Hertha (1). Un gol.
5/4/1930. Liga. Austria (3) vs. First Vienna (4). Un gol.
16/4/1930. Copa. Austria (1) vs. Wiener Sportclub (0). Un gol.
19/4/1930. Liga. Floridsdorfer AC (1) vs. Austria (3). Dos goles.
18/5/1930. Liga. Austria (4) vs. Hakoah (5). Un gol.
24/5/1930. Liga. Austria (1) vs. Wacker (2). Un gol.
5/6/1930. Liga. Wiener Sportklub (3) vs. Austria (4). Dos goles.
Total: 16 goles en 24 partidos.

Temporada 1930/1931

14/9/1930. Liga. Austria (7) vs. Floridsdorfer AC (1). Dos goles.
28/9/1930. Liga. Austria (2) vs. Wacker (1). Un gol.
5/10/1930. Liga. Wiener Sportklub (4) vs. Austria (3). Dos goles.
12/10/1930. Liga. Austria (4) vs. Nicholson (0). Un gol.
19/10/1930. Liga. First Vienna (3) vs. Austria (1). Un gol.
25/10/1930. Liga. Austria (5) vs. Wiener AC (3). Dos goles.
23/11/1930. Copa. Wiener AC (3) vs. Austria (2). Un gol.
24/1/1931. Copa. Wiener Sportklub (2) vs. Austria (2). Un gol.
1/2/1931. Copa. Austria (5) vs. Slovan (0). Dos goles.
8/3/1931. Liga. Austria (4) vs. Wiener Sportklub (1). Un gol.
14/3/1931. Liga. Wacker (0) vs. Austria (4). Un gol.
15/4/1931. Copa. Austria (6) vs. Floridsdorfer AC (0). Un gol.
22/4/1931. Copa. Austria (2) vs. Nicholson (1). Un gol.
25/4/1931. Liga. Austria (6) vs. Slovan (1). Un gol.
10/5/1931. Liga. Rapid (4) vs. Austria (3). Un gol.
28/5/1931. Copa. Austria (5) vs. First Vienna (2). Dos goles.

31/5/1931. Liga. Austria (3) vs. Admira (3). Un gol.
Total: 22 goles en 26 partidos.

Temporada 1931/1932
6/9/1931. Liga. Austria (3) vs. Rapid (5). Un gol.
19/9/1931. Liga. Nicholson (2) vs. Austria (3). Un gol.
8/11/1931. Liga. Floridsdorfer AC (5) vs. Austria (7). Un gol.
15/11/1931. Liga. Austria (6) vs. Hakoah (1). Un gol.
13/12/1931. Liga. Wiener AC (1) vs. Austria (3). Un gol.
2/3/1932. Liga. Austria (6) vs. Floridsdorfer AC (2). Un gol.
13/3/1932. Liga. Hakoah (2) vs. Austria (3). Dos goles.
3/4/1932. Liga. Austria (4) vs. Wiener Sportklub (1). Dos goles.
14/4/1932. Liga. Wacker (0) vs. Austria (6). Dos goles.
4/6/1932. Liga. Brigittenauer AC (1) vs. Austria (3). Dos goles.
12/6/1932. Liga. Rapid (3) vs. Austria (2). Un gol.
Total: 15 goles en 23 partidos.

Temporada 1932/1933
4/9/1932. Liga. Admira (1) vs. Austria (2). Dos goles.
11/9/1932. Liga. Austria (3) vs. Hakoah (1). Un gol.
25/9/1932. Liga. Wiener Sportklub (2) vs. Austria (6). Dos goles.
8/10/1932. Liga. Austria (2) vs. Libertas (2). Un gol.
30/10/1932. Liga. Austria (1) vs. Brigittenauer AC (5). Un gol.
5/11/1932. Liga. Floridsdorfer AC (0) vs. Austria (2). Un gol.
19/2/1933. Copa. Rapid (4) vs. Austria (6). Un gol.
5/3/1933. Liga. Austria (1) vs. First Vienna (2). Un gol.
26/3/1933. Liga. Wacker (2) vs. Austria (3). Un gol.
23/4/1933. Copa. Austria (3) vs. Wacker (3). Un gol
4/5/1933. Copa. Wacker (1) vs. Austria (2). Un gol.
10/5/1933. Copa. Austria (4) vs. Floridsdorfer AC (1). Tres goles.
5/6/1933. Liga. Libertas (3) vs. Austria (3). Un gol.
Total: 17 goles en 26 partidos.

Temporada 1933/1934
4/10/1933. Liga. Austria (4) vs. FC Wien (2). Un gol.
8/10/1933. Liga. Austria (4) vs. Wiener Sportklub (3). Tres goles.
15/10/1933. Liga. Wiener AC (5) vs. Austria (3). Dos goles.
22/10/1933. Liga. Austria (2) vs. Floridsdorfer AC (2). Un gol.
12/11/1933. Liga. Admira (1) vs. Austria (2). Un gol.
18/11/1933. Liga. Austria (4) vs. Libertas (0). Dos goles.

28/1/1934. Copa. Austria (7) vs. Wiener Rasensportfreunde (1). Dos goles.
3/2/1934. Copa. Austria (4) vs. Schwarzweiss Wien (1). Un gol.
18/2/1934. Liga. Austria (6) vs. Wiener AC (0). Tres goles.
25/2/1934. Liga. Floridsdorfer AC (2) vs. Austria (2). Un gol.
10/3/1934. Liga. Donau Wien (2) vs. Austria (2). Un gol.
18/3/1934. Liga. Austria (5) vs. Admira (2). Tres goles.
21/3/1934. Copa. Austria (2) vs. Admira (4). Un gol.
7/4/1934. Liga. Libertas (0) vs. Austria (3). Un gol.
21/4/1934. Liga. Austria (4) vs. Wacker (1). Dos goles.
6/5/1934. Liga. Rapid (3) vs. Austria (0). Un gol*.
13/5/1934. Liga. WR. Sportclub (0) vs. Austria (5). Un gol.
Total: 27 goles en 24 partidos.

*El partido iba 2-2 y se suspendió; dieron ganador a Rapid por 3-0.

Temporada 1934/1935
30/9/1934. Liga. Austria (1) vs. Rapid (3). Un gol.
10/2/1935. Copa. Austria (10) vs. SC Siemens (2). Tres goles.
24/2/1935. Liga. Wacker (2) vs. Austria (4). Dos goles.
10/3/1935. Liga. Hakoah (2) vs. Austria (5). Cuatro goles.
7/4/1935. Liga. Austria (3) vs. Wiener Sportklub (0). Un gol.
18/5/1935. Liga. Austria (2) vs. Libertas (4). Un gol.
22/5/1935. Copa. Austria (5) vs. Hakoah (1). Dos goles.
30/5/1935. Copa. Austria (5) vs. Wiener AC (1). Dos goles.
Total: 16 goles en 19 partidos.

Temporada 1935/1936
8/9/1935. Liga. Floridsdorfer AC (2) vs. Austria (3). Dos goles.
29/9/1935. Liga. Libertas (4) vs. Austria (2). Un gol.
3/11/1935. Liga. Austria (4) vs. Wiener AC (1). Dos goles.
19/1/1936. Copa. Austria (5) vs. Weisse Elf Wien (0). Un gol.
2/2/1936. Copa. Austria (9) vs. Linzer Ask (0). Un gol.
23/2/1936. Liga. Wiener AC (2) vs. Austria (5). Un gol.
29/3/1936. Liga. Favoritner AC (0) vs. Austria (3). Dos goles.
19/4/1936. Copa. Admira (1) vs. Austria (5). Tres goles.
21/5/1936. Copa. Austria (3) vs. First Vienna (0). Un gol.
Total: 14 goles en 22 partidos.

Temporada 1936/1937
30/8/1936. Liga. Austria (2) vs. Post SV (1). Un gol.
22/9/1936. Liga. Hakoah (1) vs. Austria (3). Dos goles.

15/11/1936. Liga. Austria (7) vs. Favoritner AC (1). Dos goles.
22/11/1936. Liga. Libertas (0) vs. Austria (3). Un gol.
14/2/1937. Liga. Admira (1) vs. Austria (1). Un gol.
21/2/1937. Liga. Austria (2) vs. Floridsdorfer AC (0). Un gol.
7/3/1937. Liga. Austria (4) vs. Wacker (1). Dos goles.
1/4/1937. Copa. Libertas (0) vs. Austria (4). Tres goles.
11/4/1937. Copa. Admira (1) vs. Austria (3). Dos goles.
25/4/1937. Liga. Austria (3) vs. Hakoah (1). Dos goles.
16/5/1937. Liga. Austria (5) vs. Rapid (0). Un gol.
Total: 18 goles en 25 partidos.

Temporada 1937/1938
29/8/1937. Liga. Austria (3) vs. Favoritner AC (2). Un gol.
5/9/1937. Liga. Admira (1) vs. Austria (3). Un gol.
29/9/1937. Liga. Wacker (2) vs. Austria (3). Un gol.
26/9/1937. Liga. Austria (2) vs. Floridsdorfer AC (0). Un gol.
3/10/1937. Liga. Simmeringer SC (0) vs. Austria (2). Un gol.
7/11/1937. Liga. Austria (1) vs. Rapid (2). Un gol.
20/2/1938. Liga. Austria (2) vs. FC Wien (2). Un gol.
26/3/1938. Liga. Austria (3) vs. Simmeringer SC (2). Un gol.
13/4/1938. Liga. Favoritner AC (1) vs. Austria (4). Un gol.
Total: **9 goles en 16 partidos.**

Temporada *1938/1939*
Total: 0 goles en 11 partidos.

AUSTRIA (MITROPA)

2/7/1933. Austria (3) vs. Slavia (0). Un gol.
9/7/1933. Austria (3) vs. Juventus (0). Un gol.
8/9/1933. Austria (3) vs. Ambrosiana (1). Tres goles.
16/6/1934. Austria (1) vs. Újpest (2). Un gol.
16/6/1935. Ambrosiana (2) vs. Austria (5). Un gol.
23/6/1935. Austria (3) vs. Ambrosiana (1). Tres goles.
14/7/1935. Austria (5) vs. Slavia (2). Un gol.
21/7/1935. Ferencváros (4) vs. Austria (2). Dos goles.
28/7/1935. Austria (3) vs. Ferencváros (2). Un gol.
7/6/1936. Austria (3) vs. Grasshopper (1). Un gol.
28/6/1936. Austria (4) vs. Bologna (0). Un gol.
27/7/1936. Austria (5) vs. Újpest (2). Dos goles.

13/6/1937. Bologna (1) vs. Austria (2). Un gol.
25/6/1937. Austria (5) vs. Bologna (1). Un gol.
4/7/1937. Austria (5) vs. Újpest (4). Un gol.
11/7/1937. Újpest (1) vs. Austria (2). Un gol.
18/7/1937. Austria (4) vs. Ferencváros (1). Un gol.
25/7/1937. Ferencváros (6) vs. Austria (1). Un gol.
Total: 24 goles en 31 partidos.

SELECCIÓN

28/9/1926. Amistoso. Checoslovaquia (1) vs. Austria (2). Un gol.
10/10/1926. Amistoso. Austria (7) vs. Suiza (1). Dos goles.
7/11/1926. Amistoso. Austria (3) vs. Suecia (1). Un gol.
16/5/1931. Amistoso. Austria (5) vs. Escocia (0). Un gol.
14/9/1931. Amistoso. Austria (5) vs. Alemania (0). Tres goles.
29/11/1931. Copa Internacional. Suiza (1) vs. Austria (8). Un gol.
20/3/1932. Amistoso. Austria (2) vs. Italia (1). Dos goles.
24/4/1932. Amistoso. Austria (8) vs. Hungría (2). Tres goles.
22/5/1932. Copa Internacional. Checoslovaquia (1) vs. Austria (1). Un gol.
17/7/1932. Amistoso. Suecia (3) vs. Austria (4). Un gol.
7/12/1932. Amistoso. Inglaterra (4) vs. Austria (3). Un gol.
12/2/1933. Amistoso. Francia (0) vs. Austria (4). Un gol.
11/6/1933. Amistoso. Austria (4) vs. Bélgica (1). Un gol.
17/9/1933. Amistoso. Checoslovaquia (3) vs. Austria (3). Dos goles.
25/4/1934. Eliminatoria para el Mundial. Austria (6) vs. Bulgaria (1). Un gol.
27/5/1934. Mundial. Francia (2) vs. Austria (3). Un gol.
27/9/1936. Copa Internacional. Hungría (5) vs. Austria (3). Dos goles.
19/9/1937. Copa Internacional. Austria (4) vs. Suiza (3). Un gol.
Tota**l: 26 goles en 43 partidos**

TOTAL EN LA CARRERA: 255 GOLES EN 427 PARTIDOS.

AGRADECIMIENTOS

A Matthias Sindelar, por cambiarme la vida.

A Georg Spitaler, por ser el primero en creer en este proyecto y por ser un guía durante mis días en Viena y a la distancia.

A Matthias Marschik, por su colaboración sin fronteras.

A Wolfgang Weisgram, por abrirme caminos.

A Peter Menasse, por sus aportes invaluables.

A Mirko Trasforini, por su cooperación desde Italia.

A Andy Tschorn, por su visión desde Alemania.

A Alejandro Torres Gutiérrez, por sus consejos y su simpleza desde España.

A Gerhard Mayer, por abrirme las puertas de la Embajada de Austria en la Argentina. Al igual que Lisa Maria Wilfert, Christine Dollinger, Alicia Todesca y Bita Rasoulian.

A Gerhard Kaltenbeck y Erich Krenslehner, por mantener viva la memoria de Matthias Sindelar en nombre del Austria Viena.

A Claudio Tolchinsky, por darle crédito a la utopía.

A Ambrosius Kutschera, por ser una fuente de consulta permanente sobre la historia del fútbol austriaco.

A David Forster, por sus opiniones.

A Walter Sturm, a quien le debo muchas páginas de este libro.

A Christoph Unger, porque sin su presencia nada de esto hubiera sido posible.

A Andreas Gres y a Géza-Rainer Wiedemann, por su generosidad.

A Brigitte Bailer-Galanda, por responder cada una de mis inquietudes.

A Hagen Leopold, por los documentos de Joseph Herberger y muchos más.

A la memoria de Siegfried Mattl.

A Wolfgang Hafer, por sus apreciaciones.

A la memoria de Norbert Lopper, por aquel almuerzo que nunca olvidaré. Y a su hijo Pierre por su simpatía.

A Cornelia Mayrbäurl, por el buen encuentro en el Café Central.

A Lützow Siegfried y Alexandra Föderl-Schmid, en nombre de Der Standard.

A Anna María Woitzuck, por el apoyo y los consejos en los días grises.

Al equipo de la revista Ballesterer.

A Stefan Mach, por ayudarme a reconstruir la muerte de Johann Sindelar.

A Alejandro y Andrés Peña, por su interés y su buena onda.

A Ezequiel Fernández Moores, por la humildad de los grandes.

A Pablo Aro Geraldes, por querer a Matthias Sindelar tanto como yo.

A Andrés Burgo, por estar al pie del cañón.

A René y a Isa, por ayudarme a sonreír en los peores momentos.

A mis viejos y a mis hermanos, por ser todo lo que soy.

A la familia, para los que están y para los que lo leerán desde otra dimensión.

A María Eugenia, por la paciencia y el amor.

A mis amigos de siempre.

Tampoco me quiero olvidar de Mark Kaser, Gonza Rodríguez, Bernadette Goldberger, Ruth Elena Stifter-Trummer, Andreas Geipel, Helmut Pflügl, Erich Denk, Francisco Alcaíde Hernández, Margarita Cabrera, Jorge Viale, Archivo TEA, Argentinos en Austria, Ariel Scher, Gabriel Sánchez Sorondo, Francisco Cravero, Peter Spiegel, Sabrina Rodriguez Kowalczuk y familia, Camillo Foramitti, James Hoyle, Joaquim Garnier, FACCMA, Maccabi de Viena, Andreas Pucher, Milan Holub, Estela Firenstein y Miguel Vidal.

SOBRE EL AUTOR

Camilo Francka, Buenos Aires, 1989. Es periodista y desarrolló casi toda su carrera como redactor en medios gráficos. También fue co-conductor en diversos programas de radio, comentarista en Radio Cristal de Urdinarrain, Entre Rios, analista de videos de fútbol, corrector y productor televisivo. Actualmente trabaja en TyC Sports.

BIBLIOGRAFÍA

LIBROS Y PUBLICACIONES

Adolf Hitler, Mi lucha, Ediciones Trasandinas, Santiago de Chile, 2002.

Alejandro Torres Gutiérrez, El derecho a la libertad de conciencia en Austria, Dykinson, Madrid, 2006.

Alejandro Torres Gutiérrez, Minorías y Multiculturalidad en Austria, Dykinson, Madrid, 2007.

Alfonso Riobó Serván, E*l derecho de libertad religiosa e*n la República Checa y en la República Esl*ovaca,* Dykinson, Madrid, 2005.

Andreas Schulz, Alles über Fussball, Wissen Media Verlag, Múnich, 2008.

Andreas Tröscher, Matthias Marschik y Edgar Schütz, Das große Buch der österreichischen Fussballstadien, Verlag die Werkstatt, Göttingen, 2007.

Arnd Krüger, Sport und Politik. Von Turnvater Jahn zum Staatsamateur, Editorial Fackelträger, Hannover, 1975.

Arthur Steiner, Das Londoner *Wunderspiel, V*iena, 1932.

Bernard Wasserstein, Barbarism and Civilization, Barcelona, Editorial Ariel, 2010.

Bernard Wasserstein, Civ*ilización y barbar*ie: una historia de la Europa de nuestro tiempo, Barcelona, 2010.

Brigitte Bailer-Galanda, Der Fall Sindelar- ein kritische Bewertung, en el Widmungen von Ehrengräbern durch die nationalsozilistische Stadtverwaltung in Wien von 1938-1945, por la Kommissionsbericht an den amtsführenden Stadtrat für Kultur und Wissenschaft, 2004.

Bruno Prohaska, Matthias Sindelar, Viena, 1940.

Český statistický úřad, Historický Lexikon Obcí Ceské Republiky 1869-2005 (Parte I), Praga, 2006.

Christine Klusacek y Kurt Stimmer, Favoriten, zwischen gestern und morgen, Viena, Mohl Verlag, 2004.

Christoph Bausenwein, Harald Kaiser y Bernd Siegler, 1. FC Nürnberg. Die Legende vom Club, Verlag Die Werkstatt, Göttingen, 1996.

Collected Diplomatic Documents Relating to the Outbreak of the European War, Londres, 1915.

David Forster, Bernhard Hachleitner, Robert Hummer y Robert Franta, "Die Legionäre". 2. Auflage: österreichische Fußballer in aller Welt, Editorial Lit, Viena, 2013.

David Goldblatt, The Ball is Round. A Global History of Football, Penguin Books, Londres, 2007.

Dietrich von Hildebrand, Engelbert Dollfuss: un estadista católico, Editorial Difusión S.A., Buenos Aires, 1945.

Dirk Bitzer y Bernd Wilting, Stürmen für Deutschland: Die Geschichte des deutschen Fußballs von 1933 bis 1954, Campus Verlag, Frankfurt, 2003.

Domenico Jacono, Edgar Schütz y Matthias Marschik, Alles Derby! 100 Jahre Rapid gegen Austria, Verlag Die Werkstatt, Göttingen, 2011.

Emil Bobi, Sindelars List, Profil, 2003.

Eric Kandel, En busca de la memoria, Katz, Buenos Aires, 2007.

Franz Blaha, Sindelar, Viena, Österreichischer Presse und Bilderverlag Blaha, 1946.

Georges Bensoussan, Historia de la Shoah, Anthropos Editorial, Barcelona, 2005.

Gerhard Urbanek, Österreichs Deutschland-Komplex. Paradoxien in der österreichischdeutschen Fußballmythologie, Editorial LIT, Viena, 2009.

Gilberto Aranda Bustamante y Sergio Salinas Cañas, Conflicto de identidades y política internacional, Santiago de Chile, RIL, 2005.

Helmut Heiman, Tarzan, Puskás, Hansi Müller - Stelldichein

Donauschwäbischer Spitzensportler, Oswald Hartmann Verlag, Sersheim, 2001.

Helmut Schön, Fußball, Ullstein Verlag, Berlín, 1978.

Herbert Chapman, Herbert Chapman on Football: The reflections of Arsenal´s greatest manager, GCR Books, Inglaterra, 2010.

Hermann Rauschning (Versión castellana de Enrique Martí), Hitler me dijo: confidencias del Führer sobre su plan de conquista del mundo, Librería Hachette, Buenos Aires, 1940.

Hubert Pramhas y Wolfgang Slapansky, Rote Teufel leben länger, Edición Privada, Viena, 1993.

Ian Kershaw, Hitler: 1936 – 1945, Ediciones Península, Barcelona, 2000.

Jacques Droz, Historia de Austria, Salvat Editores, Barcelona, 1950.

Jerzy W. Borejsza, La escalada del odio: Movimientos y sistemas autoritarios y fascistas en Europa, 1919-1945, Siglo Veintiuno de España Editores, Madrid, 2002.

Jesús Hernández, Breve historia de Hitler, Ediciones Nowtilus, Madrid, 2012.

Jo Huber, Das grosse Austria buch, Verlag Kurt Mohl, Viena, 1975.

John Foot, Winning at All Costs: A Scandalous History of Italian Soccer, Nation Books, New York, 2007.

Jonathan Wilson, La Pirámide Invertida, Debate, Buenos Aires, 2014.

Jürgen Leinemann, Sepp Herberger, ein Leben, eine Legende, Rowohlt Berlin, Alemania, 1999.

Kurt von Schuschnigg, Austria, patria mía, Empresa Editora Zig-Zag, Santiago de Chile, 1942.

Leo Schidrowitz, Geschichte des Fussballsportes in Österreich, Rudolf Traunau, Viena, 1951.

Louis James, Viena, Ediciones Granica, Barcelona, 1997.

Ludwig Rossa, Strassenlexikon von Wien, Viena, Touristik Verlag, 1945.

Luis Rodríguez Embil, El Imperio mudo: crónicas de la vida en Austria-Hungría durante la Guerra Mundial, París, Agencia Mundial de Librería, 1928.

María Soledad de Mateo Menéndez, La Primera Guerra Mundial, Ediciones Akal, Madrid, 1995.

Matthias Marschik, Even the Parliament interrupted its session...: Creating local and national identity in Viennese Football, Journal of Sport and Social Issues, 2001.

Matthias Marschik, MITROPA: Representations of Central Europe in Football (En International Review For The Sociology of Sport, SAGE, 2001).

Matthias Marschik, Wiener Austria: Der ersten 90 Jahre, Viena, Verlag Fun Toy, 2001.

Michael John y Albert Lichtblau, Schmelztiegel Wien – einst und jetzt, Böhlau Verlag, Viena, 1990.

Monika Glettler, Die Wiener Tschechen um 1900: Strukturanalyse einer nationalen Minderheit in der Großstadt, Múnich, Oldenbourg Wissenschaftsverlag, 1972.

Paul Brown, Unofficial Football World Championships, Tonto Press, Gran Bretaña, 2006.

Pierre Delaunay, Jacques de Ryswick y Jean Cornu, 100 ans de football en France, Atlas, Paris, 1982.

Ramón Pérez-Maura, Del Imperio a la unión europea: La huella de Otto de Habsburgo en el siglo XX, Ediciones Rialp, Madrid, 1997.

Raúl Hilberg, La destrucción de los judíos europeos, Ediciones Akal, Madrid, 2005.

Robert S. Wistrich, Who's who in Nazi Germany, Editorial Routledge, Nueva York, 2001.

Roman Horak y Wolfgang Maderthaner, A Culture of Urban Cosmopolitanism: Uridil and Sindelar as Viennese Coffee-House Heroes (En The International Journal of the History of Sport Volumen 13, Edición 1, 1996).

Selbstverlage der Gemeinde Vertratungen der Wiener Vororote, Denkschrift der Vororte Wiens über die Folgen einer Eventuellen Hinausrückung der Verzehrungssteuer-Linie, Viena, 1884.

Servicio Federal de Prensa, Austria: fin de siglo – Primera República 1880-1938, Viena, 1986.

Steven Beller, Breve historia de Austria, Cambridge University Press, Inglaterra, 2006.

Thomas Kozich, Erinnerungen, Kriegsarchiv del Österreichisches Staatsarchiv, 1980.

Ulrich Hesse-Lichtenberger, Tor! The Story Of German Football, WSC Books, Londres, 2003.

Walter Sturm, Matthias Sindelar: Ein kind aus Favoriten, Viena, Museumverein Favoriten, 2003.

Werner Schubert, 125 Jahre Schule in Favoriten, Museumsverein Favoriten, Viena, Favoritner Museumsblätter N° 10.

Werner Schubert, Favoriten, Viena, Museumsverein Favoriten, Favoritner Museumsblätter N° 12, 1988.

Wien Museum, Wo die Wuchtel fliegt, Löcker Verlag, Viena, 2008.

Wolfgang Hafer y Andreas Hafer, Hugo Meisl, Die Erfindung des modernen Fußballs, Verlag die Werkstatt Göttingen, 2007.

Wolfgang Maderthaner y Roman Horak, Mehr als ein Spiel, Viena, Löcker Verlag, 1997.

Wolfgang Maderthaner, Matthias Sindelar, der "Papierene". Tanzer auf dem Platz (En Matthias Marschik y Georg Spitaler, Helden und Idole: Sportstars in Österreich, Studien Verlag, Innsbruck, 2006).

Wolfgang Slapansky, Hertha-Stadion, en Das große Buch der österreichischen Fussballstadien).

Wolfgang Slapansky, Leben und arbeiten im triesterviertel, Viena, Museumsverein Favoriten, Favoritner Museumsblätter N° 18, 1993.

DOCUMENTOS

Abschlussbericht de Franz Reithner, 1938.

Berkaufsanmeldung de Leopold Simon Drill ante la Arisierungstelle der Gast- und Schankgewerbeinnung.

Ficha de Johann Sindelar en el Kriegsarchiv del Österreichisches Staatsarchiv.

Geschäftsbetriebe und Hauspartien Innere Stadt, tomo 4, Registro de Propiedad EZ 1564.

Josef Herberger en el Archivo de la Asociación Alemana de Fútbol.

Kaufantrag de Matthias Sindelar ante la Arisierungsstelle, 1938.

Kaufantrag de Matthias Sindelar ante la Arisierungstelle der Gast- und Schankgewerbeinnung.

Kleiderverzeichnis de Marie Sindelar.

Memorándum Brüder Schafranek, 1922.

Narodna Odbrana Izdanje Stredisnog Odbora Narodne Odbrane, Belgrado, 1911.

Registro del Archivo del Estado de la iglesia Vysoké Studnice, 1875.

Registro del Archivo del Estado de la iglesia Vysoké Studnice, 1887.

Schul-Matriken de Leopoldine Sindelar.

Schul-Matriken de Matthias Sindelar.

Schul-Matriken de Rosa Sindelar.

Todesbescheinigung (Certificado de Defunción) de Marie Sindelar, 1961.

Todfallsaufnahme de Franz Sulc, 1963.

Todfallsaufnahme de Marie Sindelar, 1961.

Todfallsaufnahme de Matthias Sindelar, 1939.

Vergleichsausfertigeng, 1949.

Vermögensverkehrsstelle, 1939.

Vollmachtsvorlage, Erbserklärung und Anträge de Rosa Sindelar.
Zeugnis de Gustav Lanzer.

ONLINE

Archivo Online del Austria Viena (www.austria-archiv.at).
International Federation of Football History & Statistics (iffhs.de).
members.kabsi.at/pescara/news/4-4-2/4-4-2.html
Rec.Sport.Soccer Statistics Foundation (www.rsssf.com).
Sitio web oficial del Kozlov (www.kozlov-jihlava.cz).
www.austria-archiv.at/betreuer.php?Betreuer_ID=118
www.austria-archiv.at/betreuer.php?Betreuer_ID=118
www.austriasoccer.at/data/diesunddas/verstat/favac.html
www.austriasoccer.at/data/nat/1910_19/o1__1_klasse__no_fussballverband_1912_13.htm
www.ballesterer.at/aktuell/den-meisl-haben-alle-verehrt.html
www.dasrotewien.at/gleichheit.html
www.diepresse.com/home/wirtschaft/hobbyoekonom/693694/Wien-um-1900_Ueber-Ziegelbehm-und-Maltaweiber
www.dieuniversitaet-online.at/dossiers/beitrag/news/wien-du-fremde-stadt/640.html
www.theguardian.com/football/2007/apr/03/sport.comment3

DIARIOS

ABC (Madrid, España)
ABC (Sevilla, España)
Blanco y Negro (España)
Das Interessante Blatt
Das Kleine Blatt
El Heraldo (España)
Fussball-Sonntag
Illustrierte Kronen Zeitung
Illustrierte Wochenpost
La Nación (Argentina)
La Stampa (Italia)
La Vanguardia (España)
Montagpost
Mundo Deportivo (España)

Neue Freie Presse
Neues Wiener Journal
Reichspost
Sporttagblatt
Sportzeitung am Sonntag
Volks-Zeitung
Vorarlberger Tagblatt
Wiener Neueste Nachrichten
Wiener Sonn- und Montags-Zeitung

ENTREVISTAS

Andy Tschorn
Brigitte Bailer-Galanda
David Forster
Georg Spitaler
Gerhard Kaltenbeck
Mariano González
Norbert Lopper
Peter Menasse
Wolfgang Hafer

REVISTAS

Ballesterer
El Gráfico (Argentina)
NU

FILMOGRAFÍA

Eine Kulturgeschichte des österreichischen Fussballs (DVD 1), de Verlag Filmarchiv Austria, Viena, 2008.
Fútbol y Fascismo, BBC, 2003.
Programa Panorama, emitido el 21 de abril de 2013 por la Österreichische Rundfunk (ORF).